EVANDIR MEGLIORINI

ENGENHARIA ECONÔMICA

CONCEITOS E APLICAÇÕES

EVANDIR MEGLIORINI

ENGENHARIA ECONÔMICA

CONCEITOS E APLICAÇÕES

EDITORA CIÊNCIA MODERNA

Engenharia Econômica – Conceitos e Aplicações

Editor: Paulo André P. Marques
Produção Editorial: Dilene Sandes Pessanha
Capa: Daniel Jara
Diagramação: Lucia Quaresma
Copidesque: Equipe Ciência Moderna

FICHA CATALOGRÁFICA

MEGLIORINI, Evandir.

Engenharia Econômica – Conceitos e Aplicações

Rio de Janeiro: Editora Ciência Moderna Ltda., 2018.

1. Engenharia Econômica 2. Finanças
I — Título

ISBN: 978-85-399-0895-0 CDD 620
658.1

Editora Ciência Moderna Ltda.
R. Alice Figueiredo, 46 – Riachuelo
Rio de Janeiro, RJ – Brasil CEP: 20.950-150
Tel: (21) 2201-6662/ Fax: (21) 2201-6896
E-MAIL: LCM@LCM.COM.BR
WWW.LCM.COM.BR

01/18

PREFÁCIO

Este livro tem como proposta apresentar a Engenharia Econômica em uma linguagem simples, porém, com a profundidade necessária à compreensão dos temas tratados.

Foram incluídas situações extraídas do mundo real. Para isso, buscou-se em revistas, jornais, sites etc., textos nos quais se aplicam conceitos utilizados no livro.

O texto relaciona a aplicação dos conceitos de Engenharia Econômica no ambiente das empresas. Para isso, são consideradas as sistemáticas de tributação do Imposto de Renda e Contribuição Social a que as empresas estão sujeitas na construção dos fluxos de caixa dos projetos de investimentos. Outra consideração importante diz respeito à formação da taxa de desconto dos fluxos de caixa dos projetos de investimentos, a TMA - Taxa Mínima de Atratividade, considerando as alternativas de captação de recursos, respeitando os limites relativos à estrutura de capital das empresas.

O livro contempla ainda, atividades, exercícios que retratam situações com diferentes graus de complexidade e casos práticos, para que os estudantes apliquem os conceitos apresentados.

Espera-se, assim, oferecer aos estudantes, professores e demais profissionais interessados no conteúdo deste livro, um material que atenda suas necessidades, tanto para iniciar os estudos como para complementar conhecimentos.

Evandir Megliorini

SUMÁRIO

CONCEITOS DE ENGENHARIA ECONÔMICA

Capítulo 1

Este Capítulo apresenta os conceitos fundamentais de Engenharia Econômica. Descreve, ainda, os elementos básicos de matemática financeira utilizados nos estudos de Engenharia Econômica.

POR QUE ESTUDAR ENGENHARIA ECONÔMICA?

Alguns estudantes podem questionar a motivação para estudar Engenharia Econômica: Onde se aplicam esses conhecimentos? Qual sua utilidade para a profissão? Pode-se utilizar para soluções privadas? Etc.

O campo de aplicação de Engenharia Econômica é amplo, tanto no ambiente empresarial como no ambiente privado. No ambiente empresarial, decisões sobre investimentos de longo prazo, como ampliar as instalações fabris, aquisição de novos equipamentos, modernização ou substituição de equipamentos existentes etc., são subsidiados por estudos sobre a viabilidade econômica e financeira, o que exige conhecimentos avançados de Engenharia Econômica.

Decisões rotineiras como vender a prazo, oferecer descontos para os clientes anteciparem pagamentos ou mesmo pagarem suas compras à vista, negociar com fornecedores etc., exigem o conhecimento dos elementos de matemática financeira, elementos estes fundamentais em Engenharia Econômica.

No ambiente privado não é diferente. Há anúncios na televisão, jornais e revistas que parecem interessantes à primeira vista para os consumidores não acostumados a lidar com o valor do dinheiro no tempo, oferecendo bens e serviços em "suaves" prestações, "descontos" para pagamento à vista etc. Muitas vezes a decisão frente a esses anúncios tem por base uma análise simples, que leva em conta se o valor das prestações "cabe" no orçamento. O uso dos elementos de matemática financeira permite avaliar se estas ofertas realmente são vantajosas, financeiramente, para os consumidores.

O Quadro 1.1 lista algumas situações nas quais se aplicam o conhecimento de Engenharia Econômica.

Quadro 1.1 – Aplicações do conhecimento de Engenharia Econômica

AMBIENTE EMPRESARIAL	AMBIENTE PRIVADO
Estudos de viabilidade econômica e financeira de projetos de investimentos	Estudos de viabilidade financeira para aquisições de bens a prazo (casa, automóvel, geladeira etc.).
Avaliação do sistema de amortização mais adequado de financiamentos de recursos (Sistema de Amortização Constante, Sistema de Prestações Constantes etc.).	Avaliação do sistema de amortização mais adequado de financiamentos de recursos (Sistema de Amortização Constante, Sistema de Prestações Constantes etc.).
Avaliação da alternativa mais vantajosa: comprar ou fazer.	Avaliar se é mais vantajoso comprar agora ou poupar para comprar determinado bem no futuro.
Oferecer descontos aos clientes para antecipar pagamentos ou mesmo pagar a vista.	Avaliar as vantagens e desvantagens de se pagar à vista ou a prazo.
Avaliação de empresas ou de suas ações.	Determinar o valor de uma empresa ou de suas ações para decidir sobre investimento nestes ativos.

ATIVIDADE

A Loja de Departamentos Teresina publicou a seguinte oferta de uma ***Smart*** TV HD LED:

- De: R$ 10.800,00
- Por: R$ 7.200,00 em 10 prestações de R$ 720,00, sem juros.
- Ou: R$ 6.768,00 para pagamento à vista.

Considere que um consumidor interessado, possa realizar as seguintes operações:

a. Retirar o valor de um investimento que lhe proporciona rendimentos de 0,75% ao mês e adquirir à vista.

b. Realizar um empréstimo bancário com juros de 1,25% ao mês e adquirir à vista.

c. Adquirir em 10 prestações conforme anunciado pela loja.

Qual a melhor alternativa?

O QUE É ENGENHARIA ECONÔMICA?

Engenharia Econômica é uma área de estudos que integra conhecimentos de engenharia com elementos de contabilidade, finanças, microeconomia e matemática financeira. Tem como objetivo principal subsidiar os tomadores de deciõses fornecendo-lhes comparações econômicas com o emprego de diferentes métodos de avaliação para as alternativas tecnológicas de investimentos na solução de um problema.

Para a ABEPRO (Associação Brasileira de Engenharia de Produção), a Engenharia Econômica constitui uma das áreas de conhecimento relacionadas à Engenharia de Produção. Visa a formulação, estimação e avaliação de resultados econômicos para avaliar alternativas para a tomada de decisão, consistindo em um conjunto de técnicas matemáticas que simplificam a comparação econômica.

Na literatura são encontradas diversas definições para Engenharia Econômica, todas elas voltadas a subsidiar os gestores na escolha da melhor alternativa de investimentos. Listamos alguns autores:

- "Métodos e técnicas de decisão empregados na escolha entre alternativas de investimento tecnicamente viáveis, nas quais as diferenças futuras foram expressas em termos de dinheiro". (HESS; MARQUES; PAES; PUCCINI, 1978).
- "A Engenharia Econômica é a técnica que possibilita quantificar monetariamente e avaliar economicamente aquelas alternativas, permitindo ao administrador a posse do conjunto de elementos necessários à correta tomada de decisões". (OLIVEIRA, 1982).
- "[...] a engenharia econômica envolve formular, estimar, avaliar os resultados econômicos, quando alternativas para realizar determinado propósito estão disponíveis." Outra maneira de definir engenharia econômica é considerá-la um conjunto de técnicas matemáticas que simplifica a comparação econômica. (BLANK; TARQUIN, 2008).

APLICAÇÕES DO CONHECIMENTO DE ENGENHARIA ECONÔMICA

O conhecimento de Engenharia Econômica tem aplicação ampla no ambiente das organizações, as quais lidam com a escassez de recursos para investimentos.

A título de ilustração sobre a aplicação do conhecimento de Engenharia Econômica no ambiente das organizações, considere que o Presidente convoque os diretores para discutir o **planejamento estratégico** da empresa. Começa a reunião dizendo:

> *A economia do país vive um momento excepcional, com a menor taxa de juros dos últimos anos, perspectiva de elevação acentuada do Produto Interno Bruto (PIB), menor desemprego, aumento real do salário, maior índice de confiança da população etc. O setor em que atuamos vem acompanhando essa evolução positiva da economia, o que nos possibilita aumentar a produção e vendas pelos próximos anos. Para isso, será necessário investir na ampliação das instalações da fábrica, aquisição de novas máquinas e equipamentos, desenvolvimento de novos produtos etc.*

Após sua apresentação, o presidente solicita aos diretores que apresentem na próxima reunião, a necessidade de investimentos em suas áreas de responsabilidade que estejam em conformidade com os propósitos pretendidos. Na reunião seguinte, cada diretor apresenta suas propostas de investimentos. (O Cap. 5 retoma esse tema).

Uma análise preliminar indica que não haverá recursos suficientes para implementar todas as propostas apresentadas. Esta situação é comum a todas as organizações, ou seja, os recursos são escassos.

A escassez, neste contexto, está relacionada ao fato de que os recursos disponíveis ou que possam ser captados por uma empresa são limitados para atender a todas as demandas por investimentos. A título de ilustração da escassez de recursos, tem-se:

- Empresas que financiam seus projetos de investimentos com recursos próprios: a quantidade de projetos aprovados é limitada pelo montante de recursos existentes (lucros não distribuídos aos proprietários das empresas e fundos de depreciação).
- Empresas que financiam seus projetos de investimentos com recursos próprios e de terceiros: a quantidade de projetos aprovados é limitada pelo montante de recursos existentes (lucros não distribuídos aos proprietários das empresas e fundo de depreciação) e recursos que possam ser captados no mercado, quer seja pela emissão de novas ações, ou financiados em bancos ou mesmo por emissão de títulos de dívida.

Assim, devido à escassez, caberá aos gestores decidirem racionalmente quanto à alocação mais eficiente dos recursos com o propósito de atingir o objetivo das empresas.

A literatura de Finanças descreve que o objetivo das empresas é a maximização dos ganhos de seus proprietários em uma perspectiva de longo prazo. Para isso, os recursos existentes ou que possam ser captados devem ser aplicados em projetos de investimentos cujos retornos superem o custo do dinheiro que financia tais projetos.

Assim, esses ganhos satisfazem não apenas os proprietários, mas garantem a continuidade da empresa.

O conjunto de conhecimento de Engenharia Econômica se aplica, também, em organizações públicas, sem fins lucrativos etc., bem como, no campo pessoal, quando se está diante de alternativas de investimentos.

São exemplos típicos de problemas que necessitam da aplicação do conhecimento de Engenharia Econômica:

a. Efetuar o transporte de mercadorias com frota própria ou terceirizada.

b. Construir ou alugar um novo prédio para expansão da fábrica.

c. Decidir pela modernização ou substituição de uma máquina em uso.

d. Avaliar a viabilidade econômica a respeito do investimento em um novo equipamento.

Estas questões envolvem alternativas técnicas e considerações econômicas. Assim, antes de decidir por uma das alternativas, deve-se realizar um estudo de viabilidade que envolve aspectos técnicos, econômicos e financeiros. Os aspectos técnicos são associados às restrições tecnológicas, os aspectos econômicos objetivam conhecer se os investimentos são rentáveis e, qual deles oferece o maior retorno. Os aspectos financeiros estão relacionados à disponibilidade de recursos já existentes e a possibilidade de obtê-los.

ATIVIDADE

A empresa de logística Teixeira de Freitas pretende se instalar na cidade de Fortaleza para atender toda a região nordeste. Duas possibilidades estão em estudo, alugar um galpão ou adquirir um terreno e construir um galpão.

Pesquisas realizadas indicam que o valor do aluguel é de R$ 50.000,00 mensais. Um terreno na mesma região está sendo comercializado por R$ 800.000,00. A construção de um galpão com a mesma área daquele que pretende alugar é estimada em R$ 500.000,00.

É possível decidir sobre a melhor alternativa com base nos dados apresentados? Caso a resposta seja negativa, que dados você acrescentaria?

PRINCÍPIOS FUNDAMENTAIS DE ENGENHARIA ECONÔMICA

Para tomar decisões envolvendo Engenharia Econômica, Park (2009), enumera quatro princípios básicos:

Princípio 1: Uma unidade monetária hoje (R$ 1,00) vale mais que uma unidade monetária no futuro.

Um conceito fundamental em engenharia econômica é que o dinheiro tem um valor de tempo. Este conceito é a base fundamental para a avaliação de qualquer projeto de engenharia.

Princípio 2: A única coisa que conta são as diferenças entre as alternativas.

Uma decisão econômica deve basear-se nas diferenças entre as alternativas em estudo. Qualquer coisa comum entre as alternativas é irrelevante para a decisão. Uma decisão econômica deve basear-se no objetivo de fazer o melhor uso de recursos limitados. Sempre que uma escolha é feita, algo é sacrificado. O custo de oportunidade é o valor da melhor alternativa sacrificada.

Princípio 3: A receita marginal deve ser superior ao custo marginal.

Qualquer atividade econômica deve ser justificada com base no seguinte princípio econômico fundamental: a receita marginal deve ultrapassar o custo marginal. A receita marginal é a receita gerada ao incrementar uma atividade e, o custo marginal é o custo adicional incorrido pelo aumento desta atividade.

Princípio 4: Não se assume risco adicional se não houver um ganho adicional.

Os investidores exigem um ganho mínimo que deve ser maior do que a inflação esperada ou qualquer risco percebido.

À VISTA OU A PRAZO

Em operações de compra ou de venda se define a forma de pagamento (ou de recebimento), ou seja, se a operação será realizada à vista ou a prazo.

- À vista: o pagamento ou recebimento ocorre no ato da operação de compra ou venda, ou seja, imediatamente.

- A prazo: o pagamento ou recebimento irá ocorrer em data posterior a operação de compra ou venda. Desse modo, o comprador ficará com uma dívida (o valor da operação será liquidado no futuro). O vendedor ficará com um direito a receber no futuro. A liquidação da dívida ou do direito a receber poderá ocorrer em parcela única ou em prestações a serem pactuadas no ato da operação.

Qual a melhor alternativa: vender à vista ou a prazo?

Texto de **Maurício Galhardo.** Publicado em 18/06/2012

DISPONÍVEL NO SITE: http://exame.abril.com.br/pme/noticias/e-melhor-vender-a-vista-ou-a-prazo. Acesso em 13 de novembro de 2014.

Dar um desconto ou conceder um prazo maior para quitação de uma compra pode, em alguns casos, ser o ponto decisivo entre fechar uma venda ou perdê-la. No entanto, sempre que se mexe no preço ou no prazo a área financeira da empresa é impactada.

Conceder desconto em uma compra à vista pode ser uma opção interessante para aumentar o caixa da empresa. No caso de uma loja, por exemplo, que compra produtos de seus fornecedores e paga após um determinado prazo, vender à vista possibilitará utilizar o dinheiro da venda de um produto para pagar seu próprio custo.

Ou seja, não haverá necessidade de utilizar seu capital para o pagamento de mercadorias. É como se o fornecedor estivesse financiando as vendas do lojista. No entanto, vale analisar o percentual de desconto que está sendo oferecido, pois isso gerará menor margem de ganho ao empresário.

Conceder prazos maiores para pagamento, por outro lado, pode ser uma ótima opção para atrair clientes para as compras. Atualmente, é muito comum os consumidores se atentarem mais ao preço da parcela que irão pagar do que ao número de parcelas, ou mesmo ao valor total do financiamento. Mas aqui também devemos avaliar sob a ótica do empresário. Ele precisa ter capital de giro para suportar prazos maiores de recebimento pelas vendas.

A resposta a este dilema do empresário depende de alguns fatores. Um deles é a necessidade da empresa no momento. Se a necessidade for aumentar o número de vendas ou clientes, talvez a melhor opção seja mexer no prazo, desde que haja reservas financeiras para suportar as novas condições comerciais. Se a necessidade for de dinheiro no caixa, melhor trabalhar a venda à vista.

ELEMENTOS DE MATEMÁTICA FINANCEIRA APLICADOS EM ENGENHARIA ECONÔMICA

Os elementos de matemática financeira são utilizados para avaliar o comportamento do dinheiro ao longo do tempo, comparar e avaliar alternativas de investimento, objeto de estudo da Engenharia Econômica.

Porcentagem

A **percentagem** ou **porcentagem** significa "por cento", ou seja, "a cada centena".

- Porcentagem representa uma razão com base em 100.
  - 1% significa que um "inteiro" foi dividido em 100 partes iguais, portanto, é uma parte desse todo, calculado da seguinte maneira:

    $$\frac{1}{100} = 0{,}01$$

  - 100% significa o todo:

    $$\frac{100}{100} = 1{,}0$$

Valor do Dinheiro no Tempo

Uma mesma quantia de dinheiro possui valores diferentes em momentos distintos no tempo. Assim, receber uma quantia hoje ou no futuro não é a mesma coisa. Uma unidade monetária hoje é preferível à mesma unidade monetária amanhã. Algumas razões:

- O dinheiro disponível hoje pode ser reinvestido, proporcionando juros, levando, portanto, a uma quantia maior no futuro.
- A quantia possuída hoje é certa ao passo que no futuro, ela é incerta.
- O poder aquisitivo muda com a passagem do tempo causado pela inflação. Isso implica que, com a quantia possuída uma pessoa pode adquirir um bem hoje, situação que pode não ser possível no futuro.

Nos estudos de Engenharia Econômica, os valores dos fluxos de caixa de um projeto de investimentos ocorridos em diferentes momentos no tempo devem ser descontados ou capitalizados para uma mesma data por uma taxa apropriada, permitindo com isso, comparações ou agregações.

ATIVIDADE

Investimento em Debêntures: As debêntures são títulos de dívidas emitidos por Sociedades Anônimas. Os investidores que adquirem estes títulos tornam-se credores das empresas, sendo remunerados com base em indexadores como a CDI, IPCA etc. O resgate desses investimentos costuma ocorrer a longo prazo (5 anos, 10 anos, 20 anos etc.).

Elektro emite debêntures no valor de R$ 650 milhões

Publicado em 18/09/2012

Texto completo em http://www.elektro.com.br/noticias/09/18/2012/elektro-emite-debentures-no--valor-de-r-650-milhoes

A Elektro encerrou na última sexta-feira, 14 de setembro, a 6ª emissão de Debêntures, num total de R$ 650 milhões. A operação foi realizada em três séries, sendo a primeira, no valor de R$ 220 milhões, indexada em CDI, com um prazo de 5 anos, e as duas séries restantes indexadas em IPCA, no valor de R$ 100 milhões para a série de 7 anos e R$ 330 milhões para a série de 10 anos.

Pede-se:

Caso você fosse um investidor e aplicasse R$ 20.000,00 na aquisição de debêntures dessa empresa, receberia esse valor corrigido depois de 5, 7 ou 10 anos. Este é o lado positivo do investimento. Do lado negativo, teria que esperar todo esse tempo para efetuar o resgate. Comente essa situação.

Juros

Ao realizar depósitos em uma conta de poupança, ao final de certo tempo, o saldo desta conta é superior à soma dos depósitos efetuados. Ao solicitar certo valor de financiamento para aquisição de um bem, uma pessoa irá restituir ao agente financeiro, um montante superior ao valor solicitado. Nos dois casos, os juros constituem a diferença. Assim, pode-se dizer que o dinheiro é um bem que possui um custo e, esse custo corresponde aos juros, recebidos ou pagos.

Os juros representam a remuneração do capital. Em termos monetários corresponde à diferença entre uma quantia em dinheiro no fim e no início de um período de tempo.

- Juros pagos: quando alguém utiliza recursos de terceiros, paga juros pelo seu uso. Em se tratando de uma empresa, os juros pagos são chamados de "despesas financeiras".
- Juros ganhos: quando alguém que poupou realiza uma aplicação financeira, recebendo uma remuneração na forma de juros. Em se tratando de uma empresa, os juros recebidos são chamados de "receitas financeiras".

Pode-se dizer que todas as formas de remuneração do capital (dividendos, lucros etc.) são formas alternativas de juros.

O juro é o valor do dinheiro no tempo

Mauro Halfeld. Publicado em 14/03/2008

Texto completo disponível em: http://revistaepoca.globo.com/Revista/Epoca/1,,EDG82357-9553,00.html. Acesso em 13/11/2014

Os juros funcionam como um aluguel pago aos donos do capital

Existe uma lei muito importante no mundo financeiro: o dinheiro tem valor no tempo. Receber R$ 10 mil hoje vale mais que receber a mesma quantia daqui a um ano. Os juros fazem a diferença. Funcionam como um aluguel pago aos donos do capital. Numa economia de mercado, eles são essenciais e, teoricamente, têm sua razão de ser. Se você discorda disso, tente descobrir alguém que aceite emprestar um imóvel ou um dinheiro sem exigir o pagamento de aluguel ou de juros. Vai ser (quase) impossível encontrar.

Taxa de Juros

A taxa de juros é um índice utilizado para a remuneração do capital, determinando o valor dos juros.

- Exemplo 1: quando alguém realiza uma aplicação de dinheiro, busca ser remunerado por uma taxa pactuada com a instituição financeira.
- Exemplo 2: quando alguém realiza um empréstimo de dinheiro junto a um banco, irá pagar na forma de prestações, além do valor emprestado, um adicional correspondente ao custo do dinheiro (juros).

Portanto, a taxa de juro determina o custo do dinheiro quando se obtém um empréstimo ou o rendimento que se recebe quando se faz uma aplicação financeira.

As taxas de juros devem ser suficientes para remunerar:

- ♦ O risco envolvido na operação (financiamento ou aplicação).
- ♦ A perda do poder de compra do capital decorrente da inflação, pelo tempo que esse capital for aplicado ou emprestado.
- ♦ O valor correspondente ao capital aplicado ou emprestado.

"Um empréstimo futuro não é tão importante quanto um empréstimo obtido na hora. Ou seja, quem precisa de dinheiro paga um prêmio para não ter de esperar o tempo passar". (DOTTA FILHO, 2006).

As taxas de juros se referem sempre a uma unidade de tempo - mês, semestre, ano etc. - e podem ser representadas de duas maneiras:

- Taxa percentual
- Taxa unitária

A transformação da taxa percentual em taxa unitária se processa pela divisão da notação percentual por 100. Para a transformação inversa, basta multiplicar a taxa unitária por 100.

Taxa Percentual		Taxa Unitária
2,5%	➔	0,025
4%	➔	0,04
16%	➔	0,16
230%	➔	2,30
2.800%	➔	28,0

ATENÇÃO:

Nos cálculos efetuados manualmente, são utilizadas taxas unitárias nas equações.

Nas equações, a taxa de juros e o número de períodos de tempo devem estar expressos na mesma base (exemplo: juros 10% ao ano, período de 10 anos).

● ● ● ● ● ● ● ● ● ● ● ●

Exemplo 1: um capital de R$ 1.000,00 aplicado a 20% ao ano rende de juros, ao final de 1 ano:

- Juros = R$ 1.000,00 x (20 ÷ 100)
- Juros = R$ 1.000,00 x 0,20
- Juros = R$ 200,00

Exemplo 2: Um investidor aplicou R$ 10.000,00 em títulos. Ao final de 1 ano, reembolsou R$ 10.700,00. Nesta aplicação, os juros ganhos correspondem a:

- R$ 10.700,00 - R$ 10.000,00 = R$ 700,00

A taxa de juros percentual é (R$ 700,00 ÷ R$ 10.000,00) x 100% = 7% ao ano.

ATIVIDADE

Sebastião Laranjeiras pretende adquirir um veículo seminovo que facilitaria sua locomoção de casa para o trabalho e a faculdade. Em janeiro viu um modelo em oferta em uma revendedora que lhe chamou a atenção: preço à vista, R$ 12.000,00 ou pagamento em uma única parcela de R$ 18.000,00 no final do mês de dezembro daquele ano.

Sebastião possui a importância de R$ 12.000,00 que está aplicada em um banco, com rendimento anual de 20%.

Se fosse com você, o que faria?

a. Resgataria os R$ 12.000,00 da aplicação financeira e compraria à vista?

b. Manteria o dinheiro aplicado e compraria o veículo para pagar R$ 18.000,00 em dezembro?

● ● ● ● ● ● ● ● ● ● ● ●

Tipos de Taxas de Juros

Existem diferentes taxas de juros utilizadas no mercado. As mais comuns são:

- **Taxa nominal:** a taxa nominal diz respeito a uma taxa de juros válida para uma unidade de tempo que não coincide com o prazo da aplicação.

  Por exemplo: uma pessoa aplica R$ 1.000,00 por um prazo de 6 meses com taxa de juros de 10% ao ano. Neste caso, tem-se que a taxa nominal é de 10% ao ano. Para determinar a taxa semestral é preciso calcular a taxa proporcional ou taxa equivalente, de acordo com o critério ou regime de capitalização dos juros.

- **Taxa efetiva:** corresponde a taxa de juros que de fato se paga ou se recebe em uma operação após determinado período de tempo. É obtida pela seguinte equação:

$$\textit{Taxa efetiva} = \left(\frac{\textit{juros recebidos ou pagos}}{\textit{capital inicial}}\right) \times 100$$

Por exemplo: uma aplicação de R$ 10.000,00 após um ano rendeu R$ 1.000,00 de juros. Neste caso, a taxa efetiva é:

$$Taxa\ efetiva = \left(\frac{1.000,00}{10.000,00}\right) \times 100$$

$$Taxa\ efetiva = 10\%\ \text{ao ano}$$

- **Taxa real:** a taxa real é calculada a partir da taxa efetiva, desconsiderando-se a inflação do período de tempo da aplicação. É obtida pela seguinte equação:

$$taxa\ real = \left[\left(\frac{1 + taxa\ efetiva}{1 + taxa\ de\ inflação}\right) - 1\right] \times 100$$

Por exemplo: uma aplicação proporciona 10% de taxa efetiva ao ano. No ano a inflação foi de 4%. Neste caso, a taxa real é:

$$taxa\ real = \left[\left(\frac{1 + 0,10}{1 + 0,04}\right) - 1\right] \times 100$$

$$taxa\ real = 5,77\%\ \text{ao ano.}$$

Nota:

Nos estudos de viabilidade econômica dos projetos de investimentos, os valores referentes ao investimento inicial, receitas, custos e despesas são projetados em moeda de poder aquisitivo constante. Como hipótese simplificadora, assume-se que a inflação afeta todos esses valores componentes de um fluxo de caixa. Desse modo, para determinar o Valor Presente e o Valor Futuro de uma série de fluxos de caixa, utiliza-se a taxa de juros efetiva.

Diagrama do Fluxo de Caixa

Um fluxo de caixa refere-se à movimentação de dinheiro no caixa da empresa - montante recebido e montante desembolsado - por um determinado período de tempo. Aqui, neste livro, esse conceito será utilizado para representar a movimentação estimada de dinheiro no caixa da empresa decorrente de um projeto de investimentos (Cap. 8).

- Exemplos de recebimentos: recebimento de vendas realizadas à vista, recebimento dos clientes que adquiriram a prazo, recebimento pela venda do bem objeto do projeto ao final de sua vida útil etc.
- Exemplos de desembolsos: desembolsos decorrentes de compra dos bens, objeto do projeto, como máquinas e equipamentos, pagamento a fornecedores de materiais, pagamento de salários dos funcionários etc.

O diagrama dos fluxos de caixa é uma representação gráfica da movimentação de recursos de um projeto. Nele são indicados os Fluxos de Caixa Líquidos, ou seja, a diferença entre os Recebimentos e Desembolsos estimados (entradas e saídas) em cada período de tempo de seu horizonte temporal. A Figura 1.1 ilustra o diagrama de um fluxo de caixa.

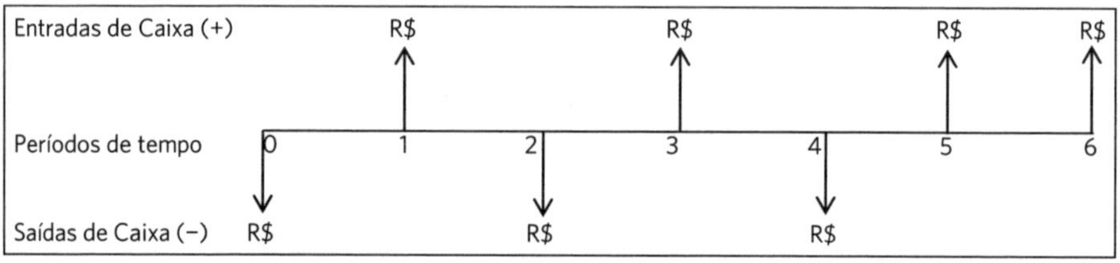

Figura 1.1 – Diagrama de um fluxo de caixa

Os fluxos de caixa se desenvolvem em intervalos regulares, aqui denominados períodos de tempo, dentro de um horizonte temporal, por exemplo, meses, bimestres, semestres, anos etc.

Nos estudos de Engenharia Econômica, podem ser utilizados períodos de tempo em meses, bimestres, semestres, anos etc., dependendo das características do projeto. Para os projetos com horizonte temporal reduzido, é recomendado utilizar períodos curtos de tempo, por exemplo, mensal. Para projetos com horizonte temporal longo, é recomendado utilizar períodos maiores, por exemplo, anual.

A linha horizontal corresponde ao horizonte temporal, subdividido em períodos de tempo (meses, bimestres, semestres, anos etc.). O tempo "Zero" indica o momento inicial e os demais, representam os períodos de tempo em que irão ocorrer os Recebimentos e Desembolsos. Sobre horizonte temporal, ver Cap. 5.

As setas apontadas para cima da linha horizontal indicam que os Fluxos de Caixa Líquidos são positivos (os recebimentos superam os desembolsos), e as setas apontadas para baixo, indicam o contrário.

Em determinadas situações, o diagrama é utilizado para representar economias obtidas pela implementação de determinado projeto, cujo significado é o mesmo de um recebimento. Por exemplo, com a evolução da tecnologia, muitas vezes, requer-se investimentos na modernização de equipamentos, que apresenta como benefício, a redução dos custos de produção e, como consequência, aumento dos lucros.

Em outras situações, o diagrama é utilizado para representar dispêndios com projetos relativos à segurança patrimonial, prevenção ou redução ou mesmo eliminação de danos ambientais, projetos de propaganda, serviços de consultoria, pesquisa e desenvolvimento de novos produtos etc.

Tipos de Fluxos de Caixa

Os fluxos de caixa podem ser classificados em duas categorias: convencionais e não convencionais.

- Os fluxos de caixa convencionais apresentam como característica principal, fluxos negativos no início do horizonte temporal (representados, basicamente, pelo investimento inicial registrado na data zero) e, fluxos positivos nos períodos de tempo subsequentes. Neste caso, há apenas uma inversão de sinal. A Figura 1.2 ilustra o diagrama de um fluxo de caixa convencional.

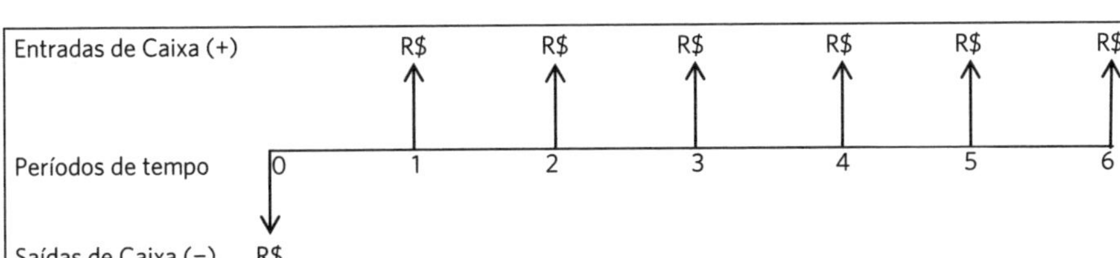

Figura 1.2 – Diagrama de um fluxo de caixa convencional

- Os fluxos de caixa não convencionais, de modo diferente, apresentam mais de uma inversão de sinal, ou seja, ocorrem fluxos de caixa positivos e negativos em diferentes períodos de tempo durante o horizonte temporal. A figura 1.3 ilustra o diagrama de um fluxo de caixa não convencional.

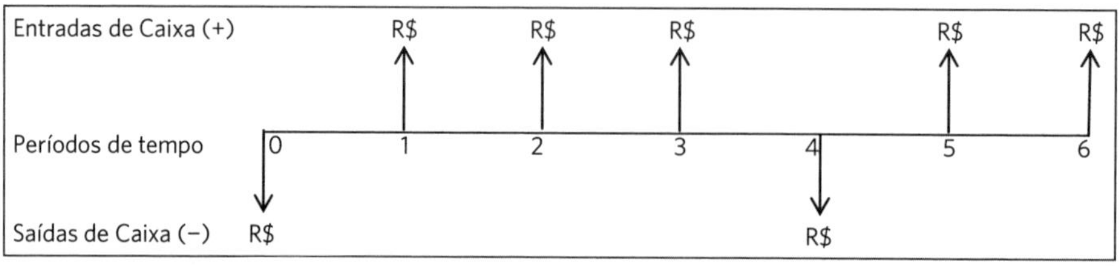

Figura 1.3 – Diagrama de um fluxo de caixa não convencional

Aspectos Importantes dos Fluxos de Caixa

Para se elaborar os fluxos de caixa, alguns princípios básicos são recomendados, entre eles:

- Que os momentos de ocorrência dos fluxos de caixa podem ser tratados como postecipados, antecipados ou diferidos (ver Cap. 3).
- Que os valores correspondentes ao investimento inicial são registrados na data zero, embora possa haver desembolsos em diferentes momentos antes do funcionamento do projeto.
- Que o Imposto de Renda e a Contribuição Social obedecem à sistemática de tributação da empresa, se Lucro Real ou Lucro Presumido (ver Cap. 7).
- Que o valor correspondente à depreciação, incluso nos custos, não representa efetivamente desembolso de caixa e, por isso, deve ser somado ao lucro após o Imposto de Renda e a Contribuição Social (ver Cap. 7 e Cap. 8).
- Que para as receitas, custos e despesas, deve-se observar o regime de competência, ou seja, o momento de ocorrência dos mesmos, independentemente se os valores correspondentes sejam recebidos ou pagos em momentos distintos.

- Que não há formação de estoques de produtos em processo e de produtos acabados.
- Que os valores estimados das receitas, custos e despesas devem refletir moeda de mesmo poder aquisitivo em todos os períodos do horizonte temporal do fluxo de caixa.
- Que não devem ser incluídos os gastos que não podem ser alterados pela decisão de implementar ou não o projeto e, por isso, são tratados como irrecuperáveis. Exemplo: antes de iniciar o estudo de viabilidade econômica e financeira de aquisição de máquinas que serão utilizadas na fabricação de um novo produto, a empresa realiza gastos com sondagens de mercado para avaliar a receptividade desse produto pelos consumidores.

Conceitos de Valor Presente e Valor Futuro

O Valor Presente, em geral, corresponde a uma quantia equivalente no momento inicial – no diagrama dos fluxos de caixa, ao momento "zero" de uma série de pagamentos ou recebimentos futuros ou mesmo a certo valor futuro. Pode se referir, também, ao capital investido em um projeto, ao valor investido em uma aplicação financeira etc.

Entretanto, o Valor Presente pode se referir a certo Valor Futuro descontado para qualquer data anterior à data final do horizonte temporal de um fluxo de caixa (Ver Cap. 2).

O Valor Futuro, em geral, corresponde a uma quantia equivalente no momento final – no diagrama dos fluxos de caixa, ao último período, de uma série de pagamentos ou recebimentos ou mesmo a certo valor anterior a esse momento final. Pode se referir, também, ao montante a ser resgatado de uma aplicação financeira em certa data futura, ao montante capitalizado dos fluxos de caixa de um projeto de investimento etc.

Entretanto, o Valor Futuro não se refere necessariamente a um valor expresso na data final – no diagrama dos fluxos de caixa, ao último período de tempo. Pode ocorrer em qualquer data posterior ao momento inicial, conforme ilustra a Figura 1.4.

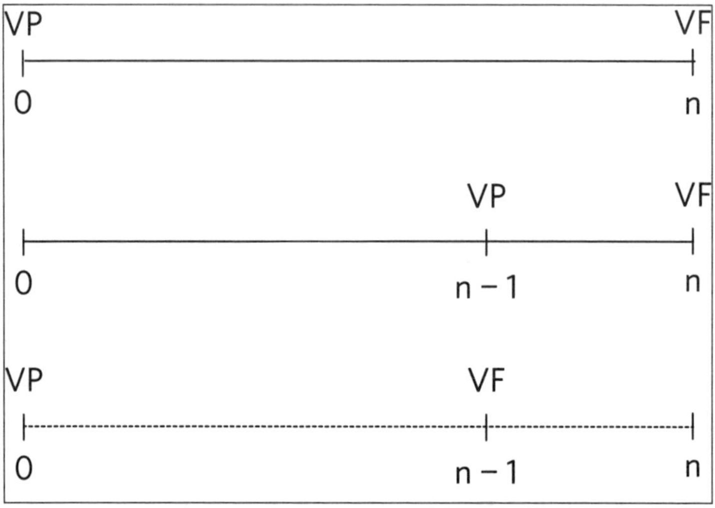

Figura 1.4 – Ilustração de Valor Presente e Valor Futuro

Critérios (ou Regimes) de Capitalização dos Juros

Os critérios (ou regimes) de capitalização dizem respeito ao modo como os juros são calculados e incorporados ao capital.

São dois os regimes de capitalização:

- SIMPLES
- COMPOSTO

A distinção básica entre juros simples e juros compostos é relativa ao "valor base" sobre o qual incide a taxa de juros.

A utilização de juros simples é bastante restrita no mundo dos negócios, limitando-se, basicamente, em operações de curto prazo, ao passo que a utilização de juros compostos é bastante generalizada, principalmente, em operações de médio e de longo prazos.

Consumir e poupar

Disponível em: http://ww2.itau.com.br/hotsites/itau/usoconsciente 14/guias/consumir-e-poupar/index.html. Acesso em 23 de fevereiro de 2015.

Pense rápido: dinheiro existe para gastar ou guardar?

Na verdade, consumir e poupar andam juntos.

De um lado, abrir mão das coisas só para guardar dinheiro é quase como viver sem. De outro, buscar apenas a felicidade imediata pode dificultar maiores conquistas.

Ponto de equilíbrio

Viver o agora pensando também no futuro não é tão difícil quanto parece. O segredo é refletir e tomar decisões conscientes a cada compra, evitando consumir por impulso.

ATIVIDADE

Mara Rosa que vivia se endividando para adquirir bens de uso pessoal, conseguiu, com muita determinação quitar suas dívidas em diversas lojas de departamentos. Agora, ela pretende juntar dinheiro e, depois adquirir os bens desejados, como bolsas, sapatos, roupas da moda etc.

Em dezembro, recebeu R$ 10.000,00 relativos ao 13º salário e férias. Pretende realizar uma aplicação financeira e gastar somente o rendimento recebido no próximo mês de julho.

- Pede-se: Qual o rendimento obtido neste prazo de aplicação, considerando que a taxa de juros é de 2% ao mês?

Juros Simples

No regime de **juros simples,** o "valor base" sobre o qual incide a taxa de juros é representado pelo Capital Inicial, por exemplo, o valor de uma aplicação financeira. Durante o prazo da aplicação financeira não há a incidência de juros sobre juros como ocorre no regime de juros compostos.

Assim, uma aplicação de R$ 1.000,00 hoje, à taxa de juros simples de 1,0% ao mês, para ser resgatado daqui a 6 meses, terá proporcionado R$ 60,00 de juros e atingirá o Montante de R$ 1.060,00, conforme Quadro 1.2.

Quadro 1.2 – Juros Simples

MÊS	BASE DE CÁLCULO	JUROS	MONTANTE
0	1.000,00	0,00	1.000,00
1	1.000,00	10,00	1.010,00
2	1.000,00	10,00	1.020,00
3	1.000,00	10,00	1.030,00
4	1.000,00	10,00	1.040,00
5	1.000,00	10,00	1.050,00
6	1.000,00	10,00	1.060,00

Para se calcular o valor dos juros emprega-se a seguinte equação:

$$J = VP \times i \times n$$

Onde,

J = valor dos Juros expresso em unidades monetárias

VP = Valor Presente ou Capital Inicial

i = taxa de juros

n = prazo

Com os dados do exemplo, tem-se:

$$J = 1.000,00 \times 0,01 \times 6$$

$$J = 1.000,00 \times 0,06$$

$$J = 60,00$$

O Valor Futuro ou Montante de uma aplicação é calculado a partir da seguinte equação:

$$VF = VP \times (1 + i \times n)$$

Onde,

VF = Valor Futuro ou Montante

Com os dados do exemplo, tem-se:

$$VF = 1.000{,}00 \times (1 + 0{,}01 \times 6)$$

$$VF = 1.000{,}00 \times 1{,}06$$

$$VF = 1.060{,}00$$

A partir destas equações podem-se obter a taxa de juros, o prazo da aplicação ou o valor do Capital Inicial.

- **Valor Presente ou Capital Inicial:** conhecendo o valor dos juros, a taxa de juros e o prazo da aplicação, emprega-se a seguinte equação:

$$VP = \frac{J}{i \times n}$$

Com os dados do exemplo, tem-se:

$$VP = \frac{60{,}00}{0{,}01 \times 6}$$

$$VP = 1.000{,}00$$

Ou, conhecendo-se o Valor Futuro, a taxa de juros e o prazo da aplicação, emprega-se a seguinte equação:

$$VP = \frac{VF}{1 + i \times n}$$

Com os dados do exemplo, tem-se:

$$VP = \frac{1.060{,}00}{1 + 0{,}01 \times 6}$$

$$VP = 1.000{,}00$$

- **Taxa de juros:** conhecendo o valor dos juros, o Capital Inicial e o prazo da aplicação, emprega-se a seguinte equação:

$$i = \left(\frac{J}{VP \times n}\right) \times 100$$

Com os dados do exemplo, tem-se:

$$i = \left(\frac{60{,}00}{1.000{,}00 \times 6}\right) \times 100$$

$$i = 0{,}01 \times 100$$
$$i = 1\%$$

- **Prazo da aplicação:** conhecendo-se o Capital Inicial, o valor dos juros e a taxa de juros, emprega-se a seguinte equação:

$$n = \frac{J}{VP \times i}$$

Com os dados do exemplo, tem-se:

$$n = \frac{60{,}00}{1.000{,}00 \times 0{,}01}$$

$$n = 6$$

Juros Compostos

No regime de **juros compostos,** os juros calculados em cada período de tempo são somados ao capital, formando, assim, o Montante (capital + juros).

Sobre esse Montante, incide juros no período de tempo seguinte, formando um novo Montante e, assim sucessivamente, até o final de uma aplicação.

Assim, uma aplicação de R$ 1.000,00 hoje à taxa de juros de 1,0% ao mês, para ser resgatado daqui a 6 meses, terá proporcionado R$ 61,52 de juros e atingirá o Montante de R$ 1.061,52, conforme Quadro 1.3.

Quadro 1.3 – Juros Compostos

MÊS	BASE DE CÁLCULO	JUROS	MONTANTE
0	1.000,00	0,00	1.000,00
1	1.000,00	10,00	1.010,00
2	1.010,00	10,10	1.020,10
3	1.020,10	10,20	1.030,30
4	1.030,30	10,30	1.040,60
5	1.040,60	10,41	1.051,01
6	1.051,01	10,51	1.061,52

Para se calcular o valor dos juros emprega-se a seguinte equação:

$$J = VP \times [(1 + i)^n - 1]$$

Onde,

J = valor dos juros expresso em unidades monetárias

VP = Valor Presente ou Capital Inicial

i = taxa de juros

n = prazo

Com os dados do exemplo, tem-se:

$$J = 1.000,00 \times [(1 + 0,01)^6 - 1]$$
$$J = 1.000,00 \times 0,06152$$
$$J = 61,52$$

O valor do Montante é calculado a partir da seguinte equação:

$$VF = VP \times (1 + i)^n$$

Onde,

VF = Valor Futuro ou Montante

Com os dados do exemplo, temos:

$$VF = 1.000,00 \times (1 + 0,01)^6$$

$$VF = 1.000,00 \times 1,06152$$

$$VF = 1.061,52$$

A partir destas equações podem-se obter a taxa de juros, o prazo da aplicação ou o valor do Capital Inicial.

- **Valor Presente ou Capital Inicial:** conhecendo o valor dos juros, a taxa de juros e o prazo da aplicação, emprega-se a seguinte equação:

  $$VP = \frac{J}{(1 + i)^n - 1}$$

  Com os dados do exemplo, tem-se:

  $$VP = \frac{61,52}{(1 + 0,01)^6 - 1}$$

  $$VP = \frac{61,52}{0,06152}$$

  $$VP = 1.000,00$$

  Ou, conhecendo Valor Futuro da aplicação, a taxa de juros e o prazo da aplicação, emprega-se a seguinte equação:

  $$VP = \frac{VF}{(1 + i)^n}$$

Com os dados do exemplo, tem-se:

$$VP = \frac{1.061,52}{(1 + 0,01)^6}$$

$$VP = \frac{1.061,52}{1,06152}$$

$$VP = 1.000,00$$

- **Taxa de juros:** conhecendo o Capital Inicial, o Valor Futuro da aplicação e o prazo da aplicação, emprega-se a seguinte equação:

$$i = \left[\left(\frac{VF}{VP}\right)^{\frac{1}{n}} - 1\right] \times 100$$

Com os dados do exemplo, tem-se:

$$i = \left[\left(\frac{1.061,52}{1.000,00}\right)^{\frac{1}{6}} - 1\right] \times 100$$

$$i = 0,01 \times 100$$

$$i = 1,0\%$$

- **Prazo da aplicação:** conhecendo o Capital Inicial, o Valor Futuro e a taxa de juros emprega-se a seguinte equação:

$$\frac{VF}{VP} = (1 + i)^n$$

Com os dados do exemplo, tem-se:

$$\frac{1.061,52}{1.000,00} = (1 + 0,01)^n$$

$$1,06152 = 1,01^n$$

Com o uso de logaritmos, tem-se:

$$\log 0{,}025928 = n \times \log 0{,}0043214$$

$$n = \frac{0{,}0259282}{0{,}0043214}$$

$$n = 6$$

Regras Básicas

- Nas equações, tanto o prazo da operação como a taxa de juros devem necessariamente estar expressos na mesma unidade de tempo. Nos exemplos apresentados em juros simples e juros compostos, a taxa de juros é mensal e o prazo da aplicação de 6 meses. Nesse caso, a taxa de juros (mensal) e o prazo de aplicação, indicado em meses, são coincidentes - atendem à regra.
- Se uma aplicação é realizada pelo período de um mês, mas os juros definidos por uma taxa anual deve transformar a taxa de juros anual para o período de tempo indicado na operação, no caso, mensal, ou vice-versa. (Ver na sequência, taxas proporcionais e taxas equivalentes).

Taxas Proporcionais

No regime de juros simples, duas taxas são proporcionais quando expressas em unidades de tempo diferentes, aplicadas sobre um mesmo capital para um mesmo período de tempo gerar o mesmo Montante. Assim, o valor dos juros é linearmente proporcional ao tempo da aplicação.

Exemplo de taxas proporcionais: 2% ao mês = 24% ao ano. Assim, o Valor Futuro de uma aplicação de R$ 10.000,00 por 12 meses será R$ 12.400,00.

- Utilizando taxa anual

$$VF = VP \times (1 + i \times n)$$

$$VF = 10.000{,}00 \times (1 + 0{,}24 \times 1)$$

$$VF = 12.400{,}00$$

- Utilizando taxa mensal

$$VF = 10.000,00 \times (1 + 0,02 \times 12)$$

$$VF = 12.400,00$$

Assim, a taxa de 2% ao mês é proporcional à taxa de 24% ao ano e, vice-versa.

- Se a taxa é expressa em meses e deseja-se para um ano, multiplica-se por 12.
- Para o inverso, se a taxa é anual e deseja-se para um mês, divide-se por 12.

Taxas Equivalentes

No regime de juros compostos, duas taxas são equivalentes quando expressas em unidades de tempo diferentes, aplicadas sobre um mesmo capital para um mesmo período de tempo, gerarem o mesmo Montante.

Exemplo de taxas equivalentes: 1% ao mês = 12,6825% ao ano. Assim, o Valor Futuro de uma aplicação de R$ 10.000,00 por 12 meses será R$ 11.268,25.

- Utilizando taxa anual

$$VF = VP \times (1 + i)^n$$

$$VF = 10.000,00 \times (1 + 0,126825)^1$$

$$VF = 11.268,25$$

- Utilizando taxa mensal

$$VF = 10.000,00 \times (1 + 0,01)^{12}$$

$$VF = 11.268,25$$

Emprega-se a seguinte equação para determinar a taxa equivalente:

$$i_q = \left[(1 + i_t)^{\frac{q}{t}} - 1\right] \times 100$$

Onde,

i_q = taxa de juros para o prazo que quero

i_t = taxa de juros para o prazo que tenho

q = prazo que quero

t = prazo que tenho

Por exemplo, para se determinar a taxa equivalente anual de juros (i_a) correspondente a taxa de juros mensal (i_m) de 1%, tem-se:

$$i_a = \left[(1 + 0{,}01)^{\frac{12}{1}} - 1\right] \times 100$$

$$i_a = 12{,}6825\%$$

ATIVIDADE

No Gráfico 1.1 estão representados os valores dos juros produzidos durante 20 anos por uma aplicação de R$ 20.000,00, com taxa de 10% ao ano.

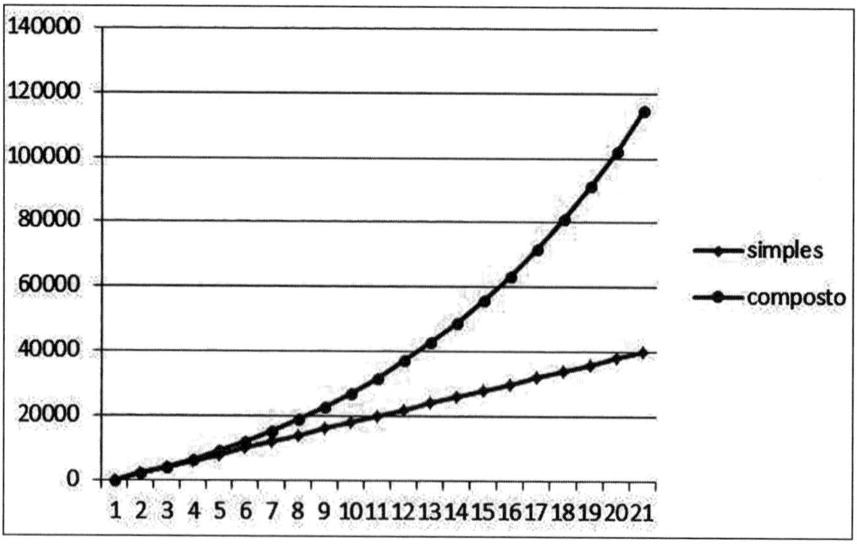

Gráfico 1.1 – Comparativo Juros Simples e Juros Compostos

Pede-se:

a. Elabore uma planilha contendo o valor dos juros simples e dos juros compostos.

b. Em quantos anos o valor dos juros compostos representa o dobro do valor dos juros simples?

EXERCÍCIOS

1. Na última década, a população da cidade **A** cresceu de 100 mil para 125 mil e, a população da cidade **B** passou de 40 mil para 50 mil habitantes. Qual das cidades apresentou maior taxa de crescimento relativo?

2. Trajano de Moraes tem um salário de R$ 2.000,00. Irá receber um aumento de 15%. Qual o novo salário do Trajano de Moraes?

3. Miguel Pereira recebeu um aumento de 15% de modo que seu salário atual é de R$ 4.600,00. Qual era o salário de Miguel Pereira?

4. Mariana investiu R$ 10.000,00 em ações da empresa Alfa. Ao final do primeiro ano, as ações dessa empresa tiveram desvalorização de 10% e, ao final do segundo ano, tiveram valorização de 10%. Isso significa que depois de dois anos Mariana poderia vender suas ações e recuperar o valor investido?

5. Calcular o valor a ser resgatado (juros simples) de uma aplicação de R$ 105.000,00 por:

a. 8 meses à taxa de 2% ao mês

b. 11 meses à taxa de 12% ao semestre

c. 1 ano e 6 meses à taxa de 24% ao ano

6. Lauro de Freitas realizou uma aplicação financeira no Banco Ouro Branco no valor de R$ 300.000,00 por 18 meses, à taxa de 48% ao ano (juros simples). Pede-se:

a. O valor dos juros dessa aplicação.

b. O valor a ser resgatado ao final de 18 meses.

7. Calcular a taxa mensal proporcional de juros de:

a. 12,6% ao ano

b. 6,2% ao quadrimestre

c. 12,36% ao semestre

d. 117,6% ao ano

e. 64,80% ao biênio

8. Calcular a taxa trimestral proporcional a juros de:

a. 240% ao ano

b. 6,4 % ao quadrimestre

c. 0,75% ao mês

9. Qual a taxa de juros para dezoito meses proporcional à taxa de 18% ao ano?

10. Qual o rendimento que R$ 750,00, aplicados a juros simples, produz após 3 trimestres à taxa de 12% ao ano?

11. Quanto de juros se obtém de um capital de R$ 3.200,00, aplicados à taxa de 18% ao semestre durante dois bimestres? (juros simples)

12. Durante quantos meses o capital de R$ 2.500,00, aplicados à taxa de 18,6% ao semestre, produz juros de R$ 620,00? (juros simples)

13. Qual a taxa de juros simples anual que um capital de R$ 10.000,00 deve ser aplicado para que triplique em 4 anos?

14. Uma geladeira está sendo anunciada por uma loja com as seguintes condições de pagamento:

- preço à vista: R$ 2.500,00
- preço parcelado: 40% de entrada e R$ 1.600,00 em 45 dias

Qual a taxa mensal de juros simples praticada no preço parcelado?

15. Manoel Vitorino aplicou R$ 1.250,00 no Banco Ouro Verde por oito meses com remuneração de 1,35% ao mês. Quanto deverá resgatar? (juros compostos)

16. O Sr. Assis emprestou R$ 1.500,00 a juros compostos de 2,0% ao mês. Dois meses depois, pagou R$ 1.000,00 e, um mês após esse pagamento, quitou o empréstimo. Determine o valor do último pagamento.

17. Medeiros Neto fez uma aplicação de R$ 3.200,00, por nove trimestres no Banco Ouro Preto. Os juros correspondem a 1,5% ao mês. Qual o valor a ser resgatado? (juros compostos)

18. Miguel Calmon aplicou R$ 2.500,00 por oito meses no Banco Diamantina. Resgata o Montante de R$ 2.872,20. Qual a taxa mensal de juros dessa aplicação? (juros compostos)

19. Calcular o valor a ser resgatado de um investimento no valor de R$ 8.000,00, admitindo-se as seguintes taxas de juros e prazos: a) 4,5% ao mês e 3 anos; b) 4,5% ao bimestre, 1 ano e 6 meses; c) 14,5% ao ano, 120 meses (juros compostos)

20. Qual o valor dos juros de uma aplicação de R$ 1.600,00 durante sete meses, com a taxa de 1,16% ao mês? (juros compostos)

21. João Pessoa irá necessitar de R$ 15.000,00 daqui a nove meses. Quanto deverá aplicar hoje em um banco para resgatar o valor desejado, considerando que a taxa de juros é de 1,5% ao mês? (juros compostos)

22. Calcular a taxa mensal de juros de uma aplicação de R$ 12.600,00 que proporciona juros de R$ 5.400,00 durante seis meses. (juros compostos)

23. Paulo Afonso possui duas dívidas junto ao Banco Turmalina. A primeira, no valor de R$ 5.400,00 vence daqui a oito meses e, a segunda, no valor de R$ 12.000,00, vence daqui a dez meses. Paulo procurou o gerente do banco desejando quitar as duas dívidas. O gerente informa que a taxa de juros praticada pelo banco é de 1,9% ao mês. Qual o Valor Presente das duas dívidas? (juros compostos)

24. Um investimento de R$ 32.000,00 proporcionou um Montante de R$ 36.914,19 depois de alguns meses. Sendo de 1,2% ao mês a taxa de juros, determinar o prazo da aplicação. (juros compostos)

25. Para uma taxa de juros de 1,7% ao mês, qual das duas alternativas de pagamento é mais vantajosa: a) pagamento de R$ 11.000,00 à vista (na data zero); b) R$ 3.000,00 de entrada, R$ 4.000,00 em 60 dias e R$ 4.200,00 em 90 dias. (juros compostos)

26. Marília obteve um empréstimo de R$ 5.000,00 para ser quitado em único pagamento depois de 6 meses, com juros de 9% ao ano. Caso ela resolva quitar o empréstimo depois de 5 meses, quanto deverá desembolsar?

27. Conceição obteve um empréstimo de R$ 12.000,00 para ser quitado em único pagamento depois de 4 meses, com juros de 12% ao ano. Passados os quatro meses, Conceição procurou o gerente do banco e negociou a prorrogação do pagamento desse empréstimo em mais 2 meses, com juros de 4% ao mês. Quanto Conceição desembolsou para quitar o empréstimo?

28. Determine a taxa de juros mensal equivalente a 16% ao ano?

29. Qual a taxa de juros semestral equivalente à taxa de 2% ao mês?

30. Determine as taxas mensais de juros equivalentes às seguintes taxas:

a. 15% ao ano;

b. 0,03% ao dia;

c. 9% ao trimestre.

31. Verificar se as seguintes taxas de juros são equivalentes:

a. 3,03% ao trimestre e 19,6141% para dezoito meses;

b. 2,75% ao bimestre e 4,30% ao trimestre;

c. 18,75% ao ano e 5,8955% ao quadrimestre.

32. 32. Calcular a taxa equivalente a 14% ao ano para os seguintes prazos:

a. dois meses e meio;

b. um trimestre;

c. oito meses;

d. dois anos.

Pesquisar

1. Pesquisar na Internet, em sites confiáveis, o que vem a ser a "Regra 72".
2. Pesquisar na Internet, em sites confiáveis, o significado da expressão popular: Juros de Pai para Filho.
3. Pesquisar em sites de jornais ou revistas, sites confiáveis na Internet, as taxas de juros cobradas pelos bancos sobre saldo negativo do cheque especial e, do rotativo do cartão de crédito.
4. Todo início de ano os cidadãos se deparam com algumas obrigações, entre elas:

   a. Os proprietários de automóveis devem pagar o IPVA. Algumas modalidades de pagamento são oferecidas: pagar à vista com desconto, pagar depois de 30 dias sem desconto ou, pagar em 3 parcelas.

   b. Os proprietários de imóveis devem pagar o IPTU. Há a opção de se pagar à vista com desconto ou em prestações mensais, sem juros.

   c. Os assalariados devem apresentar a declaração de ajuste anual de renda e, alguns deles têm imposto a pagar. Neste caso, pode pagar em cota única ou optar pelo parcelamento.

Pesquisar na Internet, em sites confiáveis, os prós e contras de cada uma das modalidades de pagamento oferecidas.

Casos Práticos

1. Juros do Cheque Especial e do Empréstimo Pessoal

O cheque especial configura-se em um contrato de empréstimo entre o banco e seu correntista. O banco disponibiliza até certo limite em conta corrente que poderá ser sacado quando o correntista necessitar. Por exemplo, uma pessoa possui R$ 2.000,00 de saldo na conta corrente e, um limite de cheque especial de R$ 2.000,00. Neste caso, o correntista possui R$ 4.000,00 disponíveis. Diferente de empréstimos, o valor utilizado do cheque especial é cobrado em uma só parcela, acrescido dos juros. O cuidado com essa modalidade de empréstimo é a taxa de juros cobrada.

Em pesquisa realizada pelo PROCON, em 04 de novembro de 2014, o juro médio do cheque especial chega até a 12,99% ao mês e, o juro no empréstimo pessoal chega até a 7,49% (http://g1.globo.com/economia/seu-dinheiro/noticia/2014/11/juro-medio-do-cheque-especial-chega-10-ao-mes--mostra-procon.html. Acesso em 13/11/2014.)

A matéria lista as taxas cobradas por alguns dos bancos brasileiros.

TAXAS DE JUROS COBRADAS		
Banco	Empréstimo pessoal (em % ao mês)	Cheque especial (em % ao mês)
Banco do Brasil	5,07	8,95
Bradesco	7,76	9,75
Caixa	3,75	6,33
HSBC	6,39	11,99
Itaú	6,19	10,5
Safra	5,4	9,5
Santander	7,49	12,99

Pede-se:

a. Compare as taxas de Empréstimo Pessoal e Cheque Especial com o índice de inflação medido pelo IPCA do mês de Outubro de 2014, que foi de 0,42%.

b. Calcule as taxas de juros equivalentes ao ano do empréstimo e do cheque especial cobrada pelos bancos e compare com a taxa equivalente de juros anual.

c. Pesquise as taxas de juros cobradas "atualmente" pelas instituições bancárias e compare com o último IPCA divulgado. Avalie a diferença.

2. Há juros embutidos nas compras parceladas?

Não sabemos comprar

Adote a estratégia de não fechar o negócio até chegar à proposta final do gerente da loja; chame o gerente!

Texto de Gustavo Cerbasi.

Publicado em 29 de agosto de 2011.

Disponível em http://www1.folha.uol.com.br/fsp/mercado/me2908201116.htm.

Acesso em 23 de fevereiro de 2015

Definitivamente, não existem compras parceladas sem juros ou juros baixos em compras parceladas. O que existe são consumidores desavisados, ávidos por consumo, dispostos a acreditar no mais modesto discurso de venda proposto até mesmo por vendedores pouco treinados.

Comprar mal faz parte de nossa cultura, é fácil constatar. Quem faz compras frequentemente em supermercados, ao menos a cada semana, conhece melhor os preços e sabe que palavras como "oferta", "promoção" e "aproveite" não significam necessariamente que o preço esteja melhor do que em outras lojas.

Mas poucos vão ao supermercado semanalmente. Herdamos o mau hábito das compras mensais da época de inflação elevada, quando fazê-las era questão de preservação do patrimônio.

Hoje, quantas famílias não terminam o mês com dívida de R$ 100 no cheque especial e R$ 300 estocados em produtos na despensa? Não faz sentido estocar nada em tempos de inflação controlada.

Negociar preços, por sua vez, é um ato constrangedor para muitos. Num Brasil em que o desperdício e a esnobação são referências de consumo, o hábito de pechinchar acaba sendo entendido como atitude avarenta, mesquinha e desconfortável.

Uma negociação de compra e venda parece-se mais com uma relação social entre compradores e vendedores do que com um desafio entre partes com interesses opostos. Outro problema ocorre no mau hábito — tipicamente brasileiro — das compras parceladas Tal vício deveria ser permitido somente àqueles que provassem possuir um controle rigoroso dos gastos mensais. Há quem argumente que é melhor aceitar o parcelamento naquelas situações em que não há juros embutidos. Pura ilusão. Sempre há juros embutidos em compras parceladas.

Cabe a cada um de nós esforçar-se para, após franca negociação, obter o melhor preço à vista. Obviamente, há lojas que são irredutíveis em sua política comercial, não abrindo mão dos juros — isto é, insistindo em que o preço é o mesmo tanto na opção à vista quanto na parcelada.

A solução, nesses casos, é pechinchar na loja concorrente. Há alguns meses, circulei por um shopping de São Paulo em busca de uma geladeira nova para minha casa. O modelo que escolhi, um lançamento, tinha exatamente os mesmos preços e condições expostos nas vitrines de seis lojas diferentes: R$ 2.200 à vista ou dez parcelas de R$ 220. Após sentar para negociar, fechei por R$ 1.750 à vista em uma dessas lojas. Surpreendente? Apenas adotei a simples estratégia de não fechar o negócio até chegar à proposta final do gerente da loja. Chame o gerente!

Há aqueles que se iludem com o truque dos juros baixos. Recentemente, vi no jornal a propaganda de uma concessionária que anunciava, para um carro que pensava comprar, juro de 0,99% ao mês — uma taxa baixa e sedutora.

Como não queria estender muito o financiamento — para não dar mais meio carro em juros embutidos nas várias parcelas —, pedi uma proposta de financiamento de parte do valor do carro em seis prestações.

No momento em que surgiu uma tal "taxa de abertura de crédito" (omitida até então, como se fosse apenas um detalhe), o custo total da operação — o chamado custo efetivo total, de divulgação obrigatória, mas sempre discreta — mostrou juros embutidos de cerca de 2,2% ao mês. Mais do que o dobro da taxa anunciada! Não existe mágica.

Por isso, esteja atento. A pressa, o aumento da renda e uma certa indulgência levam-nos a ignorar a importância da pesquisa de preços e da boa negociação.

Não se deixe iludir. Toda vez em que houver um vendedor a sua frente, lembre-se de negociar, de valorizar seu dinheiro.

Não se iluda com as falsas promoções, ofertas e generosidades do comércio. Boas compras!

Pede-se:

Determine a taxa de juros embutida no parcelamento da geladeira.

● ● ● ● ● ● ● ● ● ● ● ●

DESCONTOS

Em situações nas quais uma dívida é liquidada em data anterior à data de vencimento, o devedor exige uma redução do valor nominal da dívida ou do saldo devedor. O comprador exige um desconto, também, quando resolve adquirir um bem ou serviço pagando à vista.

Este capítulo descreve as diferentes formas de aplicar o desconto, tanto em casos de juros simples, como de juros compostos.

INTRODUÇÃO

O Desconto compreende a uma redução no Valor Nominal de uma dívida quando esta é liquidada em data anterior ao seu vencimento. Por exemplo, uma empresa obteve um financiamento bancário para ser liquidado de uma única vez depois de doze meses. No entanto, três meses antes do vencimento possui recursos suficientes para liquidar a dívida, solicitando para isso uma redução do Valor Nominal. Essa redução corresponde ao Desconto. O valor a ser pago é chamado de Valor Descontado. A Figura 2.1 ilustra esta situação.

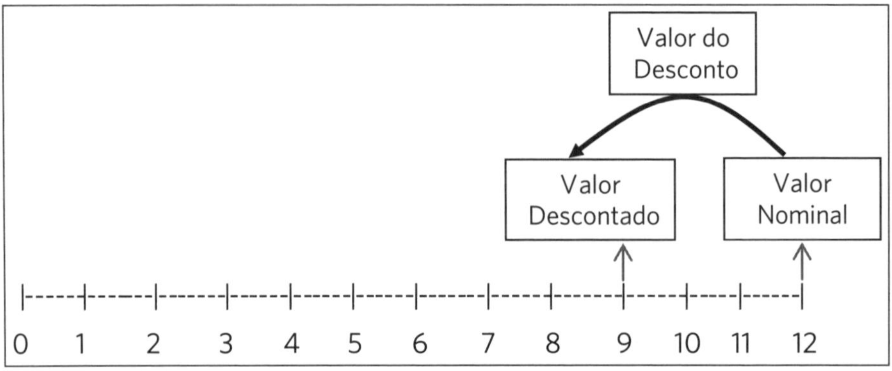

Figura 2.1 – Ilustração do Desconto

Assim, o desconto corresponde à diferença entre o Valor Nominal e o Valor Descontado (o Valor Nominal compreende ao Valor Futuro, ou seja, o valor da dívida e, o Valor Descontado representa o valor da dívida calculada para a data em que será liquidada).

NOTA:

O Valor Descontado equivale ao Valor Presente ou Valor Atual da dívida, e o Valor Nominal corresponde ao Valor Futuro (ver Cap. 1).

O cálculo do Valor do Desconto pode ser realizado sobre o Valor Descontado ou sobre o Valor Nominal. No primeiro caso, denomina-se **Desconto Racional** (também chamado de desconto "por dentro") e, no segundo, **Desconto Comercial** (também chamado de desconto Bancário ou desconto "por fora").

O Desconto pode ser denominado simples ou composto em função do regime de juros (simples ou composto) utilizado. Assim, tem-se:

Juros Simples {
- Desconto Racional ou "por dentro"
- Desconto Comercial ou Bancário ou "por fora"

Juros Compostos { Desconto Racional ou "por dentro"
Desconto Comercial ou Bancário ou "por fora"

DESCONTOS NO REGIME DE JUROS SIMPLES

O Desconto no regime de juros simples é utilizado, basicamente, em operações de curto prazo.

Desconto Racional

O valor base para cálculo do Desconto Racional é o Valor Descontado da dívida. O Valor do Desconto pode ser obtido de duas maneiras:

a. Pela diferença entre o Valor Nominal da dívida e o Valor Descontado.

Inicialmente, calcula-se o Valor Descontado com o emprego da seguinte equação:

$$VD = \frac{VF}{1 + i \times n}$$

Onde,

VD = Valor Descontado

VF = Valor Futuro (correspondente ao Valor Nominal da dívida)

i = taxa de juros que corresponde a taxa de desconto

n = número de períodos de tempo que será concedido o Desconto

ATENÇÃO:

Esta equação corresponde ao cálculo do Valor Presente no regime de juros simples.

Depois, determina-se o Valor do Desconto: D = VF - VD

b. Calculando-se sobre o Valor Nominal da dívida com o emprego da seguinte equação:

$$D = \left(\frac{VF}{1 + i \times n}\right) \times i \times n$$

Onde,

D = valor do Desconto

VF = Valor Futuro (corresponde ao Valor Nominal da dívida)

i = taxa de juros que corresponde à taxa de desconto

n = número de períodos de tempo que será concedido o Desconto

Para exemplificar, considere que um comerciante contraiu um financiamento no dia 01 de março de 2016 com vencimento depois de 12 meses. O banco cobra juros de 2,5% ao mês, regime de juros simples, e o Valor Nominal do financiamento é de R$ 21.500,00. O comerciante deseja liquidar a dívida três meses antes do vencimento. Será utilizado o Desconto Racional.

a. Pela diferença entre o Valor Nominal e o Valor Descontado:

$$VD = \frac{\text{R\$ } 21.500{,}00}{1 + 0{,}025 \times 3}$$

$$VD = \text{R\$ } 20.000{,}00$$

Tendo encontrado o Valor Descontado, calcula-se o Valor do Desconto:

$$D = \text{R\$ } 21.500{,}00 - \text{R\$ } 20.000{,}00$$

$$D = \text{R\$ } 1.500{,}00$$

b. Calculando-se sobre o Valor Nominal da dívida:

$$D = \left(\frac{\text{R\$ } 21.500{,}00}{1 + 0{,}025 \times 3}\right) \times 0{,}025 \times 3$$

$$D = \text{R\$ } 1.500{,}00$$

Desconto Comercial

O valor base para cálculo do Desconto Comercial é o Valor Nominal da dívida. O Valor do Desconto pode ser calculado de duas maneiras:

a. Pela diferença entre o Valor Nominal da dívida e o Valor Descontado

Inicialmente, calcula-se o Valor Descontado com o emprego da seguinte equação:

$$VD = VF \times [1 - (i \times n)]$$

Depois, determina-se o Valor do Desconto: D = VF - VD

b. Calculando-se sobre o Valor Nominal da dívida com o emprego da seguinte equação:

$$D = VF \times i \times n$$

Para exemplificar, considere que um comerciante contraiu um financiamento no dia 01 de março de 2016 com vencimento depois de 12 meses. O banco cobra juros de 2,5% ao mês pelo regime de juros simples e o Valor Nominal do financiamento é de R$ 21.500,00. O comerciante deseja liquidar a dívida três meses antes do vencimento. Será utilizado o Desconto Comercial.

a. Pela diferença entre o Valor Nominal da dívida e o Valor Descontado:

$$VD = R\$\ 21.500{,}00 \times [1 - (0{,}025 \times 3)]$$

$$VD = R\$\ 19.887{,}50$$

Tendo encontrado o Valor Descontado, calcula-se o Valor do Desconto:

$$D = R\$\ 21.500{,}00 - R\$\ 19.887{,}50$$

$$D = R\$\ 1.612{,}50$$

b. Calculando-se sobre o Valor Nominal da dívida:

$$D = R\$\ 21.500{,}00 \times 0{,}025 \times 3$$

$$D = R\$\ 1.612{,}50$$

ATIVIDADE

O Sr. Cardoso vendeu um terreno a um amigo por R$ 50.000,00. Foi negociado que esse valor será pago depois de 8 anos, sem acréscimo de juros. Entretanto, foi pactuado que, caso esse amigo pudesse pagar antecipadamente, seria concedido um Desconto de 20% ao ano, valendo-se do Desconto Comercial pelo regime de juros simples. Passados 3 anos, o amigo resolveu quitar a dívida. Qual o valor a ser recebido pelo Sr. Cardoso?

DESCONTOS NO REGIME DE JUROS COMPOSTOS

O Desconto no regime de juros compostos é utilizado em operações de longo prazo.

Desconto Racional

O valor base para cálculo do Desconto Racional é o Valor Descontado da dívida. O Valor do Desconto pode ser calculado de duas maneiras:

a. Pela diferença entre o Valor Nominal da dívida e o Valor Descontado.

   Inicialmente, calcula-se o Valor Descontado com o emprego da seguinte equação:

$$VD = \frac{VF}{(1 + i)^n}$$

   Onde,

   VD = Valor Descontado

   VF = Valor Futuro (correspondente ao Valor Nominal da dívida)

   i = taxa de juros que corresponde à taxa de desconto

   n = número de períodos de tempo que será concedido o Desconto

ATENÇÃO:

Esta equação corresponde ao cálculo do Valor Presente do regime de juros compostos.

Depois, determina-se o Valor do Desconto: D = VF - VD

b. Calculando-se sobre o Valor Nominal da dívida com o emprego da seguinte equação:

$$D = VF \times \left[1 - \frac{1}{(1+i)^n}\right]$$

Onde,

D = valor do Desconto

VF = Valor Futuro (correspondente ao Valor Nominal da dívida)

i = taxa de juros que corresponde à taxa de desconto

n = número de períodos de tempo que será concedido o Desconto

Para exemplificar, considere que um comerciante contraiu um financiamento no dia 01 de março de 2016 com vencimento depois de 12 meses. O banco cobra juros de 2,5% ao mês pelo regime de juros compostos e o Valor Nominal do financiamento é de R$ 21.500,00. O comerciante deseja liquidar a dívida três meses antes do vencimento. Será utilizado o Desconto Racional.

a. Pela diferença entre o Valor Nominal da dívida e o Valor Descontado:

$$VD = \frac{\text{R\$ } 21.500{,}00}{(1 + 0{,}025)^3}$$

$$VD = \text{R\$ } 19.964{,}89$$

Tendo encontrado o Valor Descontado, calcula-se o Valor do Desconto:

$$D = \text{R\$ } 21.500{,}00 - \text{R\$ } 19.964{,}89$$

$$D = \text{R\$ } 1.535{,}11$$

b. Calculando-se sobre o Valor Nominal da dívida:

$$D = R\$\ 21.500{,}00 \times \left[1 - \frac{1}{(1 + 0{,}025)^3}\right]$$

$$D = R\$\ 1.535{,}11$$

Desconto Comercial

O valor base para cálculo do Desconto Comercial é o Valor Nominal da dívida. O Valor do Desconto pode ser calculado de duas maneiras:

a. Pela diferença entre o Valor Nominal da dívida e o Valor Descontado.

Inicialmente, calcula-se o Valor Descontado com o emprego da seguinte equação:

$$VD = VF \times (1 - i)^n$$

Depois, determina-se o Valor do Desconto: D = VF - VD

b. Calculando-se sobre o Valor Nominal da dívida com o emprego da seguinte equação:

$$D = VF \times [1 - (1 - i)^n]$$

Para exemplificar, considere que um comerciante contraiu um financiamento no dia 01 de março de 2016 com vencimento depois de 12 meses. O banco cobra juros de 2,5% ao mês pelo regime de juros compostos e o Valor Nominal do financiamento é de R$ 21.500,00. O comerciante deseja liquidar a dívida três meses antes do vencimento. Será utilizado o Desconto Comercial.

a. Pela diferença entre o Valor Nominal da dívida e o Valor Descontado:

$$VD = R\$\ 21.500{,}00 \times (1 - 0{,}025)^3$$

$$VD = R\$\ 19.927{,}48$$

Tendo encontrado o Valor Descontado, calcula-se o Valor do Desconto:

$$D = R\$\ 21.500{,}00 - R\$\ 19.927{,}48$$

$$D = R\$\ 1.572{,}52$$

b. Calculando-se sobre o Valor Nominal da dívida:

$$D = R\$\,21.500,00 \times [1 - (1 - 0,025)^3]$$

$$D = R\$\,1.572,52$$

ATIVIDADE

Retomando a situação apresentada em Desconto Simples. Considere que o Sr. Cardoso vendeu o terreno a um amigo por R$ 50.000,00 para ser recebido daqui a 8 anos, sem acréscimo de juros. Entretanto, foi pactuado que, caso esse amigo pudesse pagar antecipadamente, seria concedido um Desconto de 20% ao ano, valendo-se do Desconto Comercial pelo regime de juros compostos. Passados 3 anos, o amigo resolveu quitar a dívida. Qual o valor a ser recebido pelo Sr. Cardoso?

Avalie a aplicação do Desconto em regime de juros compostos em relação à aplicação do Desconto em regime de juros simples nesta transação.

QUADRO COMPARATIVO DOS DESCONTOS

Cada método de cálculo proporciona valores diferentes de Descontos. No presente Capítulo, utilizou-se o mesmo exemplo para se calcular o Valor do Desconto, tanto pelo regime de juros simples como pelo regime de juros compostos. O quadro 2.1 resume os valores:

Quadro 2.1 – Valor do Desconto em regime de Juros Simples e Juros Compostos

Regimes	Desconto	Valor Futuro (Valor Nominal)	Valor Descontado	Valor do Desconto
Juros Simples	Racional	21.500,00	20.000,00	1.500,00
	Comercial	21.500,00	19.887,50	1.612,50
Juros Compostos	Racional	21.500,00	19.964,89	1.535,11
	Comercial	21.500,00	19.927,48	1.572,52

Observa-se que nos dois regimes de juros, o Valor do Desconto Comercial é maior em relação ao Valor do Desconto Racional. Isso porque, para uma mesma taxa de juros (taxa de desconto) e mesmo tempo de antecipação, o Valor do Desconto Comercial é maior uma vez que sua base de cálculo é o Valor Nominal da dívida e, o Desconto Racional tem por base de cálculo o Valor Descontado.

EXERCÍCIOS

1. A Cia. Normandia possui uma dívida no valor de R$ 15.000,00 e deseja quitar quatro meses antes de seu vencimento. Considerando que a taxa de juros simples é de 30% ao ano, calcule:

a. O Desconto Racional

b. O Desconto Comercial

2. A Cia. Guaraí deseja liquidar uma dívida de R$ 100.000,00 faltando 2 meses para o seu vencimento. Considerando que a taxa de juros é de 18% ao ano, calcule:

a. O Desconto Racional (juros simples)

b. O Desconto Comercial (juros simples)

c. O Desconto Racional (juros compostos)

d. O Desconto Comercial (juros compostos)

3. A Cia. Lajeado possui uma dívida no valor de R$ 160.000,00 e pretende liquidá-la 3 meses antes de seu vencimento. Considerando que a taxa de juros é de 1,75% ao mês, calcule o Valor Descontado, utilizando:

a. O Desconto Racional (juros simples)

b. O Desconto Comercial (juros simples)

c. O Desconto Racional (juros compostos)

d. O Desconto Comercial (juros compostos)

4. A Cia. Tocantínia liquidou uma dívida 5 meses antes de seu vencimento, pagando R$ 32.000,00. Considerando-se que a taxa de juros é de

2,2% ao mês, calcule qual seria o Valor Nominal dessa dívida com base no:

a. Desconto Racional (juros simples)

b. Desconto Comercial (juros simples)

c. Desconto Racional (juros compostos)

d. Desconto Comercial (juros compostos)

5. A Comercial Tupirama deseja liquidar uma dívida de R$ 150.000,00 cinco meses antes de seu vencimento. O gerente do banco informou que a taxa de juros para conceder o Desconto é de 3,5% ao mês. Calcule o Valor Descontado com base no:

a. Desconto Comercial (juros simples)

b. Desconto Comercial (juros compostos)

6. A Comercial Biritiba adquiriu um lote de mercadorias no valor de R$ 28.500,00 para ser pago 2 meses após a compra, porém, passados 45 dias da data da compra deseja quitar a dívida. Considerando o mês comercial e a taxa de juros de 2,7% ao mês, qual o valor do Desconto a ser obtido com base no:

a. Desconto Racional (juros simples)

b. Desconto Racional (juros compostos)

7. Ao quitar uma dívida de valor nominal de R$ 23.000,00, com antecipação de 75 dias, a Cia. Pacatuba obteve um Desconto de R$ 1.300,00. Considerando o mês comercial e o regime de juros compostos, determine:

a. A taxa de juros mensal com base no Desconto Comercial.

b. A taxa de juros mensal com base no Desconto Racional.

8. A Confecções Campos Lindos está adquirindo novas máquinas de costura no valor total de R$ 30.000,00 para serem pagas mensalmente em doze parcelas iguais. Durante as negociações, o vendedor informou que, em caso de pagamento antecipado de parcelas, haveria Desconto Comercial para cada mês antecipado. A taxa de juros é de 1,5% ao mês. Na data do vencimento da 8ª parcela, verificou que tinha dinheiro para quitar a última parcela, também. Determine o Desconto obtido nesta parcela, com opção de juros simples.

9. A Cia. Ariquemes tem uma dívida no valor de R$ 80.000,00 que vence no dia 15 de novembro. Entretanto, pretende liquidar essa dívida 5 dias antes. A taxa de juros é de 15% ao mês. Considerando o mês comercial de 30 dias, calcule:

a. O Desconto Comercial pelo regime de juros simples.

b. O Desconto Comercial pelo regime de juros compostos.

Casos Práticos

1. Cheque pré-datado

Conforme o Art. 32 da Lei nº 7.357, de 2 de setembro de 1985, o cheque é pagável à vista. Assim, um cheque apresentado para pagamento antes do dia indicado como data de emissão é pagável no dia da apresentação (parágrafo único do Art. 32).

Entretanto, no Brasil, comerciantes e consumidores "criaram" uma modalidade de financiamento direto e sem burocracia, denominado cheque pré-datado. Por esse instrumento, o consumidor adquire um bem e, efetua o pagamento em cheque que será depositado em data combinada com o comerciante. Portanto, deve haver confiança mútua nesta modalidade de transação.

Muitos bancos oferecem uma operação de crédito pela qual antecipam o valor dos cheques pré-datados aos comerciantes. Assim, a empresa vende a prazo e recebe à vista.

A Comercial Echaporã, localizada em uma cidade do interior do estado, realiza parcela importante de suas vendas com cheques pré-datados. O diretor financeiro da empresa necessita de R$ 27.000,00 para pagar um fornecedor cuja conta vence hoje e, não possui essa importância disponível em caixa e nem na conta corrente no banco.

O gerente do banco apresentou duas alternativas para disponibilizar essa importância:

a. Antecipar o recebimento de um cheque pré-datado no valor de R$ 30.000,00, que deveria ser depositado somente daqui a 60 dias. Nesta operação, o Desconto Comercial é realizado com juros simples de 5% ao mês.

b. Realizar um empréstimo no valor de R$ 27.000,00 para ser pago em parcela única daqui a 60 dias, com juros compostos de 5% ao mês.

Pede-se: Qual a alternativa que você recomenda ao gerente financeiro da Comercial Echaporã? Justifique.

2. O Imposto sobre a Propriedade de Veículos Automotores (IPVA)

O que é IPVA?

O IPVA (Imposto sobre a Propriedade de Veículos Automotores) é um imposto estadual, cobrado anualmente, cuja alíquota varia a cada Estado (de 1 a 6%) de acordo com o valor do veículo.

Esse é, provavelmente, o imposto estadual mais conhecido, já que atinge todas as pessoas que possuem um carro ou moto.

Porém, como o nome do IPVA indica, o imposto não incide apenas sobre carros ou motos, mas sim sobre toda pessoa que possua um veículo automotor seja automóvel, motocicleta, aeronave ou embarcações.

O recolhimento do IPVA é anual e 50% do valor arrecadado é destinado ao município onde o veículo foi licenciado.

Ver texto em http://invertia.terra.com.br/ipva/interna/0,,OI450000-EI2492,00.html. Acesso em 07 de janeiro de 2015.

Jussara, proprietária de um veículo pretende pagar o IPVA à vista, uma vez que possui valor suficiente para isso. Suas economias estão aplicadas em um fundo que rende 0,75% ao mês (juros compostos).

O aviso de vencimento encaminhado pela Secretaria da Fazenda do Estado consta que o IPVA devido é de R$ 1.983,45. Este é o valor sem Desconto. Caso Jussara pague com um mês de antecedência, obtém um Desconto de R$ 59,50, correspondente a 3%.

Jussara tem duas opções para efetuar o pagamento:

Pagamento à Vista	Data do Vencimento	Valor do Imposto (R$)
Com Desconto	21/01/2014	1.923,95
Sem Desconto	21/02/2014	1.983,45

Pede-se:

a. O Desconto oferecido foi calculado com a sistemática de juros simples ou composto?

b. Avalie qual a alternativa de pagamento mais vantajosa para Jussara quitar o IPVA.

c. Caso o fundo em que os recursos de Jussara estão aplicados proporcionasse rendimentos de 3% ao mês, seria vantajoso pagar com Desconto ou sem Desconto?

Caso Jussara opte em não aproveitar o desconto, os pagamentos parcelados são:

1ª parcela em 21/01/2014 = R$ 661,15

2ª parcela em 21/02/2014 = R$ 661,15

3ª parcela em 21/03/2014 = R$ 661,15

Neste caso, a taxa de juros embutida nas parcelas é 3,125% ao mês. Para entender, Jussara construiu a seguinte planilha:

Data do Pagamento	Saldo Devedor no Início do Período de Tempo	Parcelas	Saldo Devedor Após Pagamento da Parcela	Juros Sobre Saldo Devedor	Saldo Devedor Para o Mês Seguinte
21/01/2014	1.923,95	661,15	1.262,80	39,46	1.302,26
21/02/2014	1.302,26	661,15	641,11	20,04	661,15
21/03/2014	661,15	661,15	0,00	0,00	0,00
TOTAL		1.983,45		59,50	

Embora Jussara possua a importância de R$ 1.923,95 para quitar o IPVA com desconto, considere que ao invés disso, resolva parcelar. Logo de imediato teria que pagar a primeira parcela, restando R$ 1.262,80, que seria investido à taxa de 3,125% ao mês. O rendimento a ser obtido seria de R$ 39,46, e o saldo do investimento seria de R$ 1.302,26. Ao pagar a segunda parcela, o saldo da aplicação ficaria em R$ 641,11 e o rendimento a ser obtido seria de R$ 20,04, o que proporciona um saldo de R$ 661,15, suficiente para quitar a última parcela.

Pede-se:

a. Caso Jussara realizasse o investimento a taxas menores que 3,125% ao mês, seria vantajoso parcelar o IPVA?

b. Caso Jussara realizasse o investimento a taxas superiores a 3,125% ao mês, seria vantajoso parcelar o IPVA?

VALOR PRESENTE E VALOR FUTURO DE FLUXOS DE CAIXA

Capítulo 3

Este Capítulo é dedicado a descrever como se determina o Valor Presente e o Valor Futuro para diferentes configurações de fluxos de caixa de projetos de investimentos. Tem por base o regime de **juros compostos**. Na prática, os financiamentos bancários utilizam esse regime de juros, assim como, outras formas de captação de recursos. O uso de juros simples, em função de aplicações limitadas a operações de curto prazo não se justifica em estudos de Engenharia Econômica, uma vez que os fluxos de caixa são gerados em uma perspectiva de longo prazo e, costumam ser reinvestidos pelas empresas.

INTRODUÇÃO

Nos estudos de Engenharia Econômica as séries de fluxos de caixa podem se apresentar configuradas de diferentes formas - fluxos não uniformes, fluxos uniformes, fluxos gradientes e fluxos perpétuos.

Embora possam não ser encontradas séries de fluxos de caixa exatos com essas configurações no mundo real, admite-se que essas formas de configuração representem aproximações válidas para os estudos de Engenharia Econômica.

Os conceitos e cálculos de Valor Presente e Valor Futuro, para juros compostos, foram apresentados no Cap. 1.

Para se determinar o Valor Presente e o Valor Futuro de uma série de fluxos de caixa, podem-se empregar as equações já apresentadas. Entretanto, há um inconveniente relacionado à quantidade de cálculos a serem efetuados. Para simplificar, neste Capítulo serão empregadas equações específicas para cada série de fluxos de caixa.

Uma vez determinado o Valor Presente de uma série de fluxos de caixa e se pretende conhecer o seu Valor Futuro, fica mais fácil empregar a equação de Valor Futuro: $VF = VP \times (1 + i)^n$. Situação oposta se aplica quando se determina o Valor Futuro e se pretende conhecer o Valor Presente, $VP = \frac{VF}{(1 + i)^n}$

MOMENTOS DE OCORRÊNCIA DOS FLUXOS DE CAIXA

Os fluxos de caixa podem ser postecipados, antecipados ou diferidos (com carência).

Quando a série de pagamentos (ou recebimentos) se inicia num período após a data zero, o fluxo recebe o nome de POSTECIPADO. Quando o início dos pagamentos ou recebimentos ocorre na data zero, o fluxo recebe o nome de ANTECIPADO.

a. **Postecipados:** a série de fluxos de caixa tem início ao final do primeiro período de tempo após a data zero e, todos os demais fluxos de caixa ocorrem ao final dos respectivos períodos de tempo. A Figura 3.1 ilustra uma série de fluxos de caixa postecipados.

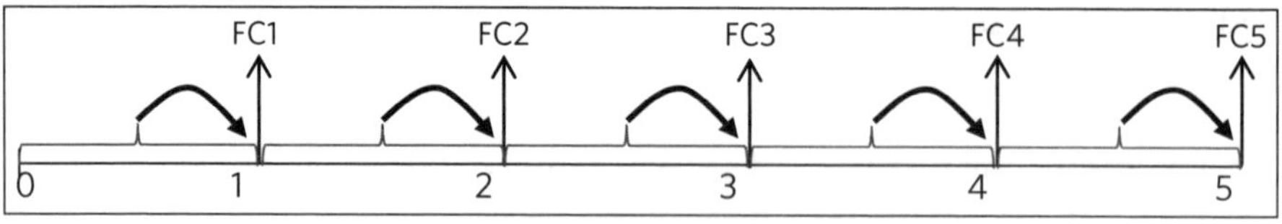

Figura 3.1 – Série de Fluxos de Caixa Postecipados

Nas compras parceladas, sem entrada, ocorre um fluxo de desembolsos postecipado.

b. **Antecipados:** a série de fluxos de caixa tem início na data zero e, todos os demais fluxos de caixa ocorrem no início dos respectivos períodos de tempo. A Figura 3.2 ilustra uma série de fluxos de caixa antecipados.

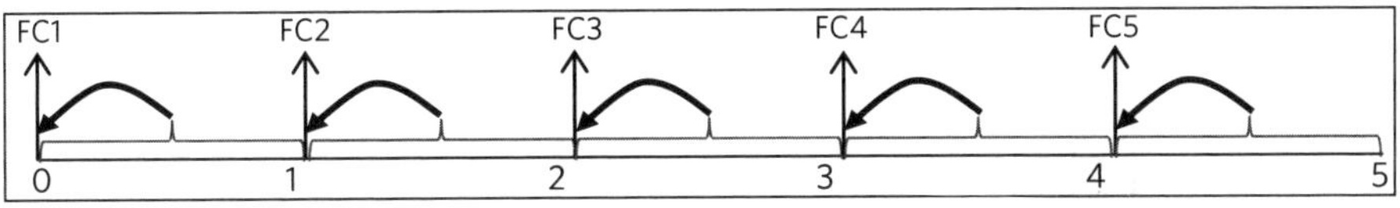

Figura 3.2 – Série de Fluxos de Caixa Antecipados

Nas compras parceladas, com entrada, ocorre um fluxo de desembolso antecipado.

c. **Diferidos:** há um período de carência para início do primeiro valor da série de fluxos de caixa. Os fluxos de caixa diferidos podem ser de dois tipos: fluxos de caixa diferidos postecipados e fluxos de caixa diferidos antecipados. As Figuras 3.3 e 3.4 ilustram estas séries de fluxos de caixa.

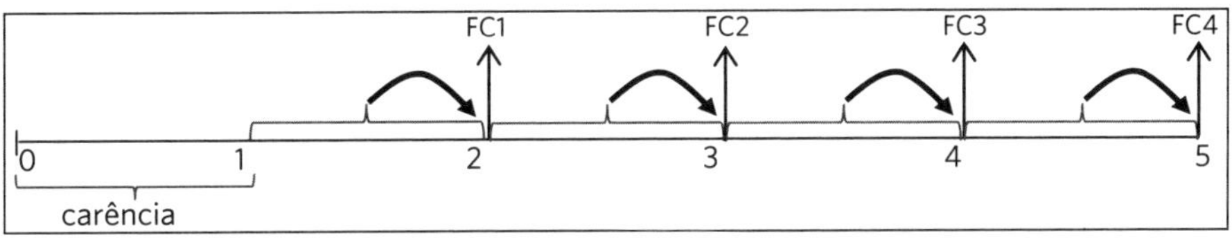

Figura 3.3 – Série de Fluxos de Caixa Diferidos Postecipados

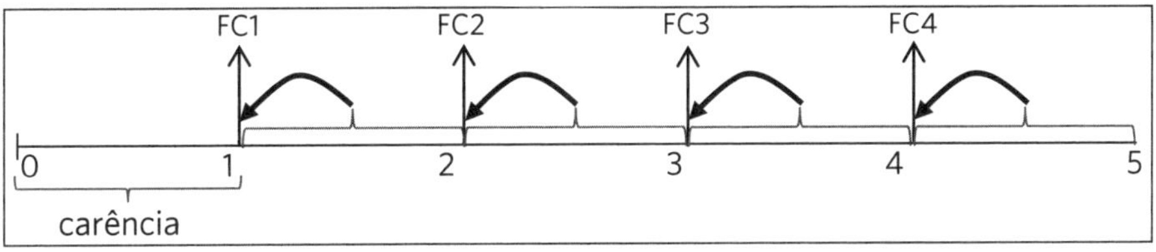

Figura 3.4 – Série de Fluxos de Caixa Diferidos Antecipados

Nas compras parceladas, sem entrada, o primeiro desembolso ocorre após certo período de tempo, por exemplo, depois de 60 dias.

NOTAS:

Emprega-se a convenção "final de período" ou "início de período", para indicar o momento de ocorrência dos fluxos de caixa. Assim, quando vários recebimentos ou desembolsos ocorrem dentro de um período de tempo, considera-se, por convenção, que o fluxo líquido de caixa ocorra no final do período (postecipado) ou no início do período (antecipado).

A menos que haja indicação ao contrário, nos exemplos, atividades e exercícios deste e demais capítulos, serão utilizados fluxos de caixa postecipados.

SÉRIE IRREGULAR OU NÃO UNIFORME

Série irregular ou não uniforme é uma sucessão de fluxos de caixa de valores diferentes em cada um dos períodos de tempo do horizonte temporal.

Para se determinar o Valor Presente de uma série de fluxos de caixa irregular, calcula-se o Valor Presente de cada um dos valores do fluxo de caixa e depois soma todos eles. Para se determinar o Valor Futuro dessa série de fluxos de caixa, calcula-se o Valor Futuro de cada um dos valores do fluxo de caixa e depois soma todos eles.

Para exemplificar, considere que a Cia. Comercial Iguape vende mercadorias de época para diferentes clientes. Um potencial cliente possibilitará pelos próximos cinco meses aumentos no faturamento, conforme Quadro 3.1.

Quadro 3.1 – Aumento no faturamento da Cia. Comercial Iguape

Meses	Fluxos de Caixa
1	8.000,00
2	10.000,00
3	13.000,00
4	14.000,00
5	15.000,00

O Valor Presente dessa série de fluxos de caixa corresponde à data zero e o Valor Futuro, ao último período, conforme ilustrado pela Figura 3.5.

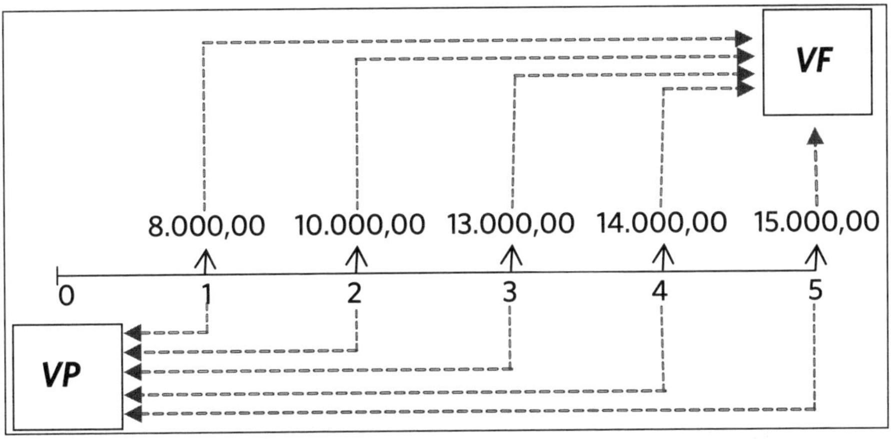

Figura 3.5 – Representação do Valor Presente e Valor Futuro de uma série de Fluxos de Caixa

Admitindo que a taxa de juros seja de 1,25% ao mês, o **Valor Presente** dessa série de fluxos de caixa é de R$ 57.598,28.

$$VP = \frac{FC_1}{(1+i)^1} + \frac{FC_2}{(1+i)^2} + \frac{FC_3}{(1+i)^3} + \frac{FC_4}{(1+i)^4} + \frac{FC_5}{(1+i)^5}$$

$$VP = \frac{8.000,00}{(1+0,0125)^1} + \frac{10.000,00}{(1+0,0125)^2} + \frac{13.000,00}{(1+0,0125)^3} + \frac{14.000,00}{(1+0,0125)^4} + \frac{15.000,00}{(1+0,0125)^5}$$

$$VP = 7.901,23 + 9.754,61 + 12.524,44 + 13.321,34 + 14.096,66$$

$$VP = 57.598,28$$

O **Valor Futuro** dessa série de fluxos de caixa é de R$ 61.289,30.

$$VF = FC_1 \times (1+i)^4 + FC_2 \times (1+i)^3 + FC_3 \times (1+i)^2 + FC_4 \times (1+i)^1 + FC_5 \times (1+i)^0$$

$$VF = 8.000,00 \times (1+0,0125)^4 + 10.000,00 \times (1+0,0125)^3 + 13.000,00 \times (1+0,0125)^2 + 14.000,00 \times (1+0,0125)^1 + 15.000,00 \times (1+0,0125)^0$$

$$VF = 8.407,56 + 10.379,71 + 13.327,03 + 14.175,00 + 15.000,00$$

$$VF = 61.289,30$$

ATIVIDADE

Maria Helena está decidida a trocar de carro. Foi até uma concessionária que lhe apresentou as seguintes condições de pagamentos:

Preço à vista do carro = R$ 69.500,00

Entrada de 30%

Valor das prestações de 1 a 12: R$ 1.900,00 cada

Valor das prestações de 13 a 24: R$ 2.100,00 cada

Parcela adicional de R$ 10.000,00 juntamente com a 10ª prestação

Maria Helena possui dinheiro suficiente para adquirir à vista. Para isso, teria que retirar de uma aplicação financeira que lhe rende juros de 1% ao mês.

Pede-se:

a. É vantajoso adquirir o veículo a prazo ou à vista?

b. Caso a parcela de R$ 10.000,00 fosse paga juntamente com a última prestação, seria vantajoso adquirir a prazo ou à vista?

● ● ● ● ● ● ● ● ● ● ● ●

SÉRIE UNIFORME

Série uniforme é uma sucessão de fluxos de caixa de valores iguais em intervalos de tempo consecutivos durante o horizonte temporal.

Nesse caso, o Valor Presente de uma série de fluxos de caixa com essa característica pode ser obtido pelo somatório do Valor Presente de cada um dos fluxos individuais ou então, pelo emprego da seguinte equação:

$$VP = U \times \left[\frac{(1+i)^n - 1}{(1+i)^n \times i} \right]$$

Onde,

U = Valor Uniforme também chamado de Valor Anual (VA) ou Valor Anual Uniforme (VAU).

O Valor Futuro de um fluxo de caixa com essa característica pode ser obtido pelo somatório do Valor Futuro de cada um dos fluxos individuais ou então, pelo emprego da seguinte equação:

$$VF = U \times \left[\frac{(1 + i)^n - 1}{i}\right]$$

Para exemplificar, considere que um potencial cliente da Cia. Comercial Pirapora possibilitará, pelos próximos 5 meses, aumentos no faturamento, conforme Quadro 3.2.

Quadro 3.2 – Aumento no faturamento da Cia. Comercial Pirapora

Meses	Fluxos de Caixa
1	10.000,00
2	10.000,00
3	10.000,00
4	10.000,00
5	10.000,00

O **Valor Presente** dessa série de fluxos de caixa, admitindo que a taxa de juros seja de 1,25% ao mês, é R$ 48.178,35.

$$VP = 10.000,00 \times \left[\frac{(1 + 0,0125)^5 - 1}{(1 + 0,0125)^5 \times 0,0125}\right]$$

$$VP = 10.000,00 \times 4,817835$$

$$VP = 48.178,35$$

O **Valor Futuro** dessa série de fluxos de caixa é R$ 51.265,72.

$$VF = 10.000{,}00 \times \left[\frac{(1 + 0{,}0125)^5 - 1}{0{,}0125}\right]$$

$$VF = 10.000{,}00 \times 5{,}126572$$

$$VF = 51.265{,}72$$

ATIVIDADES

1. Marialva deseja adquirir seu primeiro carro. Uma concessionária da marca desejada está com uma oferta do modelo popular de seu interesse.

   O preço de tabela é de R$ 32.000,00, que pode ser dividido em 6 prestações sem juros e sem entrada, ou então, o preço à vista é R$ 28.500,00.

   Marialva tem duas alternativas para adquirir esse carro: a) retirar os R$ 28.500,00 de um investimento que lhe proporciona rendimentos de 1,25% ao mês; b) financiar junto ao banco que mantém conta corrente, com juros de 1,5% ao mês.

   Qual a alternativa que você recomenda para Marialva?

2. Cláudio e Januária acabam de se tornarem pais de Betânia. O casal tem planos de investir na formação da filha e para isso pretendem depositar mensalmente R$ 200,00 em um fundo de investimentos para quando ela completar 18 anos. O rendimento desse fundo de investimentos é de 0,75% ao mês. Quanto terá acumulado neste fundo quando Betânia completar 18 anos?

SÉRIE GRADIENTE ARITMÉTICO

Denomina-se gradiente aritmético uma série de fluxos de caixa que cresce ou decresce de um período de tempo para outro de acordo com um valor constante (quantia fixa). O gradiente aritmético é representado pela letra *"G"*.

Gradiente Aritmético Crescente

Para exemplificar, considere que a Cia. Paraibuna, fabricante de móveis, possa aprimorar o processo de montagem de móveis populares, de modo que consiga reduzir seus custos operacionais e, com isso, o lucro dessa linha aumente em R$ 1.000,00 por ano, durante 5 anos. Esse aumento de lucro é o Gradiente Aritmético.

O diagrama de uma série de fluxos de caixa que contempla o **gradiente aritmético crescente** é representado na Figura 3.6.

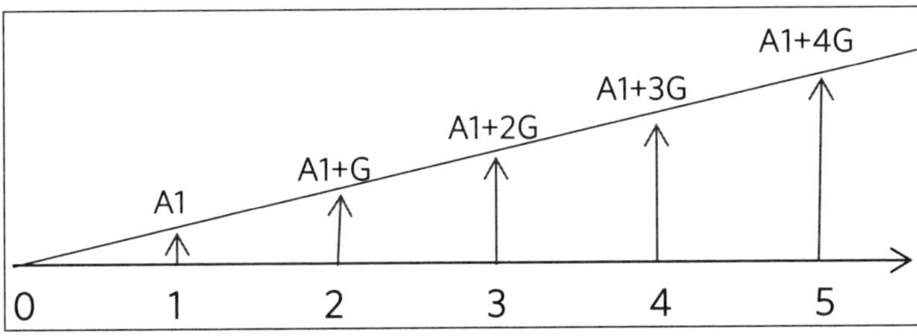

Figura 3.6 – Fluxos de Caixa Gradiente Aritmético Crescente

A Figura 3.7 mostra outra forma de representar os Fluxos de Caixa Gradiente Aritmético Crescente.

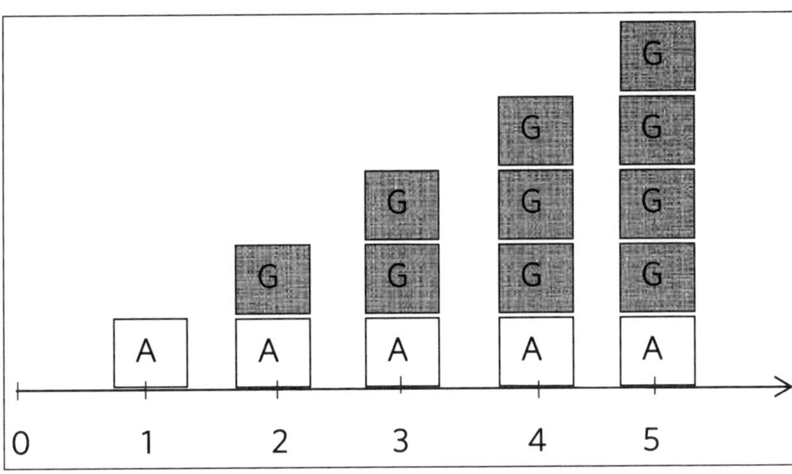

Figura 3.7 – Fluxos de Caixa Gradiente Aritmético Crescente

A Figura 3.8 apresenta o diagrama dos Fluxos de Caixa Gradiente Aritmético Crescente relativos aos aumentos de lucros da Cia. Paraibuna.

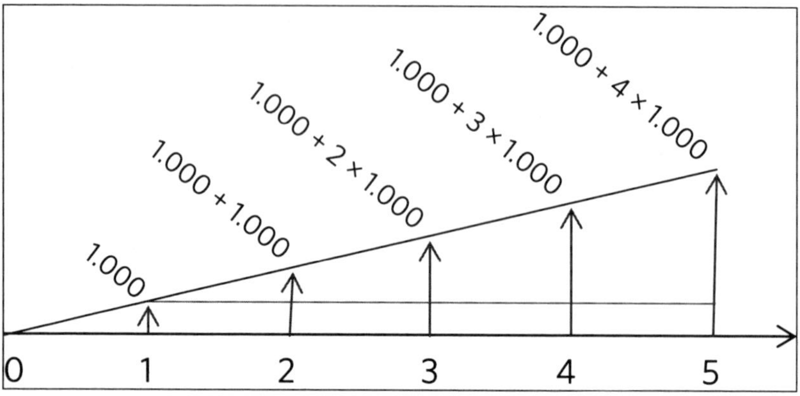

Figura 3.8 – Fluxos de Caixa do aumento de lucro da Cia. Paraibuna

Este diagrama compreende a sobreposição de duas séries de fluxos de caixa: um deles uniforme, representado pelo valor do primeiro fluxo de caixa e, o outro, o gradiente, conforme Figura 3.9.

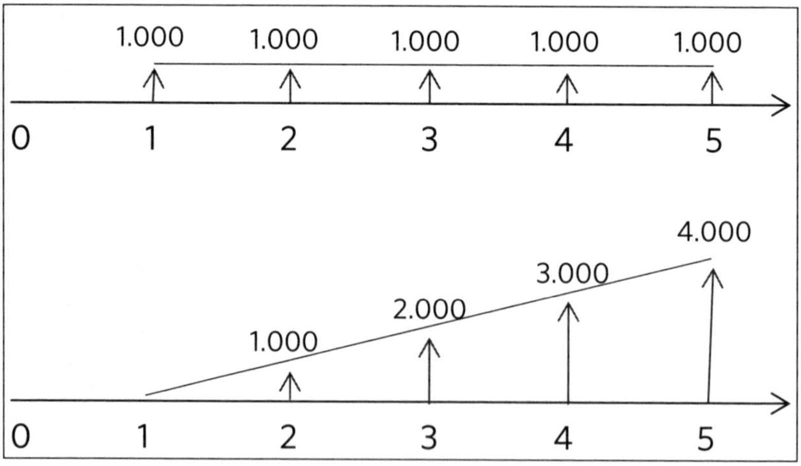

Figura 3.9 – Fluxos de Caixa da Cia. Paraibuna: uniforme e gradiente

Para se determinar o Valor Presente desta série de fluxos de caixa, soma-se o Valor Presente da série de fluxos de caixa uniforme com o Valor Presente da série de fluxos de caixa gradiente.

Para se determinar o Valor Futuro desta série de fluxos de caixa, soma-se o Valor Futuro da série de fluxos de caixa uniforme com o Valor Futuro da série de fluxos de caixa gradiente.

Para isso, empregam-se as seguintes equações:

$$VP = A \times \left[\frac{(1+i)^n - 1}{(1+i)^n \times i}\right] + \left\{\frac{G}{i} \times \left[\frac{(1+i)^n - 1}{(1+i)^n \times i} - \frac{n}{(1+i)^n}\right]\right\}$$

Sendo:

VP = Valor Presente

A = Valor do primeiro fluxo de caixa

i = taxa de juros

n = número de períodos de tempo

G = gradiente

$$VF = A \times \left[\frac{(1+i)^n - 1}{i}\right] + \left\{\frac{G}{i} \times \left[\frac{(1+i)^n - 1}{i} - n\right]\right\}$$

Onde,

VF = Valor Futuro

A = Valor do primeiro fluxo de caixa

i = taxa de juros

n = número de períodos de tempo

G = gradiente

Admitindo que a taxa de juros seja de 5% ao ano, tem-se o Valor Presente e o Valor Futuro da série de fluxos de caixa da Cia. Paraibuna:

$$VP = A \times \left[\frac{(1+i)^n - 1}{(1+i)^n \times i}\right] + \left\{\frac{G}{i} \times \left[\frac{(1+i)^n - 1}{(1+i)^n \times i} - \frac{n}{(1+i)^n}\right]\right\}$$

$$VP = 1.000{,}00 \times \left[\frac{(1+0{,}05)^5 - 1}{(1+0{,}05)^5 \times 0{,}05}\right] + \left\{\frac{1.000{,}00}{0{,}05} \times \left[\frac{(1+0{,}05)^5 - 1}{(1+0{,}05)^5 \times 0{,}05} - \frac{5}{(1+0{,}05)^5}\right]\right\}$$

$$VP = 4.329{,}48 + 8.236{,}92$$

$$VP = 12.566{,}40$$

$$VF = A \times \left[\frac{(1+i)^n - 1}{i}\right] + \left\{\frac{G}{i} \times \left[\frac{(1+i)^n - 1}{i} - n\right]\right\}$$

$$VF = 1.000{,}00 \times \left[\frac{(1+0{,}05)^5 - 1}{0{,}05}\right] + \left\{\frac{1.000{,}00}{0{,}05} \times \left[\frac{(1+0{,}05)^5 - 1}{0{,}05} - 5\right]\right\}$$

$$VF = 5.525{,}63 + 10.512{,}62$$

$$VF = 16.038{,}25$$

Veja outra situação em que se utiliza o Gradiente Aritmético Crescente.

Considere que o lucro atual da linha de móveis populares da empresa Paraibuna seja de R$ 10.000,00 por ano. Com o aprimoramento do processo de montagem, tem-se a projeção de lucros para os próximos cinco anos, conforme Figura 3.10.

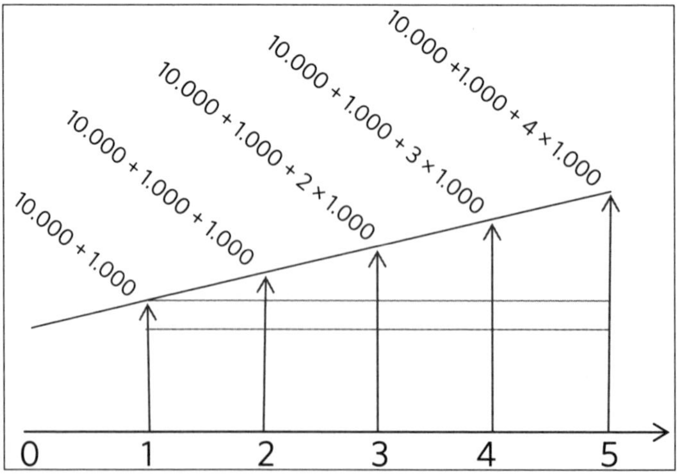

Figura 3.10 – Fluxos de Caixa dos lucros da Cia. Paraibuna após o aprimoramento do processo de montagem

Observe que agora, tem-se uma série de fluxos de caixa uniforme de R$ 11.000,00 e uma série gradiente. Assim, tem-se o Valor Presente e o Valor Futuro dessa série de fluxos de caixa.

$$VP = A \times \left[\frac{(1+i)^n - 1}{(1+i)^n \times i}\right] + \left\{\frac{G}{i} \times \left[\frac{(1+i)^n - 1}{(1+i)^n \times i} - \frac{n}{(1+i)^n}\right]\right\}$$

$$VP = 11.000,00 \times \left[\frac{(1+0,05)^5 - 1}{(1+0,05)^5 \times 0,05}\right] + \left\{\frac{1.000,00}{0,05} \times \left[\frac{(1+0,05)^5 - 1}{(1+0,05)^5 \times 0,05} - \frac{5}{(1+0,05)^5}\right]\right\}$$

$$VP = 47.624,24 + 8.236,92$$

$$VP = 55.861,16$$

$$VF = A \times \left[\frac{(1+i)^n - 1}{i}\right] + \left\{\frac{G}{i} \times \left[\frac{(1+i)^n - 1}{i} - n\right]\right\}$$

$$VF = 11.000,00 \times \left[\frac{(1+0,05)^5 - 1}{0,05}\right] + \left\{\frac{1.000,00}{0,05} \times \left[\frac{(1+0,05)^5 - 1}{0,05} - 5\right]\right\}$$

$$VF = 60.781,94 + 10.512,62$$

$$VF = 71.294,56$$

ATIVIDADES

1. A Cia. Guarapuava adquiriu em 02 de Janeiro de 2016 uma nova máquina de solda cuja vida útil é estimada em 5 anos. O departamento de engenharia da empresa estimou que os gastos com manutenção dessa máquina devessem ser de R$ 1.500,00 no primeiro ano. Para os anos seguintes, a estimativa é de que estes gastos cresçam R$ 300,00 por ano. Considere que os gastos com manutenção ocorram ao final de cada ano. A política da empresa é ter um fundo de reserva para suprir esse tipo de gasto. Os recursos desse fundo proporcionam rendimento de 12% ao ano. Quanto a empresa deve depositar neste fundo para suprir os gastos com manutenção?

2. Afrânio e Jandira decidiram fazer uma poupança para seu filho recém-nascido. Para isso começarão depositando R$ 100,00 por mês em um fundo de investimentos, aumentando o valor do depósito em R$ 5,00 mensalmente. Considerando o rendimento de 8% ao ano, qual deverá ser o saldo deste fundo quando o filho completar 18 anos?

Gradiente Aritmético Decrescente

O diagrama de uma série de fluxos de caixa **gradiente aritmético decrescente** está representado na Figura 3.11.

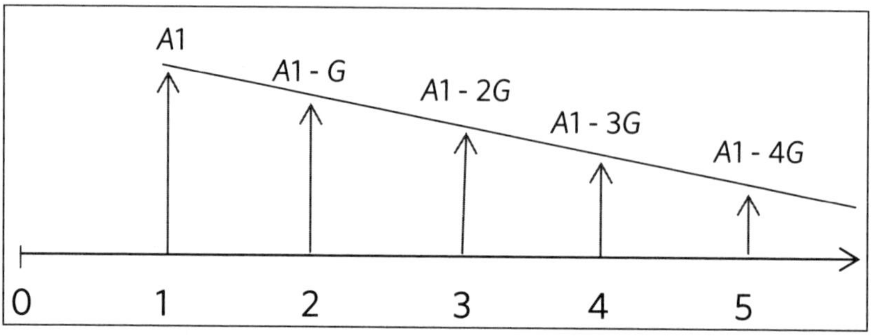

Figura 3.11 – Fluxos de Caixa Gradiente Aritmético Decrescente

A Figura 3.12 mostra outra forma de representar os Fluxos de Caixa Gradiente Aritmético Decrescente.

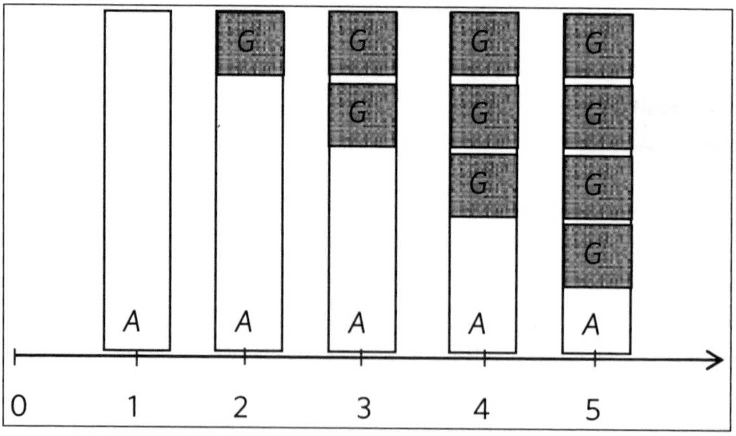

Figura 3.12 – Fluxos de Caixa Gradiente Aritmético Decrescente

Pode-se considerar, com base neste diagrama, que há uma série de fluxos de caixa uniforme (representado pelo primeiro valor da série) e uma série de fluxos de caixa gradiente decrescente, correspondente a redução dos fluxos de caixa.

Para se determinar o Valor Presente desta série de fluxos de caixa, deduz-se do Valor Presente da série de fluxos de caixa uniforme o Valor Presente da série de fluxos de caixa gradiente. Para se determinar o Valor Futuro desta série de fluxos de caixa, deduz-se do Valor Futuro da série de fluxos de caixa uniforme o Valor Futuro da série de fluxos de caixa gradiente. Para isso, empregam-se as seguintes equações:

$$VP = A \times \left[\frac{(1+i)^n - 1}{(1+i)^n \times i}\right] - \left\{\frac{G}{i} \times \left[\frac{(1+i)^n - 1}{(1+i)^n \times i} - \frac{n}{(1+i)^n}\right]\right\}$$

Onde,

VP = Valor Presente

A = Valor do primeiro fluxo de caixa

i = taxa de juros

n = número de períodos de tempo

G = gradiente

$$VF = A \times \left[\frac{(1+i)^n - 1}{i}\right] - \left\{\frac{G}{i} \times \left[\frac{(1+i)^n - 1}{i} - n\right]\right\}$$

Onde,

VF = Valor Futuro

A = Valor do primeiro fluxo de caixa

i = taxa de juros

n = número de períodos de tempo

G = gradiente

Para exemplificar, considere que a Cia. Auriflama, fabricante de chaveiros, prevê R$ 6.000,00 de faturamento com um novo tipo de chaveiro comemorativo da copa do mundo, para o próximo mês. O gerente de vendas estima que nos três meses seguintes, as vendas irão decrescer em progressão aritmética de R$ 1.500,00 mensais. A Figura 3.13 apresenta os Fluxos de Caixa desse chaveiro.

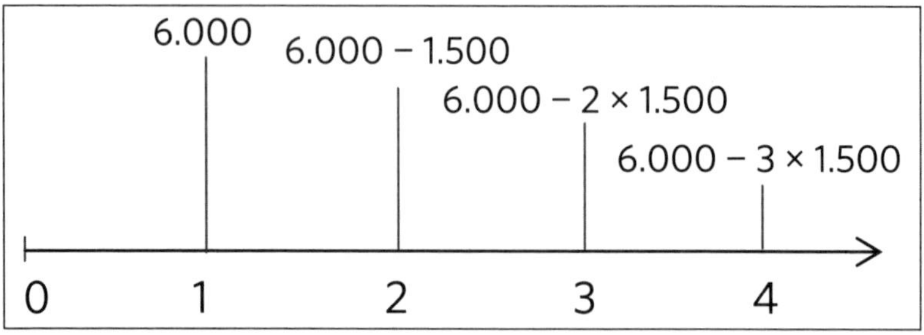

Figura 3.13 – Fluxos de Caixa da Cia. Auriflama do novo tipo de chaveiro

Admitindo que a taxa de juros mensal seja de 2%, tem-se:

$$VP = A \times \left[\frac{(1+i)^n - 1}{(1+i)^n \times i}\right] - \left\{\frac{G}{i} \times \left[\frac{(1+i)^n - 1}{(1+i)^n \times i} - \frac{n}{(1+i)^n}\right]\right\}$$

$$VP = 6.000,00 \times \left[\frac{(1+0,02)^4 - 1}{(1+0,02)^4 \times 0,02}\right] - \left\{\frac{1.500,00}{0,02} \times \left[\frac{(1+0,02)^4 - 1}{(1+0,02)^4 \times 0,02} - \frac{4}{(1+0,02)^4}\right]\right\}$$

$$VP = 22.846,37 - 8.426,02$$

$$VP = 14.420,35$$

$$VF = A \times \left[\frac{(1+i)^n - 1}{i}\right] - \left\{\frac{G}{i} \times \left[\frac{(1+i)^n - 1}{i} - n\right]\right\}$$

$$VF = 6.000,00 \times \left[\frac{(1+0,02)^4 - 1}{0,02}\right] - \left\{\frac{1.500,00}{0,02} \times \left[\frac{(1+0,02)^4 - 1}{0,02} - 4\right]\right\}$$

$$VF = 24.729,65 - 9.120,60$$

$$VF = 15.609,05$$

Veja outra situação em que se utiliza o Gradiente Aritmético Decrescente.

Considere que as vendas dos demais artigos da Cia. Auriflama geram R$ 20.000,00 de faturamento mensal e, que este valor deve ser mantido para os próximos quatro meses. Com mais esse novo tipo de chaveiro, tem-se a projeção do faturamento da Cia. Auriflama para os próximos 4 anos, conforme Figura 3.14.

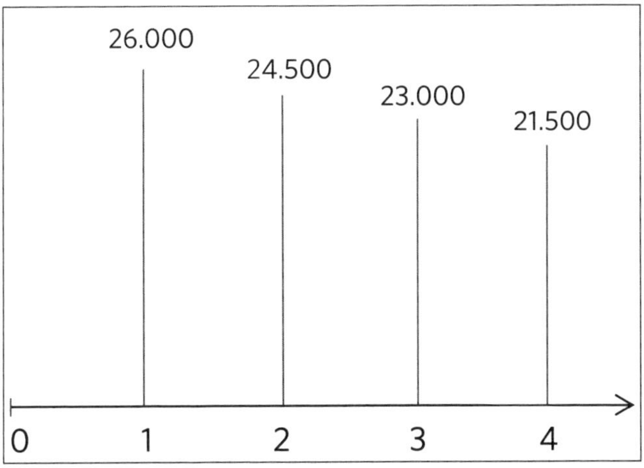

Figura 3.14 – Fluxos de Caixa dos lucros da Cia. Auriflama com o novo tipo de chaveiro

$$VP = A \times \left[\frac{(1+i)^n - 1}{(1+i)^n \times i}\right] - \left\{\frac{G}{i} \times \left[\frac{(1+i)^n - 1}{(1+i)^n \times i} - \frac{n}{(1+i)^n}\right]\right\}$$

$$VP = 26.000,00 \times \left[\frac{(1+0,02)^4 - 1}{(1+0,02)^4 \times 0,02}\right] - \left\{\frac{1.500,00}{0,02} \times \left[\frac{(1+0,02)^4 - 1}{(1+0,02)^4 \times 0,02} - \frac{4}{(1+0,02)^4}\right]\right\}$$

$VP = 99.000,95 - 8.426,02$

$VP = 90.574,93$

$$VF = A \times \left[\frac{(1+i)^n - 1}{i}\right] - \left\{\frac{G}{i} \times \left[\frac{(1+i)^n - 1}{i} - n\right]\right\}$$

$$VF = 26.000,00 \times \left[\frac{(1+0,02)^4 - 1}{0,02}\right] - \left\{\frac{1.500,00}{0,02} \times \left[\frac{(1+0,02)^4 - 1}{0,02} - 4\right]\right\}$$

$VF = 107.161,81 - 9.120,60$

$VF = 98.041,21$

ATIVIDADES

1. A Cia. Maranguape pretende retirar o produto X de seu catálogo daqui a cinco anos, tendo em vista o surgimento de produtos com novas tecnologias. No ano em curso, espera vender 5.000 unidades deste produto ao preço de R$ 40,00 cada. Estima que as vendas serão reduzidas em 500 unidades por ano. Qual deve ser o Valor Presente do faturamento com este produto, considerando que a taxa de juros é de 8,5% ao ano?

2. A Cia. Macapá não tem investido em modernização de seu parque industrial há algum tempo, o que tem provocado redução de seu lucro. Neste ano, estima-se que o lucro da empresa seja de R$ 400.000,00. O proprietário da empresa pretende encerrar as atividades daqui a 6 anos. Como o lucro vem caindo à razão de R$ 40.000,00 ao ano, e ele decidiu não realizar retiradas durante esse período de tempo, quanto terá acumulado em um fundo que será depositado o lucro, cujo rendimento é de 12% ao ano?

● ● ● ● ● ● ● ● ● ● ● ●

SÉRIE GRADIENTE GEOMÉTRICO

No **gradiente aritmético** uma série de fluxos de caixa cresce ou decresce de um período de tempo para outro de acordo com um valor constante. Agora, no **gradiente geométrico** uma série de fluxos de caixa cresce ou decresce de um período de tempo para outro a uma taxa constante, *g*.

Gradiente Geométrico Crescente

Para exemplificar, considere que a Cia. Birigui, prestadora de serviços de manutenção, assine um contrato com um cliente pelo qual o valor a ser cobrado no primeiro ano é de R$ 10.000,00, devendo crescer à taxa constante, *g*, de 10% ao ano, até o 5º ano, quando o contrato será encerrado. Essa taxa, *g*, é o Gradiente Geométrico.

O diagrama de uma série de fluxos de caixa que contempla o **gradiente geométrico crescente** é representado na Figura 3.15.

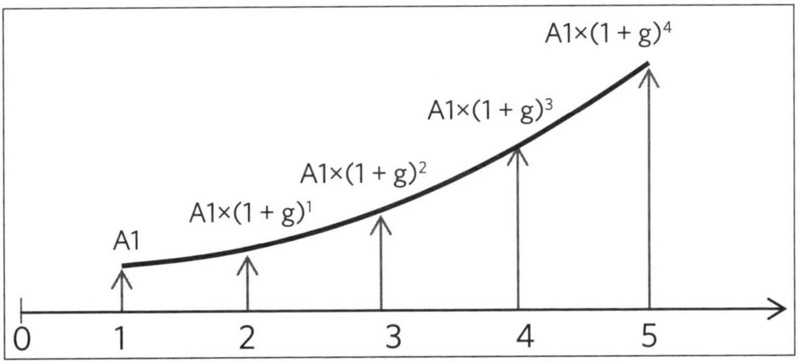

Figura 3.15 – Gradiente Geométrico Crescente

O Quadro 3.3 apresenta os Fluxos de Caixa Gradiente Geométrico Crescente relativos ao contrato de serviços de manutenção da Cia. Birigui.

Quadro 3.3 – Fluxos de Caixa do contrato de serviços de manutenção da Cia. Birigui

Ano	Cálculo	Fluxos de Caixa
1	10.000,00	10.000,00
2	$10.000,00 \times (1 + 0,10)^1$	11.000,00
3	$10.000,00 \times (1 + 0,10)^2$	12.100,00
4	$10.000,00 \times (1 + 0,10)^3$	13.310,00
5	$10.000,00 \times (1 + 0,10)^4$	14.641,00

O Valor Presente dessa série de fluxos de caixa, considerando juros de 15% ao ano, é obtido com o emprego da seguinte equação:

$$VP = A \times \left[\frac{(1+g)^n - (1+i)^n}{(g-i) \times (1+i)^n}\right]$$

Onde,

A = Valor do primeiro fluxo de caixa

g = taxa de crescimento anual

i = taxa de juros

n = número de períodos

$$VP = 10.000,00 \times \left[\frac{(1 + 0,10)^5 - (1 + 0,15)^5}{(0,10 - 0,15) \times (1 + 0,15)^5}\right]$$

$$VP = 10.000,00 \times 3,985838$$

$$VP = 39.858,38$$

O Valor Futuro dessa série de fluxos de caixa, considerando a taxa de 15% ao ano, é obtido com o emprego da seguinte equação:

$$VF = A \times \left[\frac{(1 + g)^n - (1 + i)^n}{g - i}\right]$$

$$VF = 10.000,00 \times \left[\frac{(1 + 0,10)^5 - (1 + 0,15)^5}{0,10 - 0,15}\right]$$

$$VF = 10.000,00 \times 8,016944$$

$$VF = 80.169,44$$

Nota: estas equações são válidas quando "g" for diferente de "i".

ATIVIDADES

1. A Cia. Cajobi é uma empresa concessionária de rodovias e está avaliando a possibilidade de participar de uma concorrência para administrar um trecho de uma estrada que liga duas cidades do interior do Estado, cuja região encontra-se em processo de desenvolvimento.

Estudos indicam que o tráfego no primeiro ano deverá ser de 120.000 veículos, com crescimento geométrico de 5% ao ano, durante 10 anos, que é o prazo de concessão.

A tarifa de pedágio deverá ser de R$ 5,00 por veículo. Determine o Valor Presente do fluxo de receitas com pedágio dessa concessionária considerando que a taxa de juros é de 12% ao ano.

2. Mercedes começou a trabalhar logo que completou 25 anos de idade. Pensando em uma vida mais tranquila no futuro, pretende investir em um fundo de previdência, efetuando depósitos semestrais de R$ 5.000,00. Deseja, a cada semestre, aumentar em 10% o valor depositado. Considerando que o rendimento é de 8% ao ano, qual deverá ser o Montante desse fundo quando completar 65 anos de idade?

● ● ● ● ● ● ● ● ● ● ● ●

Gradiente Geométrico Decrescente

O diagrama de uma série de fluxos de caixa **gradiente geométrico decrescente** está representado na Figura 3.16.

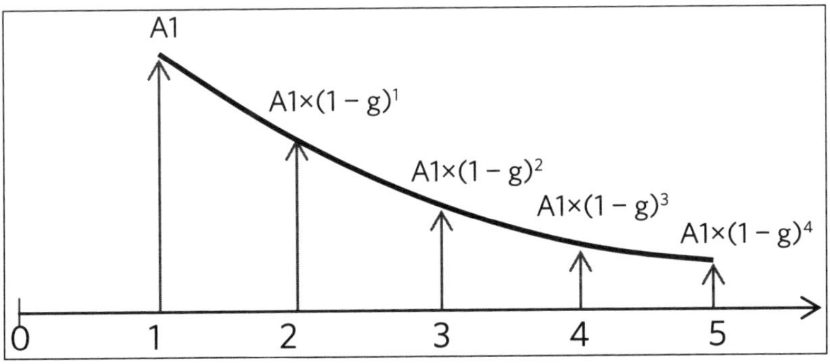

Figura 3.16 – Fluxo de Caixa Gradiente Geométrico Decrescente

Para exemplificar, considere que a Cia. Laguna aprimorou seus processos de produção, o que lhe permitirá obter uma redução de custos de R$ 5.000,00 no próximo ano, devendo manter um ritmo de redução à taxa constante, *g*, de 5% ao ano, até o 5º ano, quando considera que irá atingir um nível satisfatório em termos de custos. Assim, os fluxos de caixa, representados pela redução dos custos são apresentados no Quadro 3.4.

Quadro 3.4 – Fluxos de Caixa da redução de custos da Cia. Laguna

Ano	Cálculo	Fluxos de Caixa
1	5.000,00	5.000,00
2	$5.000{,}00 \times (1 - 0{,}05)^1$	4.750,00
3	$5.000{,}00 \times (1 - 0{,}05)^2$	4.512,50

Ano	Cálculo	Fluxos de Caixa
4	$5.000{,}00 \times (1 - 0{,}05)^3$	4.286,88
5	$5.000{,}00 \times (1 - 0{,}05)^4$	4.072,53

O Valor Presente dessa série de fluxos de caixa, considerando juros de 10% ao ano, é obtido com o emprego da seguinte equação:

$$VP = A \times \left[\frac{(1+i)^n - (1-g)^n}{(g + \mathrm{i}) \times (1+i)^n}\right]$$

Onde,

A = Valor do primeiro fluxo de caixa

g = taxa de redução anual

i = taxa de juros

n = número de períodos

$$VP = 5.000{,}00 \times \left[\frac{(1+0{,}10)^5 - (1-0{,}05)^5}{(0{,}05 + 0{,}10) \times (1+0{,}10)^5}\right]$$

$$VP = 5.000{,}00 \times 3{,}463619$$

$$VP = 17.318{,}10$$

O Valor Futuro dessa série de fluxos de caixa é obtido com o emprego da seguinte equação:

$$VF = A \times \left[\frac{(1+i)^n - (1-g)^n}{g + i}\right]$$

$$VF = 5.000{,}00 \times \left[\frac{(1+0{,}10)^5 - (1-0{,}05)^5}{0{,}05 + 0{,}10}\right]$$

$$VF = 5.000{,}00 \times 5{,}578194$$

$$VF = 27.890{,}97$$

ATIVIDADES

1. A Cia. Itaquaquecetuba investe parcela importante de seu faturamento anual no desenvolvimento de novos produtos, de modo que sempre que um produto sai de catálogo, outro passa a ser ofertado. O produto X deverá ser retirado de catálogo daqui a 5 anos. A empresa possui 10.000 unidades em estoque e não pretende mais fabricá-lo. O preço de venda é R$ 250,00 por unidade e, para liquidar esse estoque, pretende praticar descontos progressivos de 10% ao ano. Considere que a empresa possa vender 2.000 unidades por ano, qual o Valor Presente do faturamento, considerando 12% de taxa anual de juros?

2. Fagundes e Tenório são dois empreendedores que estão avaliando o investimento em uma loja de informática na cidade em que residem. Fagundes investirá durante o primeiro ano R$ 49.500,00 e, Tenório, R$ 37.910,00. Esses empreendedores consideram que devem continuar investindo no negócio pelos próximos 5 anos, em valores decrescentes. Fagundes deverá reduzir progressivamente seu aporte de capital, em 30% ao ano e, Tenório, 14,5% ao ano. Considerando os juros de 10% ao ano, qual o Montante investido por cada sócio ao final do 5º ano?

SÉRIE PERPÉTUA

Nos exemplos apresentados nas Seções Anteriores, foram consideradas séries de fluxos de caixa finitos, ou seja, há uma limitação temporal em cada um deles. Essa condição é válida quando se têm projetos com duração determinada ou quaisquer outros fluxos em que o horizonte temporal pode ser estipulado.

Entretanto, há projetos que apresentam um horizonte temporal indeterminado, tais como barragens, ferrovias e rodovias. Neste caso, os fluxos de caixa gerados devem ser calculados por um período indeterminado de tempo. Tem-se então, o que se denomina **série perpétua**.

Há dois tipos de perpetuidade: perpetuidade sem crescimento e perpetuidade com crescimento.

Um aspecto interessante de qualquer série de fluxos de caixa perpétuo é que não é possível calcular seu Valor Futuro, uma vez que tais fluxos são previstos ocorrerem por um período de tempo indeterminado.

Perpetuidade sem Crescimento

O Valor Presente de uma perpetuidade sem crescimento corresponde a certo valor que se poderia investir hoje para obter um rendimento constante, ou seja, uniforme, por um período de tempo indeterminado.

A seguinte equação é empregada para determinar o Valor Presente:

$$VP = \frac{U}{i}$$

Onde,

U = Valor Uniforme

i = taxa de juros

Para ilustrar, considere que a Cia. V. Redonda assinou um contrato com uma empresa fabricante de rodas fundidas que lhe proporciona, indefinidamente, *royalties* no valor de R$ 50.000,00 anualmente. Considerando a taxa de juros de 8% ao ano, tem-se:

$$VP = \frac{50.000,00}{0,08}$$

$$VP = 625.000,00$$

Perpetuidade com Crescimento

Nesta série, considera-se que os fluxos de caixa irão crescer a uma taxa, g, constante durante um período indeterminado de tempo.

A seguinte equação é empregada para determinar o Valor Presente:

$$VP = \frac{U}{i - g}$$

Para ilustrar, considere que a Cia. Pirajú possua um imóvel para renda. No início do mês de janeiro de 2016 esse imóvel foi alugado por R$ 30.000,00 por ano. O contrato prevê que esse valor será corrigido, anualmente, em 5%. Para uma taxa de juros de 12% ao ano, tem-se:

$$VP = \frac{30.000,00}{0,12 - 0,05}$$

$$VP = 428.571,43$$

ATIVIDADES

1. A cidade de Monte Belo deseja criar um fundo para manutenção de um conjunto de pontes históricas. Estima-se que os gastos com manutenção totalizem R$ 240.000,00 por ano e, que este fundo proporcione rendimento anual de 12%.

   Pede-se:

   a. Quanto deve ser depositado neste fundo hoje?

   b. Caso os gastos com manutenção aumentem 5% ao ano, quanto deve ser o valor depositado neste fundo?

2. A Cia. Mucurici vem buscando aperfeiçoar seus processos de fabricação objetivando ganhos de produtividade. Estudos apontam que investir em treinamentos dos funcionários proporcionariam redução de custos e consequente aumento dos lucros. Os engenheiros da empresa dividiram os ganhos de produtividade em dois estágios. O primeiro estágio tem duração de 7 anos e os ganhos de produtividade serão progressivos, com taxa de 5% ao ano. O segundo estágio tem duração indeterminada, com ganhos progressivos de 2% ao ano. No primeiro ano do primeiro estágio, o ganho de produtividade deve proporcionar R$ 20.000,00 de redução de custos. Os aumentos de lucros devem crescer à mesma taxa do aumento de produtividade. Determine o Valor Presente desse fluxo de reduções de custos, considerando que a taxa de juros é de 10% ao ano.

EXERCÍCIOS

1. A Cia. Paracatu está avaliando a aquisição de uma nova máquina. Dois fornecedores foram consultados e, cada um ofereceu propostas diferentes de pagamentos:

- Fornecedor A (valor total do equipamento = R$ 65.000,00)
  - 30% no ato de formalização do pedido

- ♦ 30% no ato de entrega (após 6 meses)
- ♦ Saldo em 4 parcelas iguais a partir do 7º mês

- Fornecedor B (valor total do equipamento = R$ 67.000,00)
  - ♦ 20% no ato de formalização do pedido
  - ♦ 40% no ato de entrega (após 6 meses)
  - ♦ 40% 120 dias após a entrega

Considerando que a taxa de juros é de 3% ao mês, pede-se:

a. O Valor Presente de cada proposta

b. O Valor Futuro de cada proposta.

2. A empresa Cosmorama financiou uma máquina, sem entrada, em 8 parcelas mensais e consecutivas de R$ 15.000,00 cada. Considerando que a taxa de juros é de 3,5% ao mês, determine:

a. O Valor Presente desses pagamentos

b. O Valor Futuro desses pagamentos

3. Duas lojas estão oferecendo uma mesma mercadoria com planos de pagamentos diferentes:

Loja A: 15 prestações de R$ 251,30. Essa loja cobra 3% ao mês de juros

Loja B: 12 prestações de R$ 297,80. Essa loja cobra 2,8% ao mês de juros.

Considerando que não há pagamento de entrada, qual das lojas oferece o menor valor à vista?

4. A fábrica de implementos agrícolas Uberaba está oferecendo um equipamento por R$ 18.500,00 à vista ou duas alternativas de pagamentos: 1ª) R$ 5.000,00 de entrada mais 6 parcelas mensais de R$ 2.500,00, vencendo a primeira, trinta dias após a compra; 2ª) sem entrada e 4 parcelas mensais de R$ 5.000,00, vencendo a primeira ao final do terceiro mês. Considerando a taxa de juros de 2% ao mês, qual a condição mais vantajosa?

5. O Pet Shop Aporé pretende adquirir um novo veículo para ser usado como Taxi Dog. Ao negociar com uma financeira recebeu a seguinte proposta de pagamento:

- Entrada de R$ 15.000,00, a ser paga no ato da aquisição.
- 18 prestações mensais no valor de R$ 1.800,00 cada, vencendo a primeira depois de um mês.
- 2 parcelas de R$ 3.000,00, sendo a primeira juntamente com a 9ª prestação e a segunda, com a última prestação.

Considerando que a financeira cobra juros de 2,5% ao mês, determine:

a. O Valor Presente desses pagamentos

b. O Valor Futuro desses pagamentos

6. Um equipamento está sendo oferecido pela fabricante Itaguari S. A. em 6 parcelas de R$ 20.000,00 cada, vencendo a primeira 6 meses após a compra. Considerando juros de 1,5% ao mês, determine:

a. O Valor Presente desses pagamentos

b. O Valor Futuro desses pagamentos

7. A Cia. Albertina solicitou um empréstimo de R$ 300.000,00 no Banco Esmeralda. O contrato prevê pagamentos bimestrais com juros de 2% ao mês. O plano de pagamento é composto das seguintes parcelas:

1º bimestre: R$ 40.000,00; 2º bimestre: R$ 40.000,00; 3º bimestre: R$ 60.000,000; 4º bimestre: R$ 50.000,00; 5º bimestre: R$ 50.000,00; 6º bimestre: R$ 80.000,00.

Determine o Valor Futuro destes pagamentos.

8. A direção da Cia. Igarassu deseja conhecer o Valor Presente e o Valor Futuro dos desembolsos que irá realizar com três equipamentos que têm horizonte temporal de 5 anos e realizam os mesmos serviços:

Equipamento A = Gastos com a compra (data zero) no valor de R$ 15.000,00 e desembolso anual de R$ 5.000,00

Equipamento B = Gastos com a compra (data zero) no valor de R$ 17.000,00 e desembolso anual de R$ 4.500,00

Equipamento C = Gastos com a compra (data zero) no valor de R$ 13.500,00 e desembolso anual de R$ 5.400,00

Considere a taxa de juros de 8% ao ano.

9. A divisão de engenharia da Cia. Santarém estima que uma fresadora vá exigir gastos com manutenção de R$ 1.000,00 no primeiro ano. Esses gastos deverão crescer, em progressão aritmética de R$ 200,00 ao ano, até o quinto ano. Determine o Valor Presente desses gastos, considerando que a taxa de juros é de 8,5% ao ano.

10. Um equipamento é oferecido pela Comercial Barra Mansa em 12 prestações mensais e consecutivas, com taxa de juros de 2,5% ao mês, sendo a primeira no valor de R$ 400,00 e as demais em valores crescentes em progressão aritmética de R$ 80,00. Juntamente com a última prestação há uma parcela adicional de R$ 300,00. Determinar:

a. O Valor Presente desses pagamentos

b. O Valor Futuro desses pagamentos

11. A Cia. Paraty estima em R$ 30.000,00 o fluxo de caixa de uma nova linha de produtos em seu primeiro ano no mercado. A direção da empresa considera que haverá um crescimento em progressão aritmética de R$ 15.000,00 ao ano pelos próximos 3 anos. Considerando que a taxa de juros é de 5% ao ano, determine o Valor Presente e o Valor Futuro desse fluxo.

12. A Cia. Itumbiara está decidida a retirar o produto Y de seu catálogo, tendo em vista o declínio nas vendas. Nos próximos doze meses, estima em R$ 75.000,00 o fluxo de caixa desse produto, devendo ter uma redução em progressão aritmética de R$ 15.000,00 anuais pelos próximos 3 anos. Considerando que a taxa de juros é de 5% ao ano, determine o Valor Presente e o Valor futuro desse fluxo.

13. A Comercial de Equipamentos Caiobá anuncia uma máquina industrial em 10 prestações mensais sem entrada, sendo a primeira no valor R$ 2.000,00 e as demais em valores decrescentes em progressão aritmética de R$ 100,00. Sabendo-se que a empresa cobra uma taxa de juros de 4% ao mês, e que juntamente com a última prestação há uma parcela adicional de R$ 500,00, determinar:

O Valor Presente desses pagamentos

O Valor Futuro desses pagamentos

14. A Cia. Sete Lagoas projetou os seguintes fluxos de caixa de três de seus produtos, para os próximos 9 anos:

Ano	Produto A	Produto B	Produto C
1º ano	120.000,00	0,00	0,00
2º ano	90.000,00	0,00	0,00
3º ano	60.000,00	50.000,00	0,00
4º ano	30.000,00	55.000,00	0,00
5º ano	0,00	60.000,00	100.000,00
6º ano	30.000,00	65.000,00	100.000,00
7º ano	60.000,00	70.000,00	100.000,00
8º ano	90.000,00	75.000,00	100.000,00
9º ano	120.000,00	85.000,00	100.000,00

Considerando que a taxa de juros é de 15% ao ano, pede-se:

a. o Valor Presente dos fluxos de caixa de cada produto

b. o Valor Futuro dos fluxos de caixa de cada produto

15. A Cia. Umuarama estima em R$ 2.500,00 o custo com manutenção do primeiro ano de um torno. Espera que o custo com manutenção aumente a taxa, g, de 10% ao ano, durante os cinco anos em que pretende manter esse equipamento em uso. Determine o Valor Presente e o Valor Futuro desse fluxo de manutenção, considerando que a taxa de juros é de 5% ao ano.

16. O Diretor Industrial da Cia. Planaltina estima que o principal guindaste da empresa fique em atividade por dez anos. Os gastos com manutenção deverão ocorrer a partir do terceiro ano de uso. São estimados custos com manutenção de R$ 4.000,00 neste terceiro ano, devendo crescer a taxa, g, de 6% ao ano. Qual o Valor Presente e o Valor Futuro desse fluxo de custos com manutenção, considerando a taxa de juros de 10% ao ano?

17. A Cia. Dourados pretende retirar o produto X de seu catálogo daqui a cinco anos, tendo em vista a redução nas vendas. No ano em curso, espera vender 10.000 unidades desse produto ao preço de R$ 15,00 cada. Estima que as vendas sejam reduzidas em progressão geométrica de 20% ao ano. Determine o Valor Presente e o Valor Futuro dos fluxos das receitas, considerando que a taxa de juros é de 15% ao ano.

18. A Cia. Sobral estima que o lucro gerado pelo seu produto Jota, de R$ 50.000,00 por ano, deverá permanecer estável pelos próximos 4 anos. A partir do 5º ano haverá redução do lucro em progressão geométrica de 30% ao ano até o 10º ano, tendo em vista a redução da demanda. Findo esse prazo, o produto será retirado de catálogo. Determine o Valor Presente e o Valor Futuro do fluxo de lucros desse produto, considerando a taxa de juros de 8% ao ano.

19. O Sr. Alvarenga pretende realizar uma aplicação em um banco para receber anualmente R$ 15.000,00 de renda até o fim de sua vida. Quanto deve depositar hoje considerando ser a taxa anual de juros igual a 10%?

20. Um autor renomado de livros de ficção está negociando um contrato com uma grande editora que paga direitos autorais de 10% sobre o preço de cada livro vendido. Esperam-se vendas de 3.000 exemplares anuais durante os 10 primeiros anos após o lançamento e, depois, 2.000 exemplares por ano por um prazo indeterminado. Considerando que cada exemplar seja vendido por R$ 45,00 e que a taxa de juros seja de 2% ao ano, determine:

a. O Valor Presente desse fluxo de caixa.

b. O valor desse fluxo de caixa ao final do décimo ano.

21. Barcelos possui um imóvel comercial que está alugado por prazo indeterminado. Atualmente, o aluguel rende R$ 20.000,00 por ano. No contrato é previsto que o aluguel será corrigido anualmente, em 5%. Considerando a taxa de juros de 7% ao ano, determine o Valor Presente dos aluguéis.

22. Teixeira é um jovem empreendedor. Está planejando aplicar recursos em um novo negócio. Estudos apontam o seguinte fluxo de caixa durante os seis primeiros anos:

1º ano = (R$ 15.000,00)

2º ano = (R$ 8.000,00)

3º ano = R$ 0,00

4º ano = R$ 5.000,00

5º ano = R$ 10.000,00

6º ano = R$ 15.000,00

A partir do 7º ano, deverá ocorrer um aumento de 1,2% ao ano por um período de tempo indeterminado. Determine o Valor Presente desse fluxo de caixa, considerando que a taxa de juros é de 4% ao ano.

Caso Prático

Vendas: a importância do ciclo de vida do produto

Publicado em 01 Dezembro de 2012

Lançamento, crescimento, maturidade e declínio são as etapas que compõem o ciclo de vida de qualquer produto, podendo ser mais curtas ou extensas, dependendo de fatores como sazonalidade e mudanças na moda e tecnologia. Um ipad e uma calça "boca de sino" estão sujeitos, respectivamente, às variações na tecnologia e na moda, e tendem a ter um tempo de vida útil menor do que uma camisa branca lisa – item menos vulnerável às mudanças.

No lançamento, coloca-se o produto no mercado; na etapa de crescimento, o público começa a consumir e o lucro aumenta; na maturidade acontece a estabilidade nas vendas; durante o declínio, as vendas caem, e é preciso fazer promoções, liquidações ou saldões para zerar o estoque e reinvestir o dinheiro.

Texto completo em: http://www.sebraesp.com.br/index.php/21-noticias/comercio/7121-conhecer-o-ciclo--de-vida-do-produto-e-fundamental-para-vender. Acesso em 07 de janeiro de 2015.

A Cia. Xanxerê planeja lançar um novo produto, cujo ciclo de vida é estimado em 30 anos. A empresa está considerando 6 estágios de vendas neste ciclo:

- **1º estágio com duração de 5 anos:** lucro de 10% sobre o preço de venda – neste estágio o crescimento das vendas deverá ocorrer em progressão aritmética de 1.000 unidades por ano;
- **2º estágio com duração de 4 anos:** lucro de 15% sobre o preço de venda – este estágio inicia com 20% de crescimento na quantidade vendida em relação ao último ano do estágio anterior. Nos demais anos continuará ocorrendo crescimento em progressão geométrica de 20% ao ano;
- **3º estágio com duração de 6 anos:** lucro de 20% sobre o preço de venda – este estágio inicia com crescimento de 1.544 unidades vendidas em relação ao último ano do estágio anterior. Nos demais anos continuará ocorrendo crescimento em progressão aritmética de 1.544 unidades por ano.
- **4º estágio com duração de 5 anos:** lucro de 25% sobre o preço de venda – neste estágio as vendas anuais deverão ser iguais ao do último ano do estágio anterior;
- **5º estágio com duração de 5 anos:** lucro de 15% sobre o preço de venda – este estágio inicia com redução de 1.000 unidades vendidas em relação ao último ano do estágio anterior. Nos demais anos continuará ocorrendo redução em progressão aritmética de 1.000 unidades por ano;
- **6º estágio com duração de 5 anos:** lucro de 5% sobre o preço de venda – este estágio inicia com 40% de redução na quantidade vendida em relação ao último ano do estágio anterior. Nos demais anos continuará ocorrendo redução em progressão geométrica de 40% ao ano.

Informações adicionais:

- Vendas no primeiro ano: 6.000 unidades
- Preço de venda: R$ 120,00 por unidade
- Taxa de juros: 15% ao ano

Pede-se:

a. Determine o Valor Presente desse fluxo de lucros.

b. Determine o Valor Futuro desse fluxo de lucros.

AMORTIZAÇÃO DE FINANCIAMENTOS

Capítulo 4

A amortização corresponde ao processo de liquidação de um empréstimo ou financiamento por meio do pagamento de prestações periódicas.

Este Capítulo descreve a composição das prestações, base dos sistemas de amortizações de empréstimos e financiamentos.

As expressões empréstimos e financiamentos, em geral, são usadas para se referirem à captação de recursos externos pelas empresas. No entanto, a expressão financiamentos é mais adequada quando os recursos captados têm destinação específica - por exemplo, a aquisição de uma nova máquina, um novo imóvel etc. São caracterizados como empréstimos, quando os recursos captados não têm destinação específica.

SISTEMAS DE AMORTIZAÇÃO

Sistemas de Amortização são modelos matemáticos desenvolvidos para operações de empréstimos e financiamentos, envolvendo desembolso periódico do principal e encargos financeiros, objetivando quitar a dívida ao final do prazo contratado (BRADESCO, 2014).

Assim, ao contrair um financiamento é definido o sistema de amortização empregado para a composição das prestações (amortização do financiamento mais os juros) a serem pagas até que a dívida seja quitada.

São vários os sistemas de amortização existentes. Este Capítulo é dedicado a dois deles:

- Sistema de Amortização Constante (SAC)
- Sistema de Prestações Constantes (Tabela *Price*)

Os contratos de financiamento podem prever que as amortizações se iniciem ao final do primeiro período de tempo (ao final do primeiro mês, ou semestre, ou ano etc.), ou então, que as amortizações se iniciem após um período de carência.

Período de Carência: período de tempo durante o qual o devedor não paga ao credor a parcela correspondente à amortização do financiamento.

Durante o período de carência pode ocorrer o pagamento dos juros, apenas, ou então, que os juros sejam capitalizados e pagos juntamente com a primeira prestação ou, ainda, incorporados ao principal da dívida e amortizados ao longo do prazo contratado.

Principal da dívida: corresponde ao montante inicial tomado como empréstimo ou financiamento.

Sistema de Amortização Constante

Por esse sistema, a amortização do financiamento é constante, ou seja, corresponde a um valor uniforme durante o prazo contratual. Os juros incidem sobre o saldo devedor do financiamento, assumindo, portanto, valores decrescentes. Assim, os valores das prestações são decrescentes até a quitação da dívida.

As prestações pelo Sistema de Amortização Constante podem ser representadas conforme Figura 4.1.

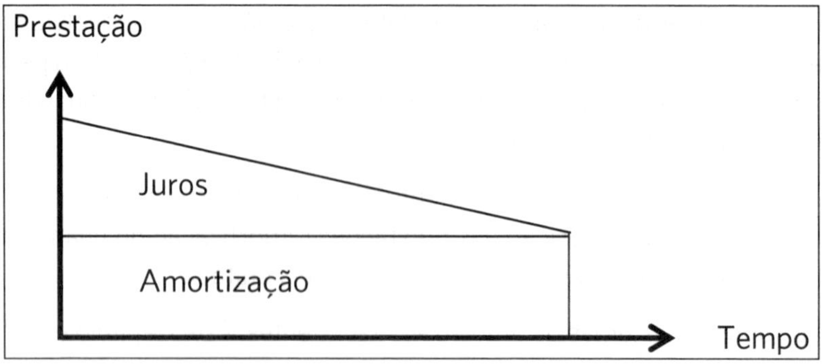

Figura 4.1 – Representação das Prestações pelo Sistema de Amortização Constante

Para ilustrar, consideremos que a Cia. Paraguaçu tenha efetuado um financiamento junto ao Banco Cristal para a aquisição de uma máquina no valor de R$ 68.500,00. Esse financiamento será liquidado em 10 prestações semestrais com juros de 8% ao semestre, sem carência. Considere que o banco não cobra taxas e comissões.

Assim, o valor da amortização é obtido pela equação:

$$Amortização = \frac{Saldo\ Devedor}{Número\ de\ Prestações}$$

Com os dados do exemplo, tem-se:

$$Amortização = \frac{68.500,00}{10}$$

$$Amortização = 6.850,00$$

Os juros são calculados sobre o saldo devedor do período de tempo imediatamente anterior. As prestações relativas a esse financiamento podem ser visualizadas em uma planilha, conforme Quadro 4.1.

Quadro 4.1 – Composição das Prestações pelo Sistema de Amortização Constante

Semestres	Amortização	Juros	Prestação	Saldo Devedor
n	A	J	P = A + J	SD
0				68.500,00
1	6.850,00	5.480,00	12.330,00	61.650,00
2	6.850,00	4.932,00	11.782,00	54.800,00
3	6.850,00	4.384,00	11.234,00	47.950,00
4	6.850,00	3.836,00	10.686,00	41.100,00
5	6.850,00	3.288,00	10.138,00	34.250,00
6	6.850,00	2.740,00	9.590,00	27.400,00
7	6.850,00	2.192,00	9.042,00	20.550,00

Semestres	Amortização	Juros	Prestação	Saldo Devedor
8	6.850,00	1.644,00	8.494,00	13.700,00
9	6.850,00	1.096,00	7.946,00	6.850,00
10	6.850,00	548,00	7.398,00	0,00

No Quadro 4.2 são apresentados os cálculos dos componentes, Amortização e Juros, da primeira prestação. Procedimento igual se aplica às demais prestações.

Quadro 4.2 – Cálculo das Prestações pelo Sistema de Amortização Constante

Semestres	Amortização	Juros	Prestação	Saldo Devedor
n	A	J	P = A + J	SD
0				68.500,00
1	$\frac{68.500,00}{10} = 6.850,00$	68.500,00 × 0,08 = 5.480,00	6.850,00 + 5.480,00 = 12.330,00	68.500,00 - 6.850,00 = 61.650,00
	Divisão do Valor do Financiamento Pelo Número de Prestações	Aplicação da Taxa de Juros Sobre o Saldo Devedor Anterior	Soma da Amortização Com os Juros	Saldo Devedor Anterior Menos a Amortização do Período Atual

Sistema de Amortização Constante com Carência

Durante o período de carência não há a amortização do financiamento, podendo ocorrer ou não o pagamento dos juros contratuais. Para ilustrar, considere que haja carência de 3 semestres para a Cia. Paraguaçu começar a amortização do financiamento:

a. Juros capitalizados e somados ao valor do financiamento

Os juros devidos no período de carência são somados ao valor do financiamento, determinando um novo Saldo Devedor. Sobre esse Saldo Devedor inicia-se a amortização e o pagamento dos juros. O Quadro 4.3 apresenta a capitalização dos juros e composição das prestações pelo Sistema de Amortização Constante.

Quadro4.3–ComposiçãodasPrestaçõespeloSistemadeAmortizaçãoConstante,comcarência, juros capitalizados e somados ao valor do financiamento

Semestres	Amortização	Juros	Prestação	Saldo Devedor
n	A	J	P = A + J	SD
0				68.500,00
1	0,00	5.480,00	0,00	73.980,00
2	0,00	5.918,40	0,00	79.898,40
3	0,00	6.391,87	0,00	86.290,27
4	8.629,03	6.903,22	15.532,25	77.661,24
5	8.629,03	6.212,90	14.841,93	69.032,22
6	8.629,03	5.522,58	14.151,60	60.403,19
7	8.629,03	4.832,26	13.461,28	51.774,16
8	8.629,03	4.141,93	12.770,96	43.145,14
9	8.629,03	3.451,61	12.080,64	34.516,11
10	8.629,03	2.761,29	11.390,32	25.887,08
11	8.629,03	2.070,97	10.699,99	17.258,05
12	8.629,03	1.380,64	10.009,67	8.629,03
13	8.629,03	690,32	9.319,35	0,00

b. Juros capitalizados e pagos juntamente com a primeira prestação

Os juros capitalizados durante o período de carência correspondente a R$ 17.790,27 são somados aos juros sobre o saldo devedor acumulado, R$ 6.903,22, totalizando R$ 24.693,49 de juros a serem pagos juntamente com a primeira prestação. O Quadro 4.4 apresenta a capitalização dos juros e composição das prestações pelo Sistema de Amortização Constante.

Quadro 4.4 – Composição das Prestações pelo Sistema de Amortização Constante, com carência, juros capitalizados e pagos na primeira prestação

Semestres	Amortização	Juros	Prestação	Saldo Devedor
n	A	J	P = A + J	SD
0				68.500,00
1	0,00	5.480,00	0,00	73.980,00
2	0,00	5.918,40	0,00	79.898,40
3	0,00	6.391,87	0,00	86.290,27
4	6.850,00	24.693,49	31.543,49	61.650,00
5	6.850,00	4.932,00	11.782,00	54.800,00
6	6.850,00	4.384,00	11.234,00	47.950,00
7	6.850,00	3.836,00	10.686,00	41.100,00
8	6.850,00	3.288,00	10.138,00	34.250,00
9	6.850,00	2.740,00	9.590,00	27.400,00
10	6.850,00	2.192,00	9.042,00	20.550,00
11	6.850,00	1.644,00	8.494,00	13.700,00
12	6.850,00	1.096,00	7.946,00	6.850,00
13	6.850,00	548,00	7.398,00	0,00

c. Juros pagos no período de carência

No período de carência, o valor da prestação corresponde apenas aos juros. O Quadro 4.5 apresenta os juros pagos no período de carência e a composição das prestações pelo Sistema de Amortização Constante. Observar neste quadro, que no período de amortização, os valores das prestações serão os mesmos, caso não houvesse carência.

Quadro4.5–JurosPagosnoPeríododeCarênciaecomposiçãodasPrestaçõespeloSistemade Amortização Constante

Semestres	Amortização	Juros	Prestação	Saldo Devedor
n	A	J	P = A + J	SD
0				68.500,00
1	0,00	5.480,00	5.480,00	68.500,00
2	0,00	5.480,00	5.480,00	68.500,00
3	0,00	5.480,00	5.480,00	68.500,00
4	6.850,00	5.480,00	12.330,00	61.650,00
5	6.850,00	4.932,00	11.782,00	54.800,00
6	6.850,00	4.384,00	11.234,00	47.950,00
7	6.850,00	3.836,00	10.686,00	41.100,00
8	6.850,00	3.288,00	10.138,00	34.250,00
9	6.850,00	2.740,00	9.590,00	27.400,00
10	6.850,00	2.192,00	9.042,00	20.550,00
11	6.850,00	1.644,00	8.494,00	13.700,00
12	6.850,00	1.096,00	7.946,00	6.850,00
13	6.850,00	548,00	7.398,00	0,00

ATIVIDADE

A Cia. Iguaçu financiou um equipamento no valor de R$ 40.000,00 em 20 prestações, sem entrada e sem carência pelo Sistema de Amortização Constante. A taxa de juros é de 2% ao mês.

Caso o financiamento fosse realizado em 10 prestações e a taxa de juros fosse de 1% ao mês, as prestações seriam reduzidas em 50%?

Sistema de Prestações Constantes

Esse sistema é conhecido, também, por Sistema de Amortização Francês ou Tabela *Price* (método desenvolvido por Richard Price). Por esse sistema, tem-se que as prestações são constantes durante o prazo contratual. Como as prestações são constantes, à medida que o saldo devedor diminui os juros também diminuem e, consequentemente, os valores correspondentes à amortização aumentam.

As prestações pelo Sistema de Prestações Constantes podem ser representadas conforme Figura 4.2.

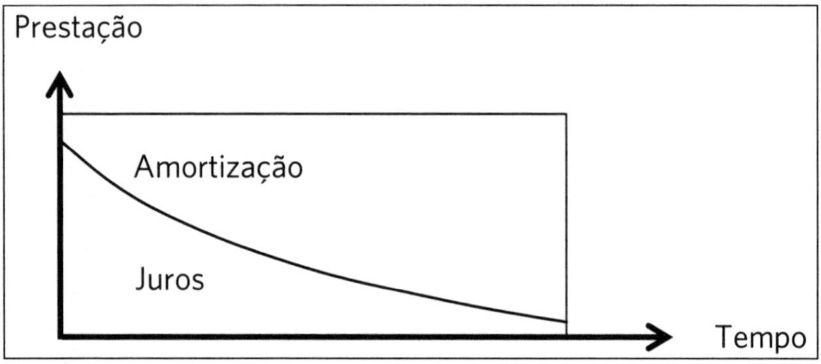

Figura 4.2 – Representação das Prestações pelo Sistema de Prestações Constantes

Os valores correspondentes às prestações podem ser obtidos com o emprego da equação da Série Uniforme (isso porque, as prestações compreendem a uma sucessão de valores iguais em intervalos de tempo consecutivos e com a mesma periodicidade).

A equação da série uniforme vista no Cap. 3, empregada para o cálculo da prestação é:

$$VP = U \times \left[\frac{(1+i)^n - 1}{(1+i)^n \times i}\right]$$

Nessa equação, o valor da série uniforme, U, corresponde à prestação. Assim, tem-se:

$$\frac{VP}{\left[\dfrac{(1+i)^n - 1}{(1+i)^n \times i}\right]} = P$$

Para ilustrar, considere o mesmo valor de financiamento, prazo e taxa de juros do exemplo da Cia. Paraguaçu utilizados no Sistema de Amortização Constante.

$$\frac{68.500,00}{\left[\dfrac{(1+0,08)^{10} - 1}{(1+0,08)^{10} \times 0,08}\right]} = P$$

$P = 10.208,52$

As prestações relativas a esse financiamento podem ser visualizadas em uma planilha, conforme Quadro 4.6.

Quadro 4.6 – Composição das Prestações pelo Sistema de Prestações Constantes

Semestres	Amortização	Juros	Prestação	Saldo Devedor
n	A = P - J	J	P	SD
0				68.500,00
1	4.728,52	5.480,00	10.208,52	63.771,48
2	5.106,80	5.101,72	10.208,52	58.664,68
3	5.515,35	4.693,17	10.208,52	53.149,33
4	5.956,57	4.251,95	10.208,52	47.192,76
5	6.433,10	3.775,42	10.208,52	40.759,66
6	6.947,75	3.260,77	10.208,52	33.811,91
7	7.503,57	2.704,95	10.208,52	26.308,35
8	8.103,85	2.104,67	10.208,52	18.204,49
9	8.752,16	1.456,36	10.208,52	9.452,33
10	9.452,33	756,19	10.208,52	0,00

No Quadro 4.7 são apresentados os cálculos dos componentes, Amortização e Juros, da primeira prestação. Procedimento igual se aplica às demais prestações.

Quadro 4.7 – Cálculo das Prestações pelo Sistema de Prestações Constantes

Semestres	Amortização	Juros	Prestação	Saldo Devedor
n	A = P - J	J	P	SD
				68.500,00
1	10.208,52 - 5.480,00 = 4.728,52	68.500,00 × 0,08 = 5.480,00	$\frac{68.500,00}{\left[\frac{(1+0,08)^{10}-1}{(1+0,08)^{10}\times 0,08}\right]} = 10.208,52$	68.500,00 - 4.728,52 = 63.771,48
	Diferença Entre o Valor da Prestação e os Juros	Aplicação da Taxa de Juros Sobre o Saldo Devedor Anterior	Utilização da Equação da Série Uniforme, Uma Vez que as Prestações Constituem uma Série Uniforme	Saldo Devedor Anterior Menos a Amortização do Período Atual

Sistema de Prestações Constantes com Carência

Como descrito no Sistema de Amortização Constante, durante o período de carência não há a amortização do financiamento, podendo ocorrer ou não o pagamento dos juros contratuais. Para ilustrar, considere que haja carência de 3 semestres para a Cia. Paraguaçu começar a amortização do financiamento:

a. Juros capitalizados e somados ao valor do financiamento

Os juros devidos no período de carência são somados ao valor do financiamento, determinando um novo Saldo Devedor. Sobre esse Saldo Devedor inicia-se a amortização e o pagamento dos juros. O Quadro 4.8 apresenta a capitalização dos juros e composição das prestações pelo Sistema de Prestações Constantes.

Quadro 4.8 – Composição das Prestações pelo Sistema de Prestações Constantes, com carência, juros capitalizados e somados ao valor do financiamento

Semestres	Amortização	Juros	Prestação	Saldo Devedor
n	A = P - J	J	P	SD
0				68.500,00
1	0,00	5.480,00	0,00	73.980,00
2	0,00	5.918,40	0,00	79.898,40
3	0,00	6.391,87	0,00	86.290,27
4	5.956,57	6.903,22	12.859,80	80.333,70
5	6.433,10	6.426,70	12.859,80	73.900,60
6	6.947,75	5.912,05	12.859,80	66.952,85
7	7.503,57	5.356,23	12.859,80	59.449,29
8	8.103,85	4.755,94	12.859,80	51.345,43
9	8.752,16	4.107,63	12.859,80	42.593,27
10	9.452,33	3.407,46	12.859,80	33.140,94
11	10.208,52	2.651,28	12.859,80	22.932,42
12	11.025,20	1.834,59	12.859,80	11.907,22
13	11.907,22	952,58	12.859,80	0,00

b. Juros capitalizados e pagos juntamente com a primeira prestação

Os juros capitalizados durante o período de carência, correspondentes a R$ 17.790,27, são somados aos juros sobre o saldo devedor acumulado,

R$ 6.903,22, totalizando R$ 24.693,49 de juros a serem pagos juntamente com a primeira prestação. A amortização, componente da primeira prestação corresponde ao valor da prestação, R$ 10.208,52 deduzido dos juros calculados sobre o valor contratual, ou seja, R$ 5.480,00. O Quadro 4.9 apresenta a capitalização dos juros e composição das prestações pelo Sistema de Prestações Constantes. Observar neste quadro, que no 4º semestre, o valor da Amortização é o mesmo valor caso não houvesse carência (Quadro 4.6).

Quadro 4.9 – Composição das Prestações pelo Sistema de Prestações Constantes, com carência, juros capitalizados e pagos na primeira prestação

Semestres	Amortização	Juros	Prestação	Saldo Devedor
n	A = P - J	J	P	SD
0				68.500,00
1	0,00	5.480,00	0,00	73.980,00
2	0,00	5.918,40	0,00	79.898,40
3	0,00	6.391,87	0,00	86.290,27
4	4.728,52	24.693,49	29.422,01	63.771,48
5	5.106,80	5.101,72	10.208,52	58.664,68
6	5.515,35	4.693,17	10.208,52	53.149,34
7	5.956,57	4.251,95	10.208,52	47.192,76
8	6.433,10	3.775,42	10.208,52	40.759,66
9	6.947,75	3.260,77	10.208,52	33.811,92
10	7.503,57	2.704,95	10.208,52	26.308,35
11	8.103,85	2.104,67	10.208,52	18.204,50
12	8.752,16	1.456,36	10.208,52	9.452,34
13	9.452,33	756,19	10.208,52	0,00

c. Juros pagos no período de carência

No período de carência, o valor da prestação corresponde apenas aos juros. O Quadro 4.10 apresenta os juros pagos no período de carência e composição das prestações pelo Sistema de Prestações Constantes.

Observar neste quadro, que no período de amortização, os valores das prestações serão os mesmos, caso não houvesse carência (Quadro 4.6).

Quadro 4.10 – Juros Pagos no Período de Carência e composição das Prestações pelo Sistema de Prestações Constantes

Semestres	Amortização	Juros	Prestação	Saldo Devedor
n	A = P - J	J	P	SD
0				68.500,00
1	0,00	5.480,00	5.480,00	68.500,00
2	0,00	5.480,00	5.480,00	68.500,00
3	0,00	5.480,00	5.480,00	68.500,00
4	4.728,52	5.480,00	10.208,52	63.771,48
5	5.106,80	5.101,72	10.208,52	58.664,68
6	5.515,35	4.693,17	10.208,52	53.149,33
7	5.956,57	4.251,95	10.208,52	47.192,76
8	6.433,10	3.775,42	10.208,52	40.759,66
9	6.947,75	3.260,77	10.208,52	33.811,91
10	7.503,57	2.704,95	10.208,52	26.308,35
11	8.103,85	2.104,67	10.208,52	18.204,49
12	8.752,16	1.456,36	10.208,52	9.452,33
13	9.452,33	756,19	10.208,52	0,00

ATIVIDADE

A Cia. Pitangueiras financiou um equipamento no valor de R$ 40.000,00 em 10 prestações, sem entrada e sem carência pelo Sistema de Prestações Constantes. A taxa de juros é de 1% ao mês.

Caso o financiamento fosse realizado em 20 prestações e a taxa de juros fosse de 2% ao mês, os valores das prestações teriam o dobro do valor das prestações do financiamento realizado?

● ● ● ● ● ● ● ● ● ● ● ●

Comparativo entre o Sistema de Amortização Constante e o Sistema de Prestações Constantes

O comparativo entre um sistema de amortização e outro é útil em função das peculiaridades de cada sistema. O quadro 4.11 apresenta as vantagens e desvantagens de cada um dos sistemas.

Quadro 4.11 – Comparativo do Sistema de Amortização Constante com o Sistema de Prestações Constantes

Comparativo	Sistema de Amortização Constante	Sistema de Prestações Constantes
Prestações	Decrescentes	Constantes
Amortizações	Constantes	Crescentes
Juros	Decrescentes	Decrescentes
Vantagens	Saldo devedor diminui mais rapidamente comparativamente ao Sistema de Prestações Constantes	Prestações iniciais menores em relação ao Sistema de Amortização Constante
Desvantagens	Prestações iniciais maiores que o Sistema de Prestações Constantes	Saldo devedor diminui mais lentamente comparativamente ao Sistema de Amortização Constante

Avalie qual é a melhor forma de financiar imóveis

Publicado em 14 de fevereiro de 2013

Texto integral Disponível em: http://diariodonordeste.verdesmares.com.br/cadernos/negocios/avalie-qual-e-a-melhor-forma-de-financiar-imoveis-1.122834

Acesso em 23 de fevereiro de 2015

Entenda a diferença entre os planos disponíveis no Sistema Financeiro da Habitação: TP e SAC

O mercado de crédito imobiliário oferece dois tipos básicos de plano para quem vai financiar a compra de um imóvel pelo Sistema Financeiro da Habitação (SFH), oferecido por instituições financeiras públicas ou privadas, desde que sejam autorizadas pela Caixa Econômica Federal (CEF).

O tomador de empréstimo habitacional pode escolher o plano que segue a Tabela Price (TP) ou o regido pelo Sistema de Amortização Constante (SAC).

Em linhas gerais, a diferença entre os dois tipos de modalidades está no comportamento do valor da prestação ao longo do contrato de financiamento.

A prestação do contrato ancorado na Tabela Price tende a permanecer estável do início ao fim do prazo de empréstimo, a menos que passe por correção de valor - o indexador de reajuste é a Taxa Referencial (TR), que, com a taxa básica de juro, a Selic, abaixo de 8% ao ano, deve permanecer com variação zero. Portanto, enquanto permanecer nesse nível, não deve provocar nenhum reajuste à prestação.

O valor da prestação de financiamento atrelado ao SAC passará por uma redução à medida que os anos avançam. Nele, o mutuário paga uma prestação mais elevada no início do contrato e chega ao final dele com um valor bastante próximo da metade de quando contraiu o financiamento.

Simulações

Em um empréstimo de R$ 100 mil com juros de 10% ao ano pelo prazo de 15 anos (180 meses), a prestação mensal de contrato vinculado à Tabela Price será de R$ 1.049,00, valor que terá, mantidas as condições macroeconômicas atuais, nenhuma ou pouca variação até o fim do prazo.

Em outro contrato com as mesmas características (valor, juro e duração), mas vinculado ao SAC, o mutuário pagará mais nas prestações iniciais, R$ 1.353,00, do que pela TP.

Após cinco anos ou 60 meses, no entanto, o valor da prestação terá recuado para R$ 1.092,00 e, passados 120 meses ou dois terços do prazo total, para R$ 826,00. O valor da última prestação, depois de 15 anos, seria de R$ 560,00, menos da metade do que foi estabelecido no início.

Público-alvo

Um casal recém-casado, ainda sem filho, por exemplo, teria vantagem ao embarcar em um contrato regulado pelo SAC, o da prestação decrescente. "É o momento que o casal tem mais folga de recursos, que podem ser usados para bancar uma prestação do imóvel mais alta, e ficar desonerado no futuro, quando o orçamento estará comprometido com outros gastos."

O contrato ancorado na TP atende às necessidades de quem tem condição financeira menos favorável para assumir um financiamento. Quem estiver nessa situação pode escolher esse tipo de plano em que o valor da prestação inicial é menor, comparado com a do SAC, e por esse motivo os bancos aceitam também menor comprometimento de renda.

PESQUISAR

No Brasil, o BNDES – Banco Nacional de Desenvolvimento Econômico e Social –, é o principal agente de financiamento de longo prazo para realização de investimentos em todos os segmentos da economia.

Para alcançar os potenciais clientes, grande parte das operações do BNDES é realizada de forma indireta, ou seja, por meio de parcerias com instituições financeiras credenciadas – a maioria dos bancos brasileiros integra esta rede. Nas operações indiretas o BNDES repassa os recursos financeiros aos agentes credenciados os quais, por sua vez, financiam as empresas interessadas. (ver mais em www.bndes.gov.br).

Pede-se: pesquisar no site do BNDES e de instituições financeiras credenciadas:

- Os tipos de bens financiáveis
- Os limites de valor financiado
- As taxas de juros
- O cálculo dos juros
- O prazo do financiamento
- A periodicidade da amortização
- Carências para iniciar a amortização
- Sistema de amortização utilizado

EXERCÍCIOS

1. Considere que o Sr. Pedro Régis deseja adquirir um imóvel. O banco lhe informa que as prestações não podem comprometer mais que 30% de sua renda mensal que é de R$ 5.900,00. O preço do imóvel desejado é de R$ 180.000,00 e, como ele possui R$ 20.000,00 poupados, irá financiar R$ 160.000,00. Os juros em financiamentos imobiliários correspondem a 6% ao ano. O prazo do financiamento é de 10 anos.

Pede-se:

a. Caso o contrato de financiamento prevê o Sistema de Amortização Constante, o financiamento seria liberado?

b. Caso o contrato de financiamento prevê o Sistema de Prestações Constantes, o financiamento seria liberado?

2. A Cia. Jurupê obtém um financiamento bancário no valor de R$ 80.000,00 para ser liquidado em 15 parcelas mensais, sem carência. O banco não cobra taxas e comissões. Para uma taxa de juros de 2,75% ao mês, elaborar a planilha de desembolsos desse financiamento pelo Sistema de Amortização Constante e pelo Sistema de Prestações Constantes.

3. A Cia. Uruana está planejando ampliar a área construída do prédio industrial. Para isso necessita de um financiamento de R$ 250.000,00. Elabore uma planilha com o valor das prestações, considerando que a taxa de juros é de 15,8% ao ano, pelo SAC, em 36 meses, com carência de 6 meses. Os juros do período de carência serão pagos juntamente com a primeira prestação.

4. A Cia. Rio do Sul estima que os gastos com a aquisição de novos equipamentos deverão atingir R$ 300.000,00. Elabore uma planilha com o valor das prestações, considerando que a taxa de juros é de 1,5% ao mês, pelo Sistema de Prestações Constantes, em 30 meses, com carência de 4 meses. Os juros do período de carência serão pagos juntamente com a primeira prestação.

5. A Comercial Vitória irá financiar a ampliação da loja de atendimento ao público junto ao banco no valor de R$ 180.000,00 pelo Sistema de Prestações Constantes, pelo prazo de 24 meses, com taxa de juros de 1,8% ao mês e carência de seis meses. Elabore a planilha de desembolsos, considerando que os juros no período de carência serão capitalizados e amortizados junto com o principal da dívida.

6. A Transportadora Águas Verdes irá adquirir um novo caminhão no valor de R$ 500.000,00 financiado pelo Sistema de Amortização Constante, juros de 2% ao mês, para ser pago em 20 prestações com três meses de carência. Elabore a planilha de desembolsos, considerando que os juros no período de carência serão capitalizados e amortizados junto com o principal da dívida.

7. A Cia. Colatina está avaliando a aquisição de um novo torno no valor de R$ 75.000,00. O banco financia o equipamento em 12 prestações, com quatro meses de carência, juros de 1,1% ao mês. Os juros são pagos no período de carência. A direção da empresa pode escolher entre o Sistema de Amortização Constante e o Sistema de Prestações Constantes. Elabore as planilhas de amortização e indique a alternativa que implica em menor desembolso nos meses iniciais da amortização.

8. A Cia. Maranguape realizou um financiamento no Banco Pratânia, no valor de R$ 220.000,00, em 180 prestações, juros de 0,75% ao mês, com seis meses de carência. O banco não cobra taxas e comissões. Pede-se:

a. Determinar o valor da primeira prestação pelo Sistema de Amortização Constante, considerando que os juros são pagos no período de carência.

b. Determinar o valor da primeira prestação pelo Sistema de Amortização Constante, considerando que os juros são capitalizados e somados ao valor do financiamento.

c. Determinar o valor da primeira prestação pelo Sistema de Prestações Constantes, considerando que os juros são pagos no período de carência.

d. Determinar o valor da primeira prestação pelo Sistema de Prestações Constantes, considerando que os juros são capitalizados e somados ao valor do financiamento.

9. Augusto Severo pretende adquirir um veículo novo, porém, hoje, não consegue pagá-lo à vista. Isto seria possível daqui a 15 meses, quando irá receber uma herança em dinheiro de uma tia rica. Viu uma promoção em uma concessionária do veículo que lhe agrada no jornal do domingo passado por R$ 43.200,00. O vendedor lhe informou que o veículo poderia ser financiado em 36 prestações sem entrada e, com taxa de juros de 1% ao mês. Augusto Severo poderia escolher o sistema de amortização, Sistema de Amortização Constante ou Sistema de Prestações Constantes.

Pede-se: Caso ele resolva utilizar o valor que irá receber para quitar o saldo devedor ao final do 15º mês, qual o sistema de amortização mais vantajoso. Para isso, elabore as planilhas de amortização.

Caso Prático

Entenda os sistemas de amortização

Sistema de Amortização Constante (SAC) e Tabela Price são as principais modalidades oferecidas pelo mercado.

Autor: Carin Homonnay Petti, especial para o iG em 19/01/2011

Na escolha do financiamento, pode ser possível optar pela forma de pagamento dos juros da dívida, determinada pelo chamado sistema de amortização. Existem dois principais deles: o SAC (Sistema de Amortização Constante), que prevê o pagamento de prestações decrescentes, e a Tabela Price, com parcelas iguais.

SAC – É a modalidade mais comum do mercado. Pelo sistema, todo mês o comprador amortiza uma parte igual do principal da dívida. Resultado: no mês seguinte, como o saldo devedor é menor, os gastos com juros caem e, consequentemente, a prestação também encolhe. Assim ocorre sucessivamente até o final do contrato.

A grande vantagem do sistema é que, terminado o financiamento, o volume desembolsado no pagamento de juros é menor.

A desvantagem está no fato de que as prestações iniciais costumam ficar entre 20% e 30% acima das cobradas na Tabela Price.

Tabela Price – As prestações são calculadas de forma a se manter constantes ao longo dos pagamentos. Pelo sistema, o pagamento da quantia referente ao principal da dívida é menor no começo do contrato. Com a amortização reduzida, o comprador acaba desembolsando mais no pagamento dos juros.

O que escolher? SAC ou Tabela Price – Compare quanto você desembolsaria, em cada sistema de amortização, para financiar R$ 150 mil, com juros anuais de 10,5% e prazo de 20 anos para pagamento.

Texto completo disponível em http://economia.ig.com.br/financas/casapropria/entenda-os-sistemas-de--amortizacao/n1237950036739.html. Acesso realizado em 04 de dezembro de 2014.

Pede-se:

a. Faça a comparação solicitada na matéria (considere periodicidade anual).

b. Calcule o Montante pago de juros em cada um dos sistemas. Qual dos sistemas esse Montante é mais elevado e, por quê?

c. Calcule o Valor Presente das prestações pelos dois sistemas, considerando a taxa de juros de 10,5% ao ano. Comente os resultados.

d. Calcule o Valor Futuro das prestações pelos dois sistemas, considerando a taxa de juros de 10,5% ao ano. Comente os resultados.

e. Quando um sistema pode ser considerado mais vantajoso que o outro?

PROJETOS DE INVESTIMENTOS: CONCEITOS FUNDAMENTAIS

Capítulo 5

A aplicação de recursos em projetos de implantação ou ampliação das instalações, de aquisição ou modernização de máquinas e equipamentos tem como suporte a realização de estudos de viabilidade econômica e financeira. Com base nas operações a serem desempenhadas com o projeto, são realizadas projeções de investimentos, de vendas, de produção, das receitas de vendas, dos custos operacionais etc.

Para isso, alguns conceitos fundamentais devem ser compreendidos, entre eles, o horizonte temporal e a Taxa Mínima de Atratividade.

Neste Capítulo, discutem-se os conceitos fundamentais de um projeto de investimentos e dedica especial atenção à determinação da Taxa Mínima de Atratividade.

O QUE SÃO PROJETOS DE INVESTIMENTOS?

Um projeto de investimento, conforme o BNDES (2014) é um conjunto de gastos em itens de investimento como máquinas e equipamentos, obras civis destinadas a construções e reformas, montagens, instalações, treinamento inicial das equipes de trabalho, e aquisição/desenvolvimento de tecnologia. Além desses itens de investimentos, que o BNDES denomina como itens fixos, um projeto também pode incluir uma parcela de recursos destinada a suprir eventuais descasamentos de caixa, chamada de capital de giro associado. Neste caso, capital de giro associado ao projeto.

Ainda, conforme o BNDES (2014), os projetos de investimentos têm três finalidades básicas: implantação, ampliação ou modernização dos empreendimentos.

A realização desses investimentos é essencial para as empresas manterem-se competitivas. Em geral, os investimentos comprometem a empresa por um período longo de tempo, ou seja, os recursos monetários que financiam os respectivos projetos e o prazo de duração dos mesmos demandam vários anos. Isso implica que as decisões de investimentos devem estar embasadas em estudos bem elaborados.

Importante salientar que a aquisição de equipamentos caros, com custos operacionais elevados e manutenção onerosa influenciam o custo de produção e, consequentemente a competitividade da empresa. Equipamentos desnecessários, ou mesmo a falta de equipamentos comprometem o fluxo de caixa da empresa.

MOTIVOS PARA REALIZAÇÃO DE INVESTIMENTOS

Os motivos que levam as empresas a realizarem investimentos são diversos. Entre eles, tem-se:

- **Expansão do nível de atividades ou para outros mercados:** exigem-se investimentos em ampliação das instalações, fabris ou de distribuição, aquisição de novas máquinas e equipamentos etc.
- **Substituição de equipamentos:** equipamentos obsoletos ou desgastados necessitam ser substituídos por novos mais produtivos.
- **Modernização:** (pode ser uma alternativa à substituição) compreende a reconstrução ou a reforma de equipamentos existentes, muitas vezes, com a incorporação de novas tecnologias.

- **Projetos de segurança:** decorrem de cláusulas de contratos de seguros, acordos sindicais, bem como, aqueles relacionados a melhorias no sistema de segurança patrimonial.
- **Projetos ambientais:** projetos relacionados à prevenção, redução ou mesmo, eliminação de impactos ambientais provocados tanto por produtos como pelos processos de produção.
- **Outras finalidades:** incluem gastos com propaganda, pesquisa e desenvolvimento de novos produtos, contratação de consultoria especializada etc.

ETAPAS DO PROCESSO DE ORÇAMENTO DE CAPITAL

As empresas, em geral, têm um número elevado de possibilidades de investimentos. A seleção de projetos de investimentos e a determinação dos recursos a serem investidos são denominadas Orçamento de Capital. O processo de orçamento de capital compreende as seguintes etapas:

a. **Geração de propostas:** são as propostas oriundas das diferentes áreas de uma empresa. Por exemplo, o presidente da empresa convoca os diretores para reunião em que serão discutidos os investimentos a serem realizados no próximo ano. Nesta reunião, o diretor da produção apresenta diversas propostas como a aquisição de novas máquinas, reestruturação do *lay-out* da fábrica, ampliação do almoxarifado etc. O diretor comercial apresenta propostas de expansão para novos mercados. O diretor de recursos humanos apresenta propostas de treinamento dos funcionários. Outros diretores também apresentam suas propostas.

b. **Avaliação e análise das propostas:** as propostas apresentadas devem estar em conformidade com o **planejamento estratégico** da empresa, o que implica que algumas delas serão selecionadas em uma primeira fase e, outras serão descartadas. As propostas selecionadas passam agora, pela análise de viabilidade econômica e financeira, dando origem aos projetos de investimentos (os procedimentos para selecionar os projetos são discutidos no Cap. 9 - Métodos de Avaliação de Projetos).

c. **Tomada de decisão:** valendo-se dos métodos de avaliação (*Pay-back*, Valor Presente Líquido, Taxa Interna de Retorno, Índice de Lucratividade etc.), são definidos os projetos a serem implementados.

d. **Implementação dos projetos:** nesta etapa os recursos definidos quando da análise de viabilidade financeira das propostas são captados junto às fontes de recursos e inicia-se a implementação dos projetos.

e. **Acompanhamento:** refere-se à monitoração do projeto, avaliando os resultados realizados e comparando com aqueles que foram previstos na etapa de avaliação e análise das propostas.

ATIVIDADE

Três propostas foram selecionadas pela direção da Empresa Fernando de Noronha, que podem ser implementadas no próximo ano. Essas propostas atendem ao planejamento estratégico da empresa.

Proposta 1: Investimento de R$ 100.000,00

Proposta 2: Investimento de R$ 150.000,00

Proposta 3: Investimento de R$ 200.000,00

As três propostas são independentes, de modo que todas podem ser implementadas. Entretanto, a empresa dispõe de recursos para investimentos no montante de R$ 400.000,00.

Com esses dados é possível selecionar as propostas a serem implementadas?

CLASSIFICAÇÃO DOS PROJETOS

Os projetos podem ser classificados quanto à dependência ou não entre eles, em:

- **Projetos independentes:** são projetos que apresentam propósitos diferentes - a aprovação de um deles não elimina a possibilidade de aprovação de outros. Exemplo: projeto de ampliação do almoxarifado e projeto de aquisição de veículos de entregas.
- **Projetos mutuamente excludentes:** diversos projetos atendem a mesma necessidade, porém, somente um deles será aprovado. Assim, a aprovação de um elimina os demais. Exemplo: aquisição de uma nova prensa para a fábrica e dois modelos estão sendo avaliados, prensa mecânica e prensa hidráulica. Somente uma prensa será adquirida.

- **Projetos contingentes:** são projetos que se complementam para atender a um mesmo propósito. A aprovação de um implica na aprovação dos demais. Exemplo: projeto de aquisição de um novo torno e o projeto de instalação desse torno.

HORIZONTE TEMPORAL DOS FLUXOS DE CAIXA DE UM PROJETO

Para avaliar a rentabilidade de um projeto de investimentos, há que se delimitar um período de tempo de análise de seus fluxos de caixa, ou seja, seu horizonte temporal.

Custódio (1983) considera que estimar esse período é um processo subjetivo, uma vez que depende de um conjunto de variáveis, como a própria duração física do investimento, mudanças tecnológicas, alteração da demanda, surgimento de competidores etc.

Assim, o horizonte temporal pode ser definido de várias maneiras, entre elas, levando-se em consideração o tempo de vida técnico dos equipamentos ou o tempo de vida econômico dos produtos.

O tempo de vida técnico[1] diz respeito ao tempo de vida física e tecnológica (dos dois, o menor) dos equipamentos, enquanto que o tempo de vida econômico está associado ao ciclo de vida dos produtos, ou seja, ao período de tempo em que haverá aceitação dos mesmos pelo mercado.

TAXA MÍNIMA DE ATRATIVIDADE - TMA

Os recursos utilizados no financiamento de um projeto de investimentos têm um custo, quer seja explícito, quer seja implícito. Recurso denominado capital de terceiros (financiamentos bancários e títulos de dívidas) possuem custos explícitos - representados, basicamente, pela taxa de juros e, os recursos denominados capital próprio (lucros não distribuídos e emissão de ações ordinárias e preferenciais) possuem custos implícitos - representados, basicamente, pelo custo de oportunidade dos proprietários da empresa.

---

[1] Neste livro iremos utilizar a expressão "vida útil" para se referir ao tempo de vida técnico.

Assim, os projetos de investimentos são considerados economicamente viáveis se apresentarem rentabilidade superior ao custo do dinheiro utilizado em seu financiamento. Isso implica que uma taxa de retorno deve ser estabelecida. Essa taxa é chamada de TAXA MÍNIMA DE ATRATIVIDADE - TMA.

Na determinação da TMA deve-se levar em conta o custo do dinheiro proveniente de cada fonte que estará financiando um projeto de investimento.

- Um projeto de investimento poderia ser financiado exclusivamente com capital dos proprietários. Nesse caso, a TMA corresponderia à taxa de retorno exigida pelos proprietários, ou seja, seu custo de oportunidade.
- Um projeto de investimento poderia ser financiado exclusivamente com capital de terceiros. Nesse caso, a TMA corresponderia ao custo do dinheiro desse financiamento, representado pelos juros, taxas e encargos relativos à operação, deduzidos dos benefícios tributários para a empresa, se houver.
- Um projeto de investimento poderia ser financiado utilizando uma combinação de capital próprio e de capital de terceiros. Nesse caso, a TMA corresponderia ao custo médio ponderado dessas fontes.

O Capital Próprio é representado pelo aporte de novos recursos pelos proprietários, bem como pelo uso de lucros que não foram distribuídos a esses proprietários. O Capital de Terceiros é constituído dos recursos oriundos de Financiamentos Bancários e de emissão de títulos, como as Debêntures (títulos de dívidas de empresas privadas).

Cada uma dessas fontes apresenta custos específicos, quer seja na forma de juros e taxas para o capital de terceiros ou remuneração exigida pelos proprietários para o capital próprio. Esses custos são chamados "custos de capital".

O propósito a ser perseguido na captação de recursos é minimizar o custo de capital, ou seja, reduzir a TMA pela combinação de capital próprio e capital de terceiros.

CAPITAL PRÓPRIO × CAPITAL DE TERCEIROS

A combinação entre capital próprio e capital de terceiros determina o custo de capital de uma empresa. Em geral, até um limite de endividamento moderado, o capital de terceiros costuma ser mais barato que o capital próprio.

Em termos econômicos, o custo de capital da empresa é um custo de oportunidade, e representa a taxa de retorno da melhor proposta de investimento disponível de forma alternativa à proposta em consideração, de risco similar. Para o acionista, é o retorno da melhor oportunidade de investimento abandonada para a decisão de investir na empresa. (ASSAF NETO, 2003, p. 63)

Considera-se que os proprietários assumem maior risco em relação aos nãos proprietários (terceiros), uma vez que seus recursos são aplicados em uma empresa onde não há garantias de retorno - apenas expectativas. Assim, em períodos que os lucros das empresas são baixos, os retornos ficam aquém das expectativas. Em períodos que os lucros das empresas são elevados, os retornos superam as expectativas.

Do contrário, os recursos de terceiros (financiamentos e debêntures) são amparados por contratos que especificam a taxa de juros, a periodicidade de pagamentos etc. As empresas devem honrar esse compromisso assumido sob pena de multas contratuais e, em último caso, sujeitam-se a pedidos de falência.

Atenção:

Sendo a empresa tributada pela sistemática do Lucro Real, os juros pagos ao capital de terceiros são dedutíveis do lucro tributável, configurando-se, assim, em um benefício tributário. Para as empresas tributadas pela sistemática do Lucro Presumido, esse benefício não se aplica (ver Cap. 7).

A captação de recursos, próprios e de terceiros, leva em conta o custo correspondente a cada uma das fontes, obedecendo aos limites de endividamento determinado pela direção da empresa. Assim, os gestores financeiros devem buscar fontes de recursos que apresentarem os custos mais baixos.

Lembrando que, à medida que o montante de financiamentos bancários aumenta, os juros tendem a subir. Raciocínio análogo se aplica às demais fontes. Isso é consequência do risco percebido pelos fornecedores dos recursos.

Em relação ao capital próprio, as empresas de capital aberto podem emitir novas ações ordinárias e preferenciais. Dado ao fato que os detentores de ações preferenciais têm prioridade no recebimento de dividendos e no reembolso do capital em caso de dissolução da sociedade em relação aos acionistas ordinários, essas ações são consideradas de menor risco, portanto, seu custo é menor que o custo das ações ordinárias. Por ter menor custo seria razoável considerar que a emissão de ações preferenciais é preferível à emissão de ações ordinárias por parte das empresas. Entretanto, a legislação brasileira limita o número de ações preferenciais emitidas - não podendo ultrapassar a 50% do total de ações emitidas (ver Lei 10.303/2001).

Os modelos utilizados para calcular o custo do capital próprio (modelo de Gordon e CAPM) se aplicam tanto para as empresas de capital aberto como empresas de capital fechado. Entretanto, para aplicação dos modelos em empresas de capital fechado há uma dificuldade de obtenção de dados requeridos pelos modelos.

Neste livro será considerado o modelo de Gordon para determinar o custo de novas ações ordinárias e preferenciais, bem como para os lucros não distribuídos utilizados para financiar novos projetos de investimentos. Para as empresas de capital fechado, considera-se o conceito do custo de oportunidade, pois como descrito acima, o custo do capital próprio é a taxa de retorno requerida pelos proprietários - o custo de oportunidade representa esta taxa de retorno.

Atenção:

Sugere-se ao leitor interessado em aprofundar seus conhecimentos a respeito do custo de capital com a aplicação do CAPM, consultar obras de Finanças.

• • • • • • • • • • • • •

Observação:

No Cap. 6, é descrito que o valor acumulado da depreciação dos bens integrantes do ativo imobilizado, deve constituir um fundo para reposição de ativos.

• • • • • • • • • • • • •

Os maus hábitos financeiros de empreendedores

Texto completo em: http://exame.abril.com.br/pme/noticias/os-maus-habitos-financeiros-de-empreendedores (Acesso em 04 de dezembro de 2014).

Quais são os maus hábitos financeiros dos empreendedores?

Rodrigo Zeidan, especialista em finança. Editado por Camila Lam, de EXAME.com. 16/09/2013

Uma pergunta simples que geralmente os empresários não sabem a resposta: o que é mais caro – capital próprio ou de terceiros? Resposta quase sempre unânime: capital de terceiros. Resposta errada.

O capital próprio é mais escasso e envolve mais riscos, portanto é mais caro. Mas, a tendência brasileira é evitar empréstimos a todo custo. Os empreendedores devem aprender a calcular o custo médio ponderado de capital. Sem isso, nunca saberão quanto a empresa realmente gera de valor.

Um paradoxo interessante em finanças é de que uma empresa com lucro líquido positivo pode não ser viável, devendo ser fechada. Isso porque o lucro líquido ajuda a medir o retorno que o empresário deve ter pelo seu negócio, mas somente se for comparado ao custo de capital próprio.

As vantagens e desvantagens da sua empresa ter dívidas

Texto completo em http://exame.abril.com.br/pme/noticias/as-vantagens-e-desvantagens-da-sua-empresa-ter-dividas. 09/12/2013 (Acesso em 04 de dezembro de 2014).

Quais são as vantagens e desvantagens do endividamento?

Respondido por Rodrigo Zeidan, especialista em finanças.

Os empresários brasileiros, em geral, têm aversão a dívidas. Essa aversão era justificada quando a economia brasileira apresentava sinais de incapacidade de gestão. Contudo, o Brasil hoje oferece alguma possibilidade de estabilidade financeira e econômica. O endividamento oneroso tem a vantagem de que o pagamento de juros pode ser deduzido do lucro operacional para efeito de cálculo do imposto de renda devido.

Isso significa a diminuição do tributo na mesma proporção da alíquota do IR. Se assumirmos uma alíquota de IR de 34%, isso significa que, se uma empresa consegue se financiar a uma taxa de 10% ao ano, na verdade ela acaba pagando somente 6,6% de juros, efetivamente.

Assim, o lucro de uma empresa endividada fica menor se comparado a uma empresa sem endividamento. Esse lucro menor é a fonte da geração do benefício fiscal. Existe uma forma de determinar o nível de endividamento ótimo. Normalmente, esse é o ponto no qual o custo médio ponderado de capital é o menor possível dada a estrutura de capital da empresa.

Vantagens

Benefício Fiscal – a empresa pode deduzir do lucro operacional, para efeitos de cálculo de IR, os pagamentos com juros.

Disciplina – força a empresa a tomar decisões de gestão melhores, pois a dívida deve ser paga.

Desvantagens

Monitoramento – existem custos indiretos de monitoramento para que a empresa possa se endividar, incluindo a existência de cláusulas restritivas.

Custos de falência – maior endividamento aumenta a probabilidade de falência.

O ideal é contrabalançar esses efeitos. Se a empresa estiver pouco endividada, um aumento no endividamento pode gerar mais benefícios que custos. Mas a partir de um certo nível, o endividamento é ruim. Calcular o nível de endividamento ótimo é fundamental para aumentar a geração de valor de uma empresa.

CUSTO DAS FONTES DE CAPITAL

Para cada uma das fontes de capital deve-se calcular o custo correspondente. O custo de capital reflete a média ponderada de cada uma das fontes que financiam os projetos de uma empresa. Para apresentação dos cálculos, considere que a Cia. Alfenas S. A., identificou as propostas de investimentos que podem ser implementadas, ordenando-as com base em um dos métodos de avaliação de projetos (ver Cap. 9). As dez propostas mais bem avaliadas são apresentadas no Quaro 5.1.

Quadro 5.1 – Propostas de investimentos da Cia. Alfenas

Propostas de Investimentos	Valor do Investimento	Valor Acumulado
A	150.000,00	150.000,00
B	200.000,00	350.000,00
C	120.000,00	470.000,00
D	110.000,00	580.000,00
E	80.000,00	660.000,00
F	140.000,00	800.000,00
G	70.000,00	870.000,00
H	130.000,00	1.000.000,00
I	90.000,00	1.090.000,00
J	60.000,00	1.150.000,00

Inicialmente, a direção da empresa considerou a possibilidade de implementar as seis primeiras propostas, o que exige um montante de R$ 800.000,00.

Conforme decisões da diretoria, a atual Estrutura de Capital da empresa não deve ser modificada, assim, 31,25% da necessidade de recursos têm como origem fontes externas e 68,75%, fontes próprias. O Quadro 5.2 apresenta a atual estrutura de capital da Cia. Alfenas.

Quadro 5.2 – Estrutura de Capital atual da Cia. Alfenas

ESTRUTURA DE CAPITAL ATUAL			
FONTES DE RECURSOS	MONTANTE	PROPORÇÃO	
Financiamentos Bancários	R$ 1.800.000,00	18,75%	Capital de Terceiros 31,25%
Debêntures	R$ 1.200.000,00	12,50%	
Ações Preferenciais	R$ 3.240.000,00	33,75%	Capital Próprio 68,75%
Ações Ordinárias	R$ 3.280.000,00	34,17%	
Lucros não Distribuídos	R$ 80.000,00	0,83%	
TOTAL	R$ 9.600.000,00	100%	

Observa-se que a empresa possui R$ 80.000,00 de lucros que não foram distribuídos aos acionistas, que estão disponíveis para investimentos.

NOTAS:

A Cia. Alfenas S. A. é tributada pela sistemática do Lucro Real (ver Cap. 7).

O montante de reservas decorrentes de depreciação dos bens do ativo imobilizado não será utilizado no financiamento desses projetos.

Desse modo, foram definidas as fontes de captação de recursos com os valores de cada uma delas, conforme Quadro 5.3.

Quadro 5.3 – Captação de Recursos pela Cia. Alfenas

FONTE DE RECURSOS	MONTANTE	PROPORÇÃO
Financiamentos Bancários	R$ 150.000,00	18,75%
Debêntures	R$ 100.000,00	12,50%
Ações Preferenciais	R$ 270.000,00	33,75%
Ações Ordinárias	R$ 200.000,00	25,00%
Lucros não Distribuídos	R$ 80.000,00	10,00%
TOTAL	R$ 800.000,00	100%

Custo dos Financiamentos Bancários

No cálculo do custo dos financiamentos bancários leva-se em consideração o valor efetivamente recebido, ou seja, o valor contratual deduzido de tarifas bancárias relativas a abertura de crédito ou de contratação (TAC), o valor das prestações (amortização e juros) e a sistemática de tributação do Imposto de Renda e Contribuição Social da empresa.

O valor a ser financiado totaliza R$ 153.500,00, referentes aos R$ 150.000,00 que ingressarão no caixa da empresa mais R$ 3.500,00 relativos a tarifas cobradas pelo banco para concessão do financiamento. A taxa de juros contratual é de 18% ao ano. Foi definido o Sistema de Amortização Constante. O prazo para quitação do empréstimo é de 5 anos, sem carência.

a. Cálculo das prestações

No Quadro 5.4 tem-se a composição das prestações: amortização e juros do valor financiado, permitindo elaborar o Fluxo Líquido de Desembolsos, conforme o Quadro 5.5.

Quadro 5.4 – Composição das Prestações pelo Sistema de Amortização Constante

Anos	Amortização	Juros	Prestação	Saldo Devedor
(n)	*(A)*	*(J)*	*(P)*	*(SD)*
0	0,00	0,00	0,00	153.500,00
1	30.700,00	27.630,00	58.330,00	122.800,00
2	30.700,00	22.104,00	52.804,00	92.100,00
3	30.700,00	16.578,00	47.278,00	61.400,00
4	30.700,00	11.052,00	41.752,00	30.700,00
5	30.700,00	5.526,00	36.226,00	0,00

b. Fluxo líquido de desembolsos do financiamento bancário

Elabora-se o Fluxo Líquido de Desembolsos, Quadro 5.5, para determinar o custo do financiamento bancário.

Quadro 5.5 – Fluxo Líquido de Desembolsos

	Ano 0	Ano 1	Ano 2	Ano 3	Ano 4	Ano 5
	R$	R$	R$	R$	R$	R$
Pagamento de juros		27.630,00	22.104,00	16.578,00	11.052,00	5.526,00
(-) Benefício do IR e CS (34%) (*)		9.394,20	7.515,36	5.636,52	3.757,68	1.878,84
(=) Despesas com juros líquidas		18.235,80	14.588,64	10.941,48	7.294,32	3.647,16
(+) Amortização do Financiamento		30.700,00	30.700,00	30.700,00	30.700,00	30.700,00
(=) Fluxo líquido de desembolsos		48.935,80	45.288,64	41.641,48	37.994,32	34.347,16
Valor financiado	153.500,00					
(-) Tarifas	3.500,00					
(=) Valor líquido recebido	150.000,00					

* Caso a empresa fosse tributada pela sistemática do Lucro Presumido, não há este benefício (ver Cap. 7)

c. Cálculo do custo do financiamento bancário

Para se determinar o custo do financiamento bancário deve-se encontrar uma taxa que iguala o Valor Presente do Fluxo Líquido de Desembolsos, Quadro 5.5, com o valor líquido recebido. Com o emprego da equação da Taxa Interna de Retorno, tem-se que esta taxa é 12,88% ao ano. Esta taxa corresponde ao custo do financiamento. Vamos chamar esse custo por *Kf*.

$$R\$\,150.000,00 = \frac{R\$\,48.935,80}{(1+TIR)^1} + \frac{R\$\,45.288,64}{(1+TIR)^2} + \frac{R\$\,41.641,48}{(1+TIR)^3} + \frac{R\$\,37.994,32}{(1+TIR)^4} + \frac{R\$\,34.347,16}{(1+TIR)^5}$$

$Kf = 12,88\%$

OBS:

O conceito da Taxa Interna de Retorno será discutido em detalhes no Cap. 9.

● ● ● ● ● ● ● ● ● ● ● ●

Custo das Debêntures

O cálculo do custo das debêntures leva em consideração o valor efetivamente recebido pela emissão desses títulos. O valor recebido corresponde ao valor nominal das debêntures acrescido de ágio, se houver, ou deduzido de deságio, se houver, menos os encargos relativos à operação dessa modalidade de financiamento (o leitor interessado em conhecer mais sobre debêntures pode acessar o Guia de Debêntures, disponível em http://www.bmfbovespa.com.br/pt-br/download/bf_guiadebentures.pdf).

O valor nominal das debêntures totaliza R$ 102.000,00, referentes aos R$ 100.000,00 que ingressarão no caixa da empresa mais R$ 2.000,00 relativos aos encargos cobrados pelo intermediário financeiro (*Underwriter*). A taxa de juros contratual é de 20% ao ano. O resgate das debêntures ocorrerá ao final de 5 anos.

O custo das debêntures é apurado de forma semelhante do custo dos financiamentos, ou seja, elabora-se o fluxo líquido de desembolsos e calcula-se a Taxa Interna de Retorno.

a. Fluxo líquido de desembolsos das debêntures

Elabora-se o Fluxo Líquido de Desembolsos relativo ao pagamento de juros e devolução do principal aos investidores, Quadro 5.6, para determinar o custo das debêntures.

Quadro 5.6 – Fluxo Líquido de Desembolsos das Debêntures

	Ano 0	Ano 1	Ano 2	Ano 3	Ano 4	Ano 5
	R$	R$	R$	R$	R$	R$
Pagamento de juros		20.400,00	20.400,00	20.400,00	20.400,00	20.400,00
(-) Benefício do IR e CS (34%) (*)		6.936,00	6.936,00	6.936,00	6.936,00	6.936,00
(=) Despesas com juros líquidas		13.464,00	13.464,00	13.464,00	13.464,00	13.464,00
(+) Resgate das debêntures						102.000,00
(=) Fluxo líquido de desembolsos		13.464,00	13.464,00	13.464,00	13.464,00	115.464,00
Valor nominal das debêntures	102.000,00					
(-) Encargos	2.000,00					
(=) Valor líquido recebido	100.000,00					

* Caso a empresa fosse tributada pela sistemática do Lucro Presumido, não há este benefício (ver Cap. 7)

b. Cálculo do custo das debêntures

Para se determinar o custo das debêntures deve-se encontrar uma taxa que iguala o Valor Presente do Fluxo Líquido de Desembolsos, Quadro 5.6, com o valor líquido recebido. Com o emprego da equação da Taxa Interna de Retorno, tem-se que esta taxa é 13,77% ao ano. Esta taxa é o custo das debêntures. Vamos chamar esse custo de *Kd*.

$$R\$100.000,00 = \frac{R\$13.464,00}{(1+TIR)^1} + \frac{R\$13.464,00}{(1+TIR)^2} + \frac{R\$13.464,00}{(1+TIR)^3} + \frac{R\$13.464,00}{(1+TIR)^4} + \frac{R\$115.464,00}{(1+TIR)^5}$$

$Kd = 13{,}77\%$

Custo de Novas Ações Preferenciais e de Novas Ações Ordinárias

O cálculo do custo de novas ações, ordinárias ou preferenciais, com o emprego do modelo de Gordon, leva em consideração:

a. O valor efetivamente recebido pela emissão dessas ações.

b. O fluxo de dividendos futuros que se espera seja distribuído aos novos acionistas.

O valor recebido corresponde ao valor nominal das ações acrescido de ágio, se houver, ou deduzido de deságio, se houver, menos os encargos relativos à emissão dessas ações.

Considera-se que os dividendos serão distribuídos por um período de tempo indeterminado, ou seja, durante a existência da empresa, cujo pressuposto básico é a continuidade. Neste caso, o fluxo dos dividendos é tratado como uma perpetuidade.

Em relação ao fluxo de dividendos futuros, considera-se a política de distribuição de dividendos da empresa. Há aquelas que distribuem dividendos de valor estável ao longo dos anos, independentemente do lucro apurado em cada período de tempo e, aquelas que praticam uma política de distribuição de dividendos crescentes de um ano para outro. Têm-se, então, fluxos de desembolsos perpétuos (ver Cap. 3).

O custo de novas ações é obtido com o emprego das seguintes equações (Modelo de Gordon):

- Quando há distribuição de dividendos de valor estável

$$K = \frac{D}{VL}$$

- Quando há distribuição de dividendos de valor crescente

$$K = \frac{D_1}{VL} + g$$

Onde,

K = custo de uma nova ação

Kap = custo da ação preferencial

Kao = custo da ação ordinária

D = dividendo corrente por ação

D_1 = dividendo por ação esperado ao final do ano 1

VL = valor líquido recebido pela emissão das ações

g = taxa anual esperada de crescimento dos dividendos

Cálculo do Custo de Novas Ações Preferenciais

A Cia. Alfenas S.A. necessitará de R$ 270.000,00 oriundos da emissão de novas ações preferenciais.

Cada ação será emitida com o valor nominal de R$ 22,00. Espera-se que sejam negociadas com deságio de 10% sobre o valor nominal e, que os encargos relativos à colocação dessas ações sejam de 5% sobre o valor nominal.

O dividendo previsto para o próximo ano (D_1) é de R$ 2,50 por ação, com estimativa de crescimento de 3% ao ano.

Assim, tem-se:

$$Kap = \frac{2{,}50}{22{,}00 - 2{,}20 - 1{,}10} + 0{,}03$$

$$Kap = 0{,}1637 \text{ ou } 16{,}37\%$$

Cálculo do Custo de Novas Ações Ordinárias

O montante de recursos provenientes de novas ações ordinárias é de R$ 200.000,00. Cada ação será emitida com o valor nominal de R$ 35,00. Espera-se que sejam negociadas com deságio de 12% sobre o valor nominal e, que os encargos relativos à colocação dessas ações sejam de 5% sobre o valor nominal.

O dividendo previsto para o próximo ano (D_1) é de R$ 4,50 por ação, com estimativa de crescimento de 5% ao ano.

Assim, tem-se:

$$Kao = \frac{4{,}50}{35{,}00 - 4{,}20 - 1{,}75} + 0{,}05$$

$$Kao = 0{,}2049 \text{ ou } 20{,}49\%$$

Custo dos Lucros Retidos

Os lucros retidos compreendem a parcela do lucro que não foi distribuída aos acionistas da empresa, servindo como fonte de financiamento para novos projetos. Assim, são tratados como equivalentes ao ingresso de recursos provenientes da emissão de novas ações ordinárias.

Se não tivessem sido retidos, teriam sido distribuídos aos acionistas e, agora "retornariam" à empresa. O custo dos lucros retidos equivale ao custo de uma emissão adicional de ações ordinárias, porém, sem incorrer em encargos com colocação ou ser afetado por ágio ou deságio.

Com o emprego da equação utilizada para calcular o custo de novas ações ordinárias, tem-se:

$$Klr = \frac{4,50}{35,00} + 0,05$$

$$Klr = 0,1786 \text{ ou } 17,86\%$$

CUSTO MARGINAL PONDERADO DE CAPITAL (CMgPC)

A combinação de capital próprio e de capital de terceiros determina o Custo Marginal Ponderado de Capital (CMgPC). Esse custo representa, portanto, a Taxa Mínima de Atratividade de um projeto de investimentos.

OBS:

O termo "marginal", oriundo da Economia, é utilizado para se referir ao ingresso adicional de recursos na empresa.

●●●●●●●●●●●●

O Custo Marginal Ponderado de Capital é obtido pelo emprego da seguinte equação:

$$CMgPC = (Pf \times Kf) + (Pd \times Kd) + (Pap \times Kap) + (Pao \times Kao) + (Plr \times Klr)$$

Onde,

Pf = proporção de financiamentos bancários no montante a ser investido

Pd = proporção de debêntures no montante a ser investido

Pap = proporção de novas ações preferenciais no montante a ser investido

Pao = proporção de novas ações ordinárias no montante a ser investido

Plr = proporção dos lucros retidos no montante a ser investido

Assim, o Custo Marginal Ponderado de Capital da Cia. Alfenas S. A. é 16,5697%.

CMgPC = (18,75% × 12,88%) + (12,50% × 13,77%) + (33,75% × 16,37%) + (25,00% × 20,49%) + (10,00% × 17,86%)

CMgPC = 2,4150% + 1,7213% + 5,5249% + 5,1225% + 1,7860%

CMgPC = 16,5697%

PONTOS DE RUPTURA

Como descrito, à medida que aumenta o montante de recursos captados, o custo de cada uma das fontes de capital tende a aumentar. Assim, os custos de cada uma das fontes são válidos dentro de certo intervalo de captação.

Quando ultrapassar esse intervalo, os custos tendem a aumentar. Por exemplo, os juros bancários são de 18% ao ano até o limite de financiamento de R$ 153.500,00 para a Cia. Alfenas. Acima desse valor, e até R$ 250.000,00 de financiamento, por exemplo, os juros sobem para 20% ao ano e, assim por diante. Situação análoga pode ser aplicada às demais fontes de financiamento. Essas alterações denominam-se **pontos de ruptura**.

Assim, o Custo Marginal Ponderado de Capital de 16,5697% da Cia. Alfenas é válido para aqueles montantes de captação de cada uma das fontes previamente definidos. Caso necessitasse captar volume maior de recursos, o CMgPC seria mais alto.

A título de ilustração, considere que o gestor financeiro da Cia. Alfenas S. A. calculou o custo de capital para implementar as demais propostas. Como não há mais lucros retidos para financiar as demais propostas, a empresa emite mais ações ordinárias e obtém financiamentos bancários para as propostas G e H. O Quadro 5.7 mostra as fontes de captação de recursos para financiar os projetos G e H.

Quadro 5.7 – Fontes de captação de recursos para financiar os projetos G e H

Propostas		Financiamentos	Ações Ordinárias	TOTAL
G e H	Proporção	31,25%	68,75%	100%
	Valor por fonte	R$ 62.500,00	R$ 137.500,00	R$ 200.000,00
	Custos das fontes	13,50%	21,75%	

O Custo Marginal Ponderado de Capital para esse montante é:

$$CMgPC = (31{,}25\% \times 13{,}50\%) + (68{,}75\% \times 21{,}75\%)$$

$$CMgPC = 4{,}2188\% + 14{,}9531\%$$

$$CMgPC = 19{,}1719\%$$

Para implementar as propostas I e J, a empresa emite mais ações preferenciais e obtém financiamentos bancários. O Quadro 5.8 mostra as fontes de captação de recursos para financiar os projetos I e J.

Quadro 5.8 – Fontes de captação de recursos para financiar os projetos I e J

Propostas		Financiamentos	Ações Preferenciais	TOTAL
I e J	Proporção	31,25%	68,75%	100%
	Valor por fonte	R$ 46.875,00	R$ 103.125,00	R$ 150.000,00
	Custos das fontes	16,0%	21,50%	

$$CMgPC = (31{,}25\% \times 16{,}0\%) + (68{,}75\% \times 21{,}50\%)$$

$$CMgPC = 5{,}0000\% + 14{,}7813\%$$

$$CMgPC = 19{,}7813\%$$

À medida que mais recursos sejam necessários para implementar mais propostas, a tendência é que o Custo Marginal Ponderado de Capital seja mais elevado. Portanto, é de se esperar que haja um momento em que os retornos proporcionados por novos projetos não serão suficientes para remunerar as fontes de capital. Esse assunto é tratado no Cap. 9.

ANÁLISE DE PROJETOS MUTUAMENTE EXCLUDENTES COM HORIZONTES TEMPORAIS DIFERENTES

Quando da seleção de projetos de investimentos mutuamente excludentes, podem ocorrer situações em que as alternativas em estudo para um projeto tenham horizontes temporais iguais ou que tenham horizontes temporais diferentes. Os métodos de avaliação utilizados pela Engenharia Econômica (Cap. 9) se aplicam a projetos mutuamente excludentes que tenham o mesmo horizonte temporal. Assim, quando os projetos em análise tiverem horizontes temporais diferentes há uma dificuldade na aplicação dos métodos de avaliação, pois não se pode comparar, por exemplo, os fluxos de caixa de um projeto com duração de 4 anos com os fluxos de caixa de um projeto com duração de 6 anos.

Então, como avaliar situações como esta?

Para responder, será utilizado um exemplo: Considere que a Cia. Paulista pretenda implantar dois projetos de investimentos: Projeto Alfa e Projeto Beta.

a. O Projeto Alfa consiste em desenvolver um novo produto que deverá ser fabricado durante 6 anos, quando, então, será retirado do mercado.

b. O Projeto Beta consiste em desenvolver uma nova linha de produtos que devem ser fabricados por um período de tempo indeterminado.

Projeto Alfa

Para viabilizar o Projeto Alfa, é necessário investir na aquisição de um novo equipamento. São três os fornecedores existentes: o equipamento do fornecedor A tem vida útil de 3 anos, o equipamento do fornecedor B tem vida útil de 6 anos e, o equipamento do fornecedor C tem vida útil de 9 anos.

Neste caso, a vida útil do equipamento do fornecedor B cobre o período de tempo de produção definido pelo Projeto Alfa.

Caso seja adquirido o equipamento do fornecedor A, o mesmo teria que ser substituído por outro equipamento após 3 anos. Neste caso, formula-se a hipótese de que haverá a substituição por outro equipamento com as mesmas características, assumindo o mesmo investimento e fluxos de caixa do equipamento anterior.

Caso seja adquirido o equipamento do fornecedor C, a empresa poderá vendê-lo ao final de 6 anos, sendo, neste caso, estimado seu valor residual (ver Cap. 6).

O Quadro 5.9 apresenta os fluxos de caixa estimados para cada um desses equipamentos (não há valor residual para os equipamentos dos fornecedores A e B).

Quadro 5.9 – Fluxos de Caixa dos Equipamentos dos Fornecedores A, B e C

Ano	Equipamento do Fornecedor A			Equipamento do Fornecedor B	Equipamento do Fornecedor C
	1º Investimento	2º Investimento	TOTAL		
0	- 30.000,00		-30.000,00	- 50.000,00	- 80.000,00
1	18.000,00		18.000,00	21.000,00	25.000,00
2	18.000,00		18.000,00	21.000,00	25.000,00
3	18.000,00	- 30.000,00	-12.000,00	21.000,00	25.000,00
4		18.000,00	18.000,00	21.000,00	25.000,00
5		18.000,00	18.000,00	21.000,00	25.000,00
6 Valor Residual		18.000,00	18.000,00	21.000,00	25.000,00 20.000,00

A Figura 5.1 apresenta o diagrama do fluxo de caixa do equipamento do Fornecedor A.

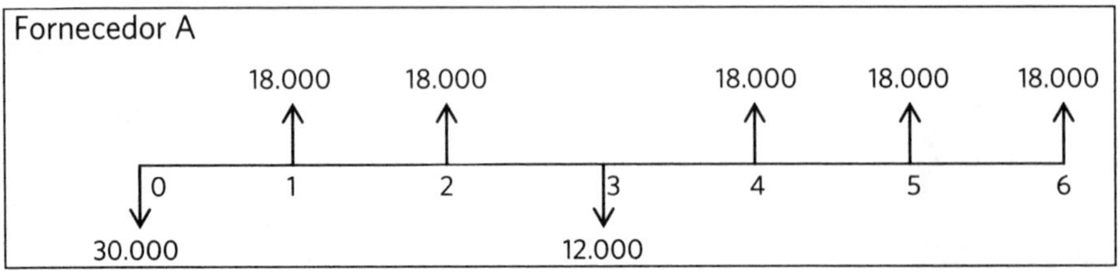

Figura 5.1 – Diagrama do Fluxo de Caixa do Fornecedor A

A Figura 5.2 apresenta o diagrama do fluxo de caixa do equipamento do Fornecedor B.

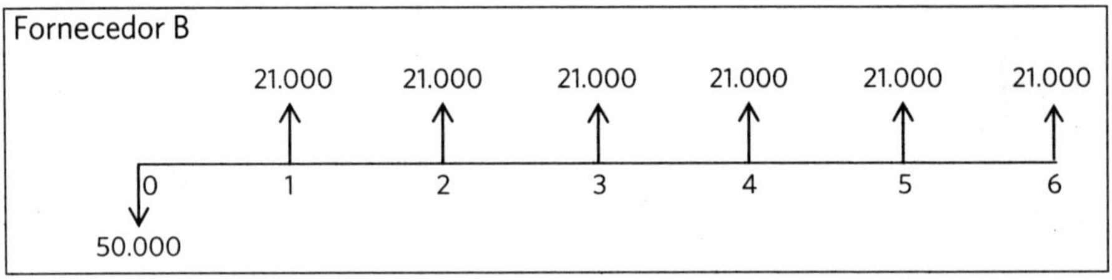

Figura 5.2 – Diagrama do Fluxo de Caixa do Fornecedor B

A Figura 5.3 apresenta o diagrama do fluxo de caixa do equipamento do Fornecedor C.

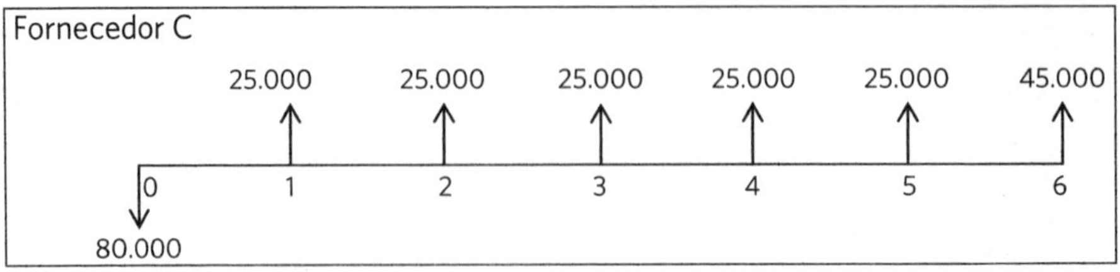

Figura 5.3 – Diagrama do Fluxo de Caixa do Fornecedor C

Para auxiliar a decisão sobre a escolha de um dos fornecedores, os gestores valem-se dos métodos de avaliação de projetos, descritos no Cap. 9.

Projeto Beta

Para viabilizar o Projeto Beta é necessário investir em um equipamento que pode ser adquirido do Fornecedor D ou do Fornecedor E. O equipamento do Fornecedor D tem vida útil de 3 anos e o equipamento do Fornecedor E tem vida útil de 4 anos.

Ao final da vida útil, o equipamento selecionado deve ser substituído por outro, repetindo esse ciclo por um período de tempo indeterminado. Neste caso, formula-se a hipótese de que haverá a substituição por outro equipamento com as mesmas características, assumindo o mesmo investimento e fluxos de caixa do equipamento anterior.

Oliveira (1982, p. 75) ressalva que ao assumir essa hipótese desconsidera-se o fato de que, no futuro, poderá haver outro equipamento mais aperfeiçoado, tendo em vista as inovações decorrentes do progresso tecnológico.

Assumindo a hipótese da substituição, pode-se definir um horizonte temporal idêntico para os fluxos de caixa do equipamento do Fornecedor D e do Fornecedor E. Para isso, utiliza-se o horizonte temporal resultante do Mínimo Múltiplo Comum do tempo de vida útil dos dois equipamentos em análise. No caso, o MMC é 12.

O Quadro 5.10 apresenta os fluxos de caixa estimados para cada um desses equipamentos (não há valor residual).

Quadro 5.10 – Fluxos de Caixa dos Equipamentos dos Fornecedores D e E

ANO	FORNECEDOR D					FORNECEDOR E			
	1º Invest.	2º Invest.	3º Invest.	4º Invest.	TOTAL	1º Invest.	2º Invest.	3º Invest.	TOTAL
0	-60.000,00				-60.000,00	-80.000,00			-80.000,00
1	32.000,00				32.000,00	35.000,00			35.000,00
2	32.000,00				32.000,00	35.000,00			35.000,00
3	32.000,00	-60.000,00			-28.000,00	35.000,00			35.000,00
4		32.000,00			32.000,00	35.000,00	-80.000,00		-45.000,00
5		32.000,00			32.000,00		35.000,00		35.000,00
6		32.000,00	-60.000,00		-28.000,00		35.000,00		35.000,00
7			32.000,00		32.000,00		35.000,00		35.000,00
8			32.000,00		32.000,00		35.000,00	-80.000,00	-45.000,00
9			32.000,00	-60.000,00	-28.000,00			35.000,00	35.000,00
10				32.000,00	32.000,00			35.000,00	35.000,00
11				32.000,00	32.000,00			35.000,00	35.000,00
12				32.000,00	32.000,00			35.000,00	35.000,00

A Figura 5.4 apresenta o diagrama do fluxo de caixa do equipamento do Fornecedor D.

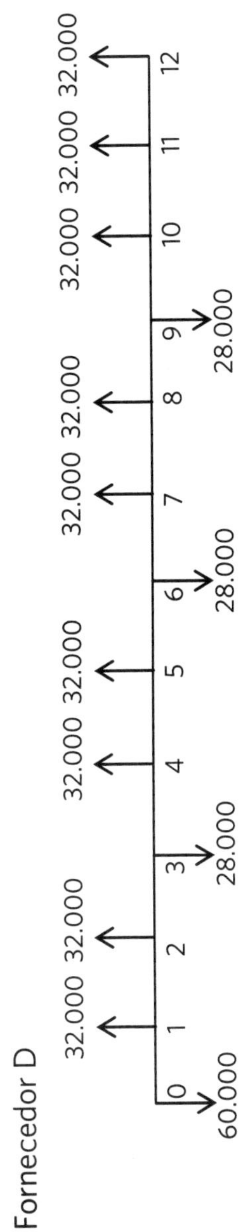

Figura 5.4 – Diagrama do Fluxo de Caixa do Fornecedor D

A Figura 5.5 apresenta o diagrama do fluxo de caixa do equipamento do Fornecedor E.

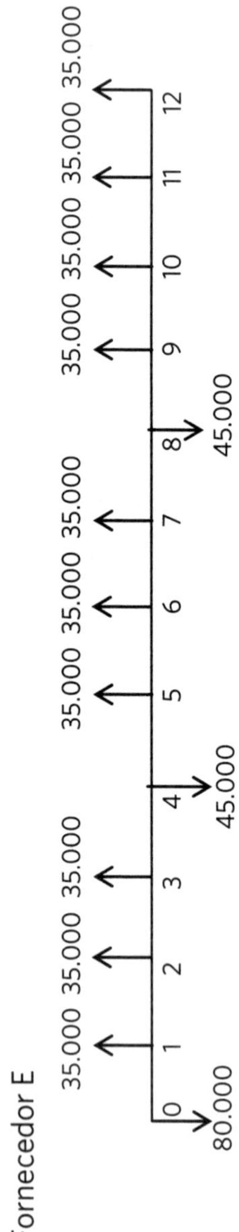

Figura 5.5 – Diagrama do Fluxo de Caixa do Fornecedor E

Para auxiliar a decisão sobre a escolha de um dos fornecedores, os gestores valem-se dos métodos de avaliação de projetos, descritos no Cap. 9.

EXERCÍCIOS

1. A Cia. Serra Talhada necessita de R$ 200.000,00 para aquisição de novos equipamentos. O banco em que realiza suas operações possui uma linha de financiamento, com juros de 1,60% ao mês, em 18 prestações, carência de 4 meses (há o pagamento de juros no período de carência). O banco cobra 5% a título de taxas e comissões sobre o valor do financiamento.

Pede-se:

a. O custo desse financiamento pelo Sistema de Amortização Constante, considerando que a empresa seja tributada pela sistemática do Lucro Real.

b. O custo desse financiamento pelo Sistema de Amortização Constante, considerando que a empresa seja tributada pela sistemática do Lucro Presumido.

c. O custo desse financiamento pelo Sistema de Prestações Constantes, considerando que a empresa seja tributada pela sistemática do Lucro Real.

d. O custo desse financiamento pelo Sistema de Prestações Constantes, considerando que a empresa seja tributada pela sistemática do Lucro Presumido.

O Imposto de Renda e a Contribuição Social correspondem a 34% do lucro tributável.

2. A Cia. Maranguape irá captar recursos via emissão de debêntures com valor nominal de R$ 180.000,00. Irá pagar juros semestrais de 8%, com resgate após 4 anos. Essas debêntures deverão ser negociadas com deságio de 10%. Não haverá encargos para emissão dessas debêntures.

Pede-se:

a. O custo das debêntures considerando que a empresa seja tributada pela sistemática do Lucro Real.

b. O custo das debêntures considerando que a empresa seja tributada pela sistemática do Lucro Presumido.

O Imposto de Renda e a Contribuição Social correspondem a 34% do lucro tributável.

3. A Cia. Uirapuru S. A. irá emitir novas ações preferenciais com o propósito de financiar novos projetos de investimentos. Cada ação terá valor nominal de R$ 20,00. A empresa estima que haverá deságio de 8% sobre o valor nominal. Os custos com a colocação dessas ações é estimado em 6% sobre o valor nominal. A empresa vem distribuindo R$ 4,00 de dividendos por ação, sem expectativa de crescimento. Determine o custo dessas ações preferenciais.

4. A Cia. Araçariguama S. A. irá emitir ações ordinárias com o propósito de captar recursos para financiar novos projetos. A empresa distribuiu R$ 5,00 de dividendos por ação ordinária no último ano. A distribuição vem crescendo à taxa de 2,8% ao ano e, espera-se que continue com essa taxa nos próximos anos. O valor nominal de cada ação será de R$ 32,00. Haverá deságio de 12% sobre o valor nominal. Os custos com a colocação dessas ações é estimado em 6% sobre o valor nominal. Determine o custo dessas ações ordinárias.

5. A Cia. Xapuri S. A. possui R$ 120.000,00 de lucros não distribuídos e planeja utilizar esses recursos para investir em novos projetos. Recentemente, a empresa emitiu ações ordinárias com valor nominal de R$ 30,00 cada. Os custos com a colocação representaram 10% desse valor. A empresa distribuiu R$ 4,00 de dividendos por ação no último ano, valor este que foi 3% superior à distribuição do ano anterior. Conforme definido pela diretoria, espera-se continuar com esse crescimento nos próximos anos. Determine o custo desses recursos.

6. A Cia. Tangará da Serra S. A. planeja investir R$ 600.000,00 em novos projetos no próximo ano. Desse montante, 50% serão captados de financiamentos bancários e 50% com a emissão de ações ordinárias. O custo do financiamento bancário foi calculado em 18,5% ao ano e, o custo das ações ordinárias, em 22,5% ao ano. Determine o Custo Marginal Ponderado de Capital.

7. A direção da Cia. Mamoré S. A. definiu que sua estrutura de capital não deva ser modificada quando da captação de recursos para novos investimentos. Sua estrutura atual apresenta as seguintes proporções:

Fonte de Capital	Proporção
Financiamentos de Longo Prazo	40%
Ações Preferenciais	25%
Ações Ordinárias	35%

O custo dos financiamentos é estimado em 18,2% ao ano; o custo das ações preferenciais em 22,5% ao ano; o custo das ações ordinárias em 26,5% ao ano. Determine o Custo Marginal Ponderado de Capital.

8. O lucro líquido da Cia. Caraúbas S. A. foi de R$ 6.450.000,00 no último ano. Desse lucro, foram distribuídos:

- Dividendos de R$ 3,20 para cada uma das 900.000 ações ordinárias. Este valor representa um aumento de 5% sobre os dividendos distribuídos no ano anterior.
- Dividendos de R$ 5,00 para cada uma das 500.000 ações preferenciais. As ações preferenciais da empresa são remuneradas com dividendos de valor estável.

A direção da empresa definiu que sua estrutura de capital deve ser composta de 30% de capital de terceiros, 30% de ações preferenciais e 40% de ações ordinárias. A empresa é tributada pela sistemática do Lucro Presumido, sendo 34% a alíquota de IR e CS.

Pede-se:

a. A empresa pode emitir 10.000 ações ordinárias com valor nominal de R$ 38,00 cada. Os gastos com a emissão são estimados em R$ 4,20 por ação. Os dividendos a serem distribuídos às ações ordinárias devem continuar crescendo à taxa de 5% ao ano. Calcule o custo dessas novas ações ordinárias.

b. Determine o custo dos lucros que não foram distribuídos como dividendos.

c. A empresa pode emitir 30.000 ações preferenciais com valor nominal de R$ 39,00 por ação. Para essas ações haverá distribuição de dividendos fixos de R$ 5,00 por ação. Os gastos com a emissão são estimados em R$ 3,80 por ação. Determine o custo dessas novas ações preferenciais.

d. A empresa pode emitir 1.000 debêntures com valor nominal de R$ 1.000,00 cada, com ágio de 20%, prazo de resgate de 5 anos e juros de 18% ao ano. Os gastos com emissão correspondem a 5% do valor nominal. Determine o custo dessas debêntures.

e. Determine o Custo Marginal Ponderado de Capital da Cia. Caraúbas.

9. A Cia. Ituiutaba, fabricante de produtos de limpeza, pretende ampliar sua linha de detergentes e saponáceos. O investimento inicial é estimado em R$ 850.000,00. A empresa pretende captar 40% por meio de financiamento bancário cujo custo foi calculado em 12% ao ano. O banco não irá cobrar taxas e comissões para conceder o financiamento. A empresa possui R$ 170.000,00 de lucros que não foram distribuídos, cujo custo foi calculado em 15% ao ano. O restante será obtido por meio do lançamento de novas ações preferenciais, cujo custo foi calculado em 18% ao ano. Determine o Custo Marginal Ponderado de Capital para esse investimento.

10. A Cia. Tutoia, processadora de alimentos, pretende investir R$ 500.000,00 na aquisição de novos equipamentos de cozinha. A direção da empresa definiu as seguintes proporções de cada uma das fontes de recursos:

- Capital Próprio = 50%
- Financiamentos Bancários = 30%
- Debêntures = 20%

O custo do capital próprio foi calculado em 27,5%, o custo do financiamento bancário, 24% e o custo das debêntures, 25%.

Determine o Custo Marginal Ponderado de Capital.

11. A Cia. Vale do Caracol pretende investir R$ 5.000.000,00 na modernização de seu parque fabril no próximo ano. A empresa considera que 60% dos recursos para investimentos devem ser financiados com capital próprio e 40% com capital de terceiros.

Pretende utilizar os R$ 800.000,00 de lucros que não foram distribuídos, cujo custo foi calculado em 15,5% ao ano. O restante de capital próprio será obtido pela emissão de ações ordinárias, cujo custo foi calculado em 18% ao ano. Como capital de terceiros, a empresa pode obter financiamentos bancários. O gerente do banco informa que os juros são de 20,0% ao ano para um montante até R$ 1.000.000,00 e, de 22,0% ao ano para montante superior.

O banco financia pelo Sistema de Amortização Constante, sem carência, com pagamentos anuais, durante 8 anos. O banco não irá cobrar taxas e comissões para realizar o financiamento.

Determine o Custo Marginal Ponderado de Capital, considerando que a empresa é tributada pela sistemática do Lucro Real e que a alíquota do Imposto de Renda e Contribuição Social é de 34%.

12. A Cia. Timbiras levantou os seguintes custos de suas fontes de capital, por faixas de captação:

Fonte de Capital	Faixas de captação	Custo
Financiamentos de Longo Prazo	De R$ 0,00 a R$ 200.000,00 De R$ 200.000,01 a R$ 300.000,00 Acima de R$ 300.000,00	16,4% 19,8% 22,5%
Ação Preferencial	De R$ 0,00 a R$ 80.000,00 Acima de R$ 80.000,00	21,6% 26,2%
Ação Ordinária	De R$ 0,00 a R$ 120.000,00 De R$ 120.000,01 a R$ 180.000,00 Acima de R$ 180.000,00	27,2% 29,5% 31,5%

A empresa mantém uma política de que 50% do ingresso de novos recursos para investimentos devem ser obtidos por financiamentos, 20% pela emissão de ações preferenciais e, 30% pela emissão de ações ordinárias. Determine os pontos de ruptura e calcule o Custo Marginal Ponderado de Capital até estes pontos.

13. A Cia. Olhos d`Água fabrica bolsas, sapatos e acessórios de couro para grandes lojas de departamentos. Atualmente, a empresa é financiada exclusivamente com capital próprio, totalizando R$ 800.000,00 com custo de 25% ao ano. Para atender ao aumento da demanda por seus produtos, a empresa pretende realizar investimentos na aquisição de novas máquinas e equipamentos. Os recursos serão obtidos exclusivamente por financiamentos bancários. A empresa pretende investir R$ 50.000,00 no próximo ano, devendo continuar investindo valor igual nos 3 anos seguintes. No 5º ano, a empresa pretende investir R$ 40.000,00, aumentando em progressão aritmética de R$ 25.000,00 ao ano até que a proporção de capital de terceiros não ultrapasse o limite de 45% da estrutura de capital da empresa, ou até que o Custo Marginal Ponderado de Capital não ultrapasse 23% ao ano. O custo do financiamento bancário e o custo do capital próprio para a captação de novos recursos passam para:

Proporção do Capital de Terceiros	Custo do Capital de Terceiros	Custo do Capital Próprio
Até 20,00%	15,00%	25,00%
Entre 20,01% e 25,00%	16,25%	25,00%
Entre 25,01% e 30,00%	17,50%	25,00%
Entre 30,01% e 35,00%	18,75%	25,00%
Entre 35,01% e 40,00%	20,00%	25,00%
Entre 40,01% e 45,00%	21,25%	25,00%

Pede-se:

a. O Custo Marginal Ponderado de Capital até o limite de endividamento definido pela diretoria da empresa.

b. Analise o Custo Marginal Ponderado de Capital para cada uma das proporções de Capital Próprio e Capital de Terceiros.

14. A direção da Cia. Itatiaia está estudando a possibilidade de passar a oferecer, também, serviços de pintura. A empresa pretende prestar serviços de pintura pelos próximos 10 anos, quando, então, essa atividade será abandonada. Para isso necessita adquirir um equipamento de pintura de imersão e um equipamento de pintura eletrostática. Foram levantados os seguintes dados:

- **Pintura de Imersão:** Equipamento MX1 que tem vida útil de 7 anos e, para adquiri-lo são necessários R$ 80.000,00
- **Pintura Eletrostática:** Equipamento MX2 que tem vida útil de 8 anos e, para adquiri-lo são necessários R$ 100.000,00.

Os fluxos de caixa a serem gerados pelo serviço de pintura de imersão são estimados em R$ 25.000,00 por ano e, de pintura eletrostática, em R$ 40.000,00 por ano.

Estudos apontam que o valor residual do equipamento MX1, após três anos de uso é de R$ 30.000,00 e, do equipamento MX2, após dois anos de uso é de R$ 60.000,00.

Pede-se: Elabore o diagrama do fluxo de caixa de cada um dos tipos de serviço de pintura, considerando o período de tempo correspondente ao funcionamento da linha de pintura.

Caso Prático

Onde conseguir dinheiro para abrir um negócio

Daniela Moreira, de EXAME.com

A falta de capital é uma barreira para que muitas ideias saiam do papel. Para contornar a dificuldade, alguns empreendedores optam por se desfazer de bens, outros batem à porta de amigos e parentes e outros optam ainda por levantar fundos junto a bancos e investidores.

Seja qual for o caminho escolhido, os especialistas são unânimes em aconselhar: planeje-se muito bem antes de começar a gastar para evitar prejuízos e dores de cabeça.

Com um bom plano de negócios em mãos, o empreendedor tem algumas alternativas para financiar seu empreendimento:

Recursos próprios

Uma prática comum entre quem abre um negócio é se valer de recursos próprios. Muitos executivos aposentados aplicam as economias acumuladas ao longo da carreira no empreendimento e outros ainda se desfazem de bens como carros e imóveis para financiar a empreitada.

Amigos e familiares

A ajuda de amigos e parentes – recurso conhecido como "love money" nos Estados Unidos – é outra alternativa para quem precisa de quantias relativamente pequenas de dinheiro para abrir um negócio. A vantagem é que dificilmente seus entes queridos vão bancar os agiotas para o seu lado.

Sócio investidor

Na falta de um ente querido, o empreendedor também pode buscar um sócio investidor com quem não tenha necessariamente vínculos afetivos.

Empréstimo

Pedir um empréstimo ao banco é outro recurso à disposição do empreendedor, mas deve ser usado com parcimônia. As linhas de crédito convencionais cobram taxas de juros que podem acabar por comprometer o sucesso do negócio.

Texto completo em: http://exame.abril.com.br/pme/noticias/onde-conseguir-dinheiro-para-abrir-um--negocio. Acesso em 07 de janeiro de 2015.

CUSTO DE CAPITAL DA FÁBRICA DE BLOCOS

Bento Fernandes sempre quis ter seu próprio negócio. Analisando as alternativas de empreender, verificou que, como o setor de construção civil vem crescendo bastante nos últimos anos, considerou que seria uma alternativa interessante empreender uma fábrica de blocos em sua cidade. Só há um problema, Bento Fernandes não possui recursos para investir. Para viabilizar o negócio, procurou um tio rico, que é o tio Felipe Guerra para obter dele R$ 200.000,00 necessários para começar o negócio.

O tio Felipe Guerra informou que seu dinheiro está aplicado em um fundo de investimentos que lhe rende 10% ao ano. Para emprestar ao sobrinho exigiria uma remuneração de 12% ao ano. O tio explicou que o negócio de blocos tem um risco maior que sua aplicação financeira, por isso, estava cobrando um prêmio de 2% ao ano para realizar o empréstimo.

Bento Fernandes havia elaborado um plano de negócios e projetou lucro de R$ 28.000,00 no primeiro ano. Como esse lucro é superior à remuneração do capital emprestado pelo tio Felipe Guerra e, como Bento Fernandes não tem alternativa, resolveu aceitar a exigência do tio. O empréstimo realizado foi do tipo "Pai para Filho", sem contrato formal, somente acordo verbal.

Encerrado o primeiro ano, o lucro da fábrica de blocos foi exatamente R$ 24.000,00 que é a remuneração do capital emprestado do tio Felipe Guerra.

Vendo que o ritmo de construções na cidade continua crescendo, Bento Fernandes considera que deve aumentar a produção, para isso, precisaria adquirir novas máquinas, ampliar o galpão e investir em propaganda, o que exigiria mais R$ 200.000,00. Procurou mais uma vez o tio Felipe Guerra para que esse reinvestisse os R$ 24.000,00 ganhos no primeiro ano e emprestasse mais R$ 176.000,00. Bento Fernandes considerou que o tio Felipe Guerra fosse exigir os mesmos 12% de remuneração para esse aporte adicional. Como o tio viu que o negócio, agora, representaria risco maior, informou que a remuneração, tanto do aporte adicional como do empréstimo anterior, passaria para 16% ao ano.

Como Bento Fernandes tem bom relacionamento com o Banco Ouro Fino, solicitou o empréstimo de R$ 200.000,00. O gerente aprovou o empréstimo com juros de 14% ao ano.

Agora, o capital investido na fábrica de blocos totaliza R$ 400.000,00.

Considere que a fábrica de blocos seja tributada pela sistemática do Lucro Presumido.

Pede-se:

a. Determinar o Custo Médio Ponderado de Capita da fábrica de blocos.

b. Determine o lucro da fábrica de blocos que seja suficiente para remunerar o tio Felipe Guerra e o Banco Ouro Fino.

Capítulo 6

DEPRECIAÇÃO

As máquinas e equipamentos possuem um tempo de vida útil finito. Seu uso em atividades relacionadas à produção, administração e comercial provoca a ocorrência de um custo ou despesa denominado Depreciação. Assim, em um projeto de investimentos relativo a um novo bem que irá integrar o ativo imobilizado da empresa, deve ser prevista a sua Depreciação.

Esse Capítulo descreve os conceitos de depreciação e apresenta os principais métodos de cálculo.

O QUE É DEPRECIAÇÃO?

Quando uma empresa adquire uma máquina ou qualquer equipamento para ser utilizado no processo de fabricação, não pode considerar o montante gasto nesta operação imediatamente como custo de produção.

O montante gasto, inicialmente, será registrado pela Contabilidade da empresa como um ativo imobilizado e, durante o tempo em que esse ativo estiver em uso na produção, aquele valor registrado no ativo imobilizado será incorporado gradativamente ao custo de produção. Esse procedimento é denominado Depreciação.

A depreciação corresponde à diminuição do valor dos bens ativados[1] que estão sendo utilizados nas atividades operacionais de uma empresa (produção, administração e vendas). Ela pode ser causada pelo desgaste físico, ações da natureza, ou obsolescência decorrente de inovações tecnológicas.

Para os propósitos de Engenharia Econômica, a depreciação corresponde ao "consumo" dos bens do ativo imobilizado ao longo de sua vida útil e, o valor que representa esse "consumo" é obtido por meio de um método de cálculo. O "consumo" é que dá origem a diminuição do valor desses bens.

Considera como ativo imobilizado (CPC 27, 2009):

a. Os bens tangíveis mantidos para uso na produção ou fornecimento de mercadorias e serviços, para aluguel a outros, ou para fins administrativos.

b. Que se espera utilizar por mais de um período de tempo.

São exemplos de bens tangíveis constantes do ativo imobilizado, instalações prediais, veículos, máquinas etc. Excetuando-se terrenos, todos os demais bens sofrem depreciação.

Assim, a depreciação é tratada como custo ou como despesa na contabilidade, porém, não representa um desembolso no período de tempo em que ocorre o "consumo" dos bens do ativo imobilizado. Matéria prima, mão de obra, energia elétrica, material de escritório são exemplos de recursos consumidos imediatamente no processo de fabricação, na administração da empresa ou em suas atividades comerciais, que exigem desembolsos frequentes para reposição. Diferentemente, máquinas, veículos, prédios etc. têm o potencial de uso em vários anos ou para uma quantidade limitada de produção e, o pagamento aos fornecedores desses bens ocorre quando de sua aquisição.

Para exemplificar, considere que a Cia. J. Pessoa possua R$ 100.000,00 disponíveis em caixa. A direção da empresa utiliza esse montante na aquisição de um novo equipamento cuja vida útil é estimada em cinco anos. A depreciação será apropriada aos custos de produção pelo método das quotas constantes, também conhecido por método da linha reta, ou seja, R$ 20.000,00 ao ano. Hipoteticamente, considere que a Cia. J. Pessoa paga seus fornecedores de matéria-prima, energia elétrica, mão de obra etc., somente à vista, e realiza suas vendas, também à vista.

---

[1] Em linguagem contábil, esses bens constituem o ativo imobilizado.

Os custos da produção realizada nesta máquina, em seu primeiro ano de uso são:

Matéria-prima =	R$ 60.000,00
Mão de obra =	R$ 50.000,00
Energia elétrica =	R$ 10.000,00
Depreciação =	R$ 20.000,00
TOTAL =	R$ 140.000,00

As despesas administrativas e comerciais totalizam R$ 50.000,00 neste ano.

Os produtos fabricados nessa máquina foram todos vendidos, gerando receitas no valor de R$ 250.000,00. Assim, desconsiderando a incidência tributária, o lucro obtido foi:

Receita =	R$ 250.000,00
CPV =	R$ 140.000,00
Lucro Bruto =	R$ 110.000,00
Despesas =	R$ 50.000,00
Lucro =	R$ 60.000,00

Como a depreciação inclusa nos custos não representa desembolso, tem-se que a sobra de caixa é de R$ 80.000,00. O valor correspondente à depreciação, por decisão da direção da empresa, é depositado em um fundo para reposição de ativos. Nesse primeiro ano, o saldo do fundo é de R$ 20.000,00.

No segundo ano, os custos de produção são:

Matéria-prima =	R$ 80.000,00
Mão de obra =	R$ 60.000,00
Energia elétrica =	R$ 16.000,00
Depreciação =	R$ 20.000,00
TOTAL =	R$ 176.000,00

As despesas administrativas e comerciais totalizam R$ 60.000,00 neste ano.

Toda a produção foi vendida por R$ 300.000,00. Assim, o lucro desse ano foi:

Receita =	R$ 300.000,00
CPV =	R$ 176.000,00
Lucro Bruto =	R$ 124.000,00
Despesas =	R$ 60 000,00
Lucro =	R$ 64.000,00

Uma vez que a depreciação, integrante dos custos, não representa desembolso, tem-se que a sobra de caixa é de R$ 84.000,00. Agora, o fundo para reposição de ativos acumula saldo de R$ 40.000,00.

Repetindo o processo, ao final de cinco anos essa máquina estará totalmente depreciada e o montante investido nesse fundo será R$ 100.000,00.

Assim, em termos práticos, a depreciação recupera o capital investido na aquisição de bens do ativo imobilizado ao mesmo tempo em que a empresa constitui um fundo para reposição desses bens.

A esse respeito, Assaf Neto (1980) diz que a manutenção destes recursos, constitui-se em fonte permanente de financiamento para a empresa. Entretanto, ressalva o autor, que devido as frequentes atualizações tecnológicas e de preços, somente o valor acumulado da depreciação, mesmo que atualizado, deve ser entendido como um componente de suas fontes de financiamento, juntamente com lucros retidos, aumento de capital e recursos de terceiros.

Importante ressaltar que na prática, o valor monetário correspondente à depreciação está computado no saldo de uma das contas do Ativo Circulante (conta caixa ou duplicatas a receber), que se não for segregado e destinado à constituição do fundo para reposição, fica disponível para ser utilizado para pagar obrigações constantes no passivo circulante, deixando, neste caso de prover recursos para reposição dos bens.

Depreciação, um item importante a se considerar!

Texto integral em: http://www.esalq.usp.br/acom/clipping/arquivos/15-01-14_depreciacao_um_item_importante_a_se_considerar_milk_point_mp.pdf. Acesso em 11 de dezembro de 2014.

A depreciação é a perda de valor dos bens que pode ocorrer por desgaste físico, devido a ações da natureza ou pelo próprio uso ou obsolescência, também chamada de depreciação econômica devido à inovações tecnológicas. Pode ser chamada de depreciação real ou econômica quando não é utilizada para fins contábeis.

O valor de depreciação deve ser uma reserva contábil da empresa para gerar fundos que irão possibilitar a substituição dos fatores produtivos no final de sua vida útil, ou seja, será reposto quando não tiver mais capacidade de uso ou ficar obsoleto. Dessa forma, a depreciação deve ser encarada como custo operacional na empresa, portanto, deve sim constar na formação do custo total de produção.

COMPOSIÇÃO DO CUSTO DOS BENS SUJEITOS A DEPRECIAÇÃO

O custo dos bens integrantes do ativo imobilizado sujeitos a depreciação compreende (CPC 27, 2009):

- Seu valor de aquisição, acrescido de impostos de importação e impostos não recuperáveis sobre a compra, depois de deduzidos os descontos comerciais e abatimentos.
- Quaisquer custos diretamente atribuíveis para colocar o ativo no local e condição necessárias para o mesmo ser capaz de funcionar da forma pretendida pela administração.

São exemplos de custos diretamente atribuíveis:

a. Custos da mão de obra empregada na construção ou aquisição de item do ativo imobilizado

b. Custos de preparação do local

c. Custos de frete e de manuseio (para recebimento e instalação)
d. Custos de instalação e montagem
e. Custos com testes; e
f. Honorários profissionais

O custo de um ativo construído pela própria empresa é determinado utilizando-se os mesmos princípios de ativo adquirido.

VIDA ÚTIL DO BEM

A vida útil de um ativo é definida em termos da utilidade esperada do mesmo para a entidade. O CPC 27 (2009) considera como vida útil:

a. O período de tempo durante o qual a entidade espera utilizar o ativo; ou
b. O número de unidades de produção ou de unidades semelhantes que a entidade espera obter pela utilização do ativo.

VALOR RESIDUAL

O Valor Residual corresponde ao valor que a empresa estima obter com a venda de um bem de seu ativo imobilizado, deduzido dos gastos para se desfazer desse bem (remoção, transporte etc.) ao final de sua vida útil.

MÉTODOS DE CÁLCULO DA DEPRECIAÇÃO

A depreciação pode ser calculada utilizando diferentes métodos. O método de depreciação utilizado deve refletir o padrão de consumo do bem nas atividades operacionais da empresa. As empresas podem utilizar os métodos de depreciação usualmente encontrados na literatura, ou adaptar esses métodos para atender seus propósitos ou mesmo criar novos métodos.

Conforme o CPC 27 (2009), cada empresa adota o método que melhor representa esse padrão de consumo.

São vários os métodos de cálculo da depreciação, entre eles:

- Método da linha reta ou método linear
- Método da soma dos dígitos dos anos
- Método exponencial ou método da taxa constante
- Método da quantidade produzida

Importante salientar que, excetuando-se o método de unidades produzidas, a depreciação calculada pelos demais métodos não está vinculada ao desgaste físico dos bens decorrentes do uso na produção. Os métodos da soma dos dígitos dos anos e exponencial presume desgaste maior dos bens nos anos iniciais de uso e, o método da linha reta, não.

Método da Linha Reta

O emprego deste método é adequado quando uma máquina ou equipamento é utilizado gerando um volume de produção uniforme durante sua vida útil. Assim, o valor depreciável é dividido pelo tempo de vida útil, o que determina um valor constante de depreciação. Este método é conhecido também, por método linear ou das quotas constantes.

O valor depreciável corresponde ao custo do bem registrado no ativo imobilizado ajustado pelo seu valor residual.

O cálculo da depreciação por este método é realizado por meio da seguinte equação:

$$Da = \frac{Ca - Vr}{N}$$

Onde,

Da = Depreciação anual

Ca = Custo do ativo

Vr = Valor residual

N = Vida útil

$Ca - Vr$ = Valor depreciável

Exemplo: A Cia. Alta Floresta adquiriu um novo equipamento que foi registrado no ativo imobilizado por R$ 30.000,00. Sua vida útil é estimada em 5 anos. O valor residual é estimado em R$ 6.000,00. Assim, tem-se:

$$Da = \frac{R\$\ 30.000,00 - R\$\ 6.000,00}{5}$$

$$Da = R\$\ 4.800,00$$

Elaborando-se uma planilha da depreciação desse equipamento, tem-se que ao final de 5 anos, quando cessa a depreciação, o valor contábil [2] iguala-se ao seu valor residual. O Quadro 6.1 apresenta a planilha de depreciação calculada pelo método da linha reta.

Quadro 6.1 – Planilha de depreciação calculada pelo método da linha reta

Anos	Depreciação		Valor Contábil
	Anual	Acumulada	
0			30.000,00
1	4.800,00	4.800,00	25.200,00
2	4.800,00	9.600,00	20.400,00
3	4.800,00	14.400,00	15.600,00
4	4.800,00	19.200,00	10.800,00
5	4.800,00	24.000,00	6.000,00

[2] Valor Contábil: valor pelo qual o bem está registrado no Ativo Imobilizado da empresa diminuído de sua depreciação acumulada.

Método da Soma dos Dígitos dos Anos

Soma dos dígitos dos anos significa a soma dos números relativos aos anos em que o bem estará em operação. Por exemplo, para um bem cuja vida útil é de 4 anos, tem-se: 1 + 2 + 3 + 4 = 10.

Por este método o valor da depreciação anual vai diminuindo com o tempo. Presume-se, assim, que a capacidade de uso do bem, e consequentemente, o custo correspondente à depreciação, é maior nos anos iniciais de sua vida útil.

O cálculo da depreciação é realizado por meio da seguinte equação:

$$Dn = \frac{N-(n-1)}{Sd} \times (Ca - Vr)$$

Onde,

Dn = Depreciação para o ano n

N = Vida útil

n = Ano corrente

Sd = Soma dos dígitos dos anos

Ca = Custo do ativo

Vr = Valor residual

$N - (n - 1)$ = Vida útil restante

Exemplo: A Cia. Alta Floresta adquiriu um novo equipamento que foi registrado em seu ativo imobilizado por R$ 30.000,00. Sua vida útil é de 5 anos. O valor residual é estimado em $ 6.000,00.

Inicialmente, efetua-se a soma dos dígitos relativos aos anos que o equipamento estará em operação.

Sd: 1 + 2 + 3 + 4 + 5 = 15

Para o ano 1, tem-se:

$$D1 = \frac{5-(1-1)}{15} \times (\text{R\$ } 30.000{,}00 - \text{R\$ } 6.000{,}00)$$

$D1$ = R$ 8.000,00

Para o ano 2, tem-se:

$$D2 = \frac{5 - (2 - 1)}{15} \times (\text{R\$ } 30.000{,}00 - \text{R\$ } 6.000{,}00)$$

$$D2 = \text{R\$ } 6.400{,}00$$

O mesmo processo de cálculo se repete para os demais anos.

Elaborando-se uma planilha da depreciação desse equipamento, tem-se que ao final de 5 anos, quando cessa a depreciação, o valor contábil iguala-se ao seu valor residual. O Quadro 6.2 apresenta a planilha de depreciação calculada pelo método da soma dos dígitos dos anos.

Quadro 6.2 – Planilha de depreciação calculada pelo método soma dos dígitos dos anos

Anos	Depreciação		Valor Contábil
	Anual	Acumulada	
0			30.000,00
1	8.000,00	8.000,00	22.000,00
2	6.400,00	14.400,00	15.600,00
3	4.800,00	19.200,00	10.800,00
4	3.200,00	22.400,00	7.600,00
5	1.600,00	24.000,00	6.000,00

Método Exponencial ou Método da Taxa Constante

Por este método o bem constante do ativo imobilizado é depreciado mediante uma **taxa fixa** aplicada sobre o valor contábil ao final do período de tempo anterior.

De forma semelhante ao método da soma dos dígitos dos anos, o valor da depreciação é maior nos anos iniciais de vida do bem.

Esta taxa é determinada com o emprego da seguinte equação:

$$Td = 1 - \sqrt[N]{\frac{Vr}{Ca}}$$

Onde,

Td = Taxa de depreciação

Vr = Valor residual

Ca = Custo do ativo

N = Vida útil do ativo

Observa-se por esta equação que se o valor residual for nulo, a taxa obtida será igual à unidade, não possuindo significado prático.

Exemplo: A Cia. Alta Floresta adquiriu um novo equipamento que foi registrado em seu ativo imobilizado por R$ 30.000,00. Sua vida útil é de 5 anos. O valor residual é estimado em $ 6.000,00. Assim, tem-se:

$$Td = 1 - \sqrt[5]{\frac{\text{R\$ } 6.000{,}00}{\text{R\$ } 30.000{,}00}}$$

$$Td = 0{,}27522$$

Para o Ano 1, tem-se:

D1 = Valor Contábil anterior x 0,27522

D1 = R$ 30.000,00 x 0,27522

D1 = R$ 8.256,60

Para o Ano 2, tem-se:

D2 = Valor Contábil anterior x 0,27522

D2 = (R$ 30.000,00 - R$ 8.256,60) x 0,27522

D2 = R$ 5.984,22

O mesmo processo de cálculo se repete para os demais anos.

Elaborando-se uma planilha da depreciação desse equipamento, tem-se que ao final de 5 anos, quando cessa a depreciação, o valor contábil iguala-se ao seu valor residual. O Quadro 6.3 apresenta a planilha de depreciação calculada pelo método exponencial ou taxa constante.

Quadro 6.3 – Planilha de depreciação calculada pelo método exponencial ou taxa constante

Anos	Depreciação		Valor Contábil
	Anual	Acumulada	
0			30.000,00
1	8.256,60	8.256,60	21.743,40
2	5.984,22	14.240,82	15.759,18
3	4.337,24	18.578,06	11.421,94
4	3.143,55	21.721,61	8.278,39
5	2.278,39	24.000,00	6.000,00

Método da Quantidade Produzida

Por esse método, a depreciação é associada ao uso do bem. Para isso, deve-se determinar a produção estimada, que pode ser em unidades físicas, em horas trabalhadas, em quilos processados etc., pelo bem durante sua vida útil.

O cálculo da depreciação é realizado por meio da seguinte equação:

$$DU = \frac{Ca - Vr}{Produção\ Estimada}$$

Onde,

DU = Depreciação por unidade produzida

Ca = Custo do ativo

Vr = Valor residual

Exemplo: A Cia. Alta Floresta adquiriu um novo equipamento que foi registrado em seu ativo imobilizado por R$ 30.000,00. A produção estimada deste equipamento corresponde a 50.000 horas. O valor residual é estimado em R$ 6.000,00. Assim, tem-se:

$$DU = \frac{\text{R\$ } 30.000,00 - \text{R\$ } 6.000,00}{50.000 \textit{ horas}}$$

$$DU = \text{R\$ } 0,48 \text{ por hora}$$

Para o primeiro ano, a produção realizada foi de 8.000 horas. Assim, tem-se:

$D1$ = Produção do ano x R$ 0,48

$D1$ = 8.000 h x R$ 0,48

$D1$ = R$ 3.840,00

Para o segundo ano, a produção realizada foi de 10.000 horas. Assim, tem-se:

$D2$ = 10.000 h x R$ 0,48

$D2$ = R$ 4.800,00

O mesmo procedimento de cálculo se repete para os demais anos.

EXERCÍCIOS

1. A Cia. Itaúba adquiriu uma nova máquina que foi registrada em seu ativo imobilizado por R$ 200.000,00. Sua vida útil é estimada em 6 anos e, o valor residual é estimado em R$ 8.000,00. Determine o valor de depreciação anual e elabore uma planilha de depreciação pelos métodos:

a. Da linha reta

b. Da soma dos dígitos dos anos

c. Exponencial ou taxa constante

2. Calcule a taxa constante de depreciação, o valor anual da depreciação e elabore uma planilha de depreciação para uma máquina nova que foi registrada no ativo imobilizado por R$ 30.000,00 pela Cia. Nova Mutum, cujo valor residual ao final de 4 anos é de R$ 4.000,00.

3. A Cia. Cuiabá adquiriu uma máquina que foi registrada em seu ativo imobilizado por R$ 45.000,00. Sua vida útil é estimada em 5 anos e o valor residual é considerado nulo. Elabore planilhas de depreciação por cada um dos métodos possíveis.

4. A Cia. Tamandaré adquiriu um novo gerador que foi registrado em seu ativo imobilizado por R$ 220.000,00. Conforme especificações do fabricante, a vida útil do gerador é estimada em 90.000 horas de uso. É estimado valor residual de 30% do valor registrado no ativo após 90.000 horas de operação. Em seu primeiro ano de funcionamento, o gerador foi utilizado por 8.000 horas. Determine o valor da depreciação deste primeiro ano.

5. A Cia. Poconé adquiriu um equipamento que foi registrado em seu ativo imobilizado por R$ 60.000,00. São estimados os seguintes volumes de produção: 1º ano = 4.000 u; 2º ano = 5.000 u; 3º ano = 6.000 u; 4º ano = 6.000 u; 5º ano = 3.500 u; 6º ano = 2.000 u; 7º ano = 1.500 u. Calcule o valor da depreciação anual e elabore uma planilha de depreciação. Não há valor residual.

6. A Cia. Sapezal adquiriu uma máquina que foi registrada em seu ativo imobilizado por R$ 100.000,00. Seu valor residual é estimado em R$ 20.000,00 e vida útil de cinco anos. Determine o valor da depreciação acumulada, ao final do terceiro ano pelos métodos: da linha reta e da soma dos dígitos dos anos.

7. A Cia. Várzea Grande adquiriu um novo equipamento que foi registrado em seu ativo imobilizado por R$ 80.000,00, sendo depreciado pelo método exponencial ou taxa constante. Sua vida útil é de 8 anos, com valor residual estimado em R$ 15.000,00. Determine o valor da depreciação acumulada após 5 anos.

8. A Cia. Ponte Branca adquiriu um novo torno que foi registrado em seu ativo imobilizado por R$ 60.000,00 que está sendo depreciado pelo método da quantidade produzida, com estimativa de produção de 50 milhões de peças. Não é previsto valor residual. No primeiro ano produziu 5 milhões de peças e no segundo ano, 8 milhões. Calcule o valor da depreciação acumulada nos dois anos.

9. Um novo equipamento foi registrado no ativo imobilizado da Cia. Sumaré por R$ 250.000,00. Sua vida útil é de 8 anos e, o valor residual foi estimado em 20% do valor ativado. Determine o valor da depreciação para os anos 1, 2 e 3 pelos métodos da linha reta, soma dos dígitos dos anos e exponencial ou taxa constante.

10. A Cia. Cabreúva adquiriu uma nova máquina no início de 2016. Esta máquina foi registrada no ativo imobilizado por R$ 280.000,00. A vida útil desta máquina é de 10 anos ou uma produção correspondente ao processamento de 250.000 toneladas de matéria-prima ou 320.000 horas de trabalho. Durante o ano de 2016, esta máquina foi utilizada por 40.000 horas quando foram processados 35.000 toneladas de matéria-prima. Não é previsto valor residual.

Determine o custo da depreciação deste ano pelos métodos:

a. Linha Reta

b. Toneladas processadas

c. Horas trabalhadas

11. A Cia. Atlântica adquiriu, há dez anos, uma prensa que foi registrada no ativo imobilizado por R$ 120.000,00. Conforme o fabricante, a vida útil dessa prensa é de 10 anos. A empresa estimou executar atividades durante 2.000 horas por ano neste período. Não foi previsto valor residual.

Em cada ano, a prensa esteve em operação durante 200 horas. Calcule o valor da depreciação anual e elabore uma planilha de depreciação desta prensa pelos métodos:

a. Linha Reta

b. Horas Trabalhadas

12. A Cia. Extremoz adquiriu um novo equipamento que foi registrado no ativo imobilizado por R$ 510.000,00. Sua vida útil é estimada em 10 anos. Não é previsto valor residual.

Esse equipamento tem capacidade para processar até 2.550.000 toneladas durante sua vida útil. No primeiro ano de uso, a empresa espera processar 210.000 toneladas. Estima crescimento anual em progressão aritmética de 10.000 toneladas.

No primeiro ano, o tempo estimado de processamento é de 0,10 horas para cada cem toneladas, devendo esse tempo sofrer reduções em progressão geométrica de 5% ao ano.

Calcule o valor da depreciação anual e elabore uma planilha de depreciação deste equipamento pelos métodos:

a. Soma dos Dígitos dos Anos

b. Toneladas Processadas

c. Horas Trabalhadas

Com base nos dados dessa planilha e no uso que se espera desse equipamento, qual método de depreciação você considera mais adequado?

Caso Prático

Sobrevivência das Empresas no Brasil

Ser dono do próprio negócio é o sonho de muitas pessoas. Entretanto, para muitos empreendedores o sonho se desfaz em pouco tempo. Pesquisas realizadas pelo SEBRAE apontam que o índice de mortalidade das empresas nascidas no ano de 2005 é de 26,4%, das empresas nascidas em 2006, esse índice é de 24,9% e, nascidas em 2007, o índice é de 24,4%.

Ver documento em:

(http://www.sebrae.com.br/Sebrae/Portal%20Sebrae/Anexos/Sobrevivencia_das_empresas_no_Brasil=2013.pdf. Acesso em 11 de dezembro de 2014.

Francisco Dantas já abriu e fechou vários negócios. Ele tem um comportamento empreendedor pouco desenvolvido. Tem dificuldade em lidar com planejamento prévio, entender o funcionamento de mercado etc. É avesso a manter controles como finanças, estoques etc. Sempre achou que não é necessário elaborar um plano de negócios.

Atualmente, vem enfrentando dificuldades para manter em atividade sua empresa de aluguel de máquinas e equipamentos para a construção civil.

Para iniciar esse negócio, investiu R$ 100.000,00 na aquisição de betoneiras, compactadores de solo, placas vibratórias, martelos demolidores, rompedores elétricos, esmerilhadeiras, lixadeiras, entre outros itens.

A demanda por esses equipamentos é grande na região onde a empresa está instalada, de modo que todos são constantemente alugados.

Como estratégia, o Sr. Francisco Dantas pratica preços menores que a concorrência. Observando sua planilha de custos, constata-se que ele considera como custos, apenas os gastos que representam desembolso, como aluguel do galpão, salários dos funcionários, energia elétrica, telefone, manutenção dos equipamentos etc.

Entretanto, não inclui a depreciação dos equipamentos nos custos. Como justificativa, diz que faz a manutenção frequente dos equipamentos, de modo que julga que incluir a depreciação só faz aumentar os custos e consequentemente o valor do aluguel dos bens.

Pede-se:

a. A estratégia do Sr. Francisco Dantas é adequada para manter seu negócio em atividade?

b. Que recomendações você faria ao Sr. Francisco Dantas?

IMPOSTO DE RENDA E CONTRIBUIÇÃO SOCIAL

Capítulo 7

Nos estudos de Engenharia Econômica devem ser considerados o Imposto de Renda e a Contribuição Social, uma vez que os mesmos afetam os fluxos de caixa dos projetos de investimentos.

No Brasil, o cálculo do Imposto de Renda e a Contribuição Social leva em consideração a sistemática de tributação da empresa, se Lucro Real ou Lucro Presumido.

Não é válido realizar o estudo de viabilidade econômica de um projeto de investimentos calculando o Imposto de Renda e a Contribuição Social por uma sistemática diferente daquela praticada pela empresa.

Este Capítulo é dedicado a descrever os mecanismos de cálculo do Imposto de Renda e Contribuição Social [1].

---

[1] Importante salientar que a legislação tributária brasileira é bastante dinâmica e sujeita a alterações ao longo do tempo. Assim, o leitor deve acompanhar eventuais alterações nos critérios de cálculos, sistemática de tributação, alíquotas etc. para manter-se atualizado.

INTRODUÇÃO

As empresas estão sujeitas ao pagamento do Imposto de Renda e Contribuição Social, cujo valor é determinado sobre uma base de cálculo denominada "lucro tributável". São duas sistemáticas básicas para se calcular o lucro tributável: uma denominada **Lucro Real** e a outra, **Lucro Presumido**.

As sistemáticas de tributação do Lucro Real e do Lucro Presumido não são associadas ao porte das empresas (pequena, média ou grande). A legislação brasileira torna obrigatória a sistemática do Lucro Real para empresas que, basicamente, exercem atividades financeiras ou empresas cuja receita bruta supera determinado montante (atualmente, quando superar R$ 78.000.000,00 de receita bruta no ano - Art. 9º da Lei nº 12814/2013). As demais empresas podem optar, para determinar o lucro tributável à sistemática que lhe seja mais vantajosa.

LUCRO REAL

Para se apurar o lucro contábil, a contabilidade pode escolher as práticas contábeis que sejam mais adequadas na mensuração dos eventos econômicos realizados por uma empresa. São exemplos de práticas contábeis, o método de custeio (Absorção, Variável etc.), o método de cálculo da depreciação dos bens do ativo imobilizado (ver Cap. 6) e o método de valorização dos itens de estoque (PEPS, UEPS, Custo Médio). Quando estas práticas estão em conformidade com as regras fiscais, o lucro contábil é o próprio lucro tributável.

Quando estão em desacordo com as regras fiscais, devem ser efetuados ajustes no lucro contábil para se chegar ao lucro tributável. Neste caso, há que se observar o que prescreve o Decreto nº 3000/1999 que regulamenta a tributação.

Para os propósitos deste livro de Engenharia Econômica, interessa, basicamente, os ajustes decorrentes do método de cálculo da depreciação adotado pela empresa quando este for diferente daquele aceito pelo fisco (o leitor interessado em aprofundar seus conhecimentos nesta área, sugere-se consultar obras de Contabilidade).

Assim, quando o projeto de investimento diz respeito a um bem que irá integrar seu ativo imobilizado, a empresa pode utilizar qualquer método de cálculo para determinar o valor da depreciação desse bem que será registrado como custo nos fluxos de caixa desse projeto. Lembrando que o método de cálculo da depreciação utilizado deve refletir o padrão de consumo do bem (ver Cap. 6).

Entretanto, sendo a empresa tributada pela sistemática do Lucro Real, o fisco exige que a depreciação seja calculada em conformidade com a Instrução Normativa nº 162 da Secretaria da Receita Federal para se determinar o lucro tributável. Esta Instrução Normativa fixa, para cada classe de bens, o prazo de vida útil e a taxa anual de depreciação. No Quadro 7.1 encontram-se alguns exemplos.

Quadro 7.1 – Vida útil e taxa anual de depreciação de alguns bens, conforme IN nº 162

Bem	Prazo de vida útil (anos)	Taxa anual de depreciação
Construções pré-fabricadas	25	4 %
Tornos (incluídos os centros de torneamento) para metais	10	10 %
Teares para tecidos	10	10 %
Empilhadeiras; outros veículos para movimentação de carga e semelhantes, equipados com dispositivos de elevação	10	10 %
Veículos - automóveis para transporte de mercadorias	4	25 %
Correias transportadoras ou de transmissão, de borracha vulcanizada	2	50 %

Assim, o método de cálculo da depreciação aceito pelo fisco é o método da linha reta. Quando o método de cálculo da depreciação adotado pela empresa for diferente do método fiscal (método da linha reta), ou mesmo que a empresa adote o método da linha reta, porém, considera o prazo de vida útil diferente daquele determinado pelo fisco, há que se apurar a diferença entre o valor da depreciação calculado pelo método adotado pela empresa e pelo método fiscal. Depois, essa diferença será somada ou deduzida do lucro contábil, para se chegar ao lucro tributável.

Para exemplificar, considere que a Metalúrgica Vila Velha possua apenas uma máquina registrada em seu ativo imobilizado pelo valor de R$ 50.000,00. Conforme Instrução Normativa nº 162 a vida útil dessa máquina é de 10 anos sendo a taxa anual de depreciação de 10%. Assim, o valor da depreciação fiscal é de R$ 5.000,00 anualmente.

Entretanto, a empresa adota outro método de cálculo da depreciação, o método da quantidade produzida. Para isso, considera a produção estimada de 1.000.000 unidades do produto X. Neste caso, a depreciação registrada na contabilidade como custo de produção é de R$ 0,05 por unidade produzida.

Caso a produção e vendas da empresa fossem 80.000 unidades anuais, o lucro apurado pela contabilidade da empresa é de R$ 11.100,00, enquanto que o lucro apurado conforme regras fiscais é de R$ 10.100,00. O Quadro 7.2 apresenta o comparativo de cálculo desses lucros.

Quadro 7.2 – Comparativo do lucro apurado conforme práticas contábeis e pelas regras fiscais para 80.000 unidades do produto X

	DEPRECIAÇÃO		DEPRECIAÇÃO	
	MÉTODO FISCAL (LINHA RETA)		MÉTODO DA QUANTIDADE PRODUZIDA	
Receita Bruta		80.000,00		80.000,00
(-) ICMS (18%)		-14.400,00		-14.400,00
(=) Receita Líquida		65.600,00		65.600,00
(-) Custo dos Produtos Vendidos		-40.500,00		-39.500,00
Matéria-prima	-17.500,00		-17.500,00	
Mão de obra direta	-12.000,00		-12.000,00	
Depreciação	-5.000,00		-4.000,00	
Outros Custos	-6.000,00		-6.000,00	
(=) Lucro Bruto		25.100,00		26.100,00
(-) Despesas Administrativas		-7.000,00		-7.000,00
(-) Despesas Comerciais		-8.000,00		-8.000,00
(=) Lucro Operacional		10.100,00		11.100,00

Observação:

O lucro operacional quando obtido em conformidade com as regras fiscais corresponde ao lucro tributável. O lucro operacional quando obtido em conformidade com as práticas adotadas pela empresa corresponde ao lucro contábil.

• • • • • • • • • • • •

O lucro operacional, calculado conforme práticas adotadas (no caso, a depreciação calculada pelo método da quantidade produzida) pela empresa, ficou R$ 1.000,00 maior comparativamente ao lucro tributável conforme regras fiscais. Neste caso, deve-se ajustar o lucro contábil para coincidir com o lucro tributável:

Lucro Operacional:	11.100,00
(+) Depreciação calculada pela quantidade produzida:	4.000,00
(-) Depreciação calculada pelo método da linha reta:	(5.000,00)
(=) Lucro Tributável:	10.100,00

Veja agora como fica o lucro considerando que a produção e vendas da empresa fossem 110.000 unidades anuais.

Caso a produção e vendas da empresa fossem 110.000 unidades anuais, o lucro apurado pela contabilidade da empresa é de R$ 21.637,50, enquanto que o lucro apurado conforme regras fiscais é de R$ 22.137,50. O Quadro 7.3 apresenta o comparativo de cálculo desses lucros.

Quadro 7.3 – Comparativo do lucro apurado conforme práticas contábeis e pelas regras fiscais para 110.000 unidades do produto X

	DEPRECIAÇÃO MÉTODO FISCAL (LINHA RETA)		DEPRECIAÇÃO MÉTODO DA QUANTIDADE PRODUZIDA	
Receita Bruta		110.000,00		110.000,00
(-) ICMS (18%)		-19.800,00		-19.800,00
(=) Receita Líquida		90.200,00		90.200,00
(-) Custo dos Produtos Vendidos		-53.062,50		-53.562,50
Matéria-prima	-24.062,50		-24.062,50	
Mão de obra direta	-16.500,00		-16.500,00	
Depreciação	-5.000,00		-5.500,00	
Outros Custos	-7.500,00		-7.500,00	
(=) Lucro Bruto		37.137,50		36.637,50
(-) Despesas Administrativas		-7.000,00		-7.000,00
(-) Despesas Comerciais		-8.000,00		-8.000,00
(=) Lucro Operacional		22.137,50		21.637,50

O lucro operacional, calculado conforme práticas adotadas pela empresa, ficou R$ 500,00 menor comparativamente ao lucro tributável conforme regras fiscais. Neste caso, deve-se ajustar o lucro contábil para coincidir com o lucro tributável:

Lucro Operacional:	21.637,50
(+) Depreciação calculada pela quantidade produzida:	5.500,00
(-) Depreciação calculada pelo método da linha reta:	(5.000,00)
(=) Lucro Tributável:	22.137,50

LUCRO PRESUMIDO

A sistemática de tributação do Lucro Presumido é uma forma mais simples de apurar o lucro tributável.

Por essa sistemática chega-se ao lucro tributável aplicando um percentual definido pelo fisco sobre o valor da receita bruta. No Quadro 7.4 têm-se os percentuais aplicados sobre a receita bruta para determinação do lucro presumido, conforme o Decreto nº 3.000/1999.

Quadro 7.4 – Percentuais aplicados sobre a receita bruta para obtenção do lucro presumido

Atividades	Percentuais
Atividades em geral	8,0%
Revenda de combustíveis	1,6%
Serviços de transporte (exceto o de carga)	16,0%
Serviços de transporte de cargas	8%
Serviços em geral (exceto serviços hospitalares)	32%
Serviços hospitalares e de auxílio diagnóstico e terapia, patologia clínica, imagenologia, anatomia patológica e citopatológica, medicina nuclear e análises e patologias clínicas	8%
Intermediação de negócios	32%
Administração, locação ou cessão de bens e direitos de qualquer natureza (inclusive imóveis)	32%

Retomando o exemplo da Seção anterior, considere que a Metalúrgica Vila Velha seja enquadrada em "Atividades em geral". Neste caso, para se determinar o lucro tributável, aplica-se o percentual de 8% sobre a receita bruta.

O lucro tributável da empresa, para produção e vendas de 80.000 unidades anuais e de 110.000 unidades anuais, é apresentado no Quadro 7.5.

Quadro 7.5 – Cálculo do lucro tributável da Metalúrgica Vila Velha pela sistemática do lucro presumido

	Produção e vendas de 80.000 unidades	Produção e vendas de 110.000 unidades
Receita Bruta	R$ 80.000,00	R$ 110.000,00
Percentual	8%	8%
Lucro Tributável	R$ 6.400,00	R$ 8.800,00

Entenda de uma vez por todas a sua contabilidade

Desvendar a caixa preta dos tributos brasileiros é o caminho para o empreendedor reduzir custos e ainda pensar estrategicamente.

RENATO JAKITAS, ESTADÃO PME

Texto completo em http://pme.estadao.com.br/noticias/noticias,entenda-de-uma-vez-por-todas-a-sua-contabilidade,2382,0.htm. Acesso em 15 de dezembro de 2014.

Você sabe a diferença entre Simples Nacional, Lucro Presumido, Arbitrado ou Lucro Real? Se a sua resposta for não, saiba que não há do que se envergonhar. Apesar de representar um dos pontos cruciais para a gestão do negócio, são raros os empresários que conseguem escolher, sem ajuda, um dos modelos tributários previstos pela lei.

Tema espinhoso, a verdade é que o assunto faz parte daqueles campos praticamente intransponíveis da contabilidade – o que por si só já é motivo de careta para muitos empreendedores. No entanto, segundo especialistas em gestão tributária, é fundamental que o empreendedor compreenda as diferenças entre os modelos, os prós e contras de cada uma das quatro alternativas de apuração de impostos. Conhecer sobre o assunto faz diferença para o plano de negócios e, principalmente, para a conta bancária da empresa.

"Ao virar as costas para os modelos contábeis, o empresário comete um erro que pode lhe ser caro", afirma o advogado tributarista Miguel Silva, sócio do escritório Miguel Silva & Yamashita Advogados. "O empreendedor simplesmente pode pagar mais em impostos do que realmente precisa ou se expõe demais aos fiscais", afirma.

Outro problema apontado por Silva diz respeito aos custos operacionais de cada um dos modelos, além do impacto da decisão nas estratégias de crescimento. "O Simples é válido para empresas com faturamento de até R$ 3,6 milhões. É uma alternativa excelente, mas pode tolher o crescimento. O empreendedor precisa, aos poucos, ir preparando-se para migrar para outros modelos tributários", afirma o advogado Miguel Silva.

Para o especialista, a alternativa imediata ao Simples é a do Lucro Presumido, que não exige receita bruta mínima, mas um teto de faturamento, que é atualmente de R$ 48 milhões por ano. Segundo Vicente Sevilha, do escritório Sevilha Contabilidade, o modelo é indicado para empresas com margens brutas e líquidas altas. "Para o caso de margens baixas, (negócios que faturam com escala) o sistema não compensa", diz.

A opção para o seu negócio pode estar no Lucro Real, que contabiliza as receitas e abate as despesas no cálculo final. É a opção indicada para negócios com faturamento robusto – acima de R$ 48 milhões – e margens apertadas. Mas não se trata de um modelo muito utilizado. Das 4,6 milhões de empresas que constam no banco de dados da Receita Federal, apenas 3,5% (164 mil) adotam atualmente esse modelo de tributação.

A última opção, Lucro Arbitrado, é tida como uma espécie de solução imposta para empresas que não mantiveram em dia sua gestão contábil. Para Miguel Silva, porém, não é bem assim. O empresário pode optar pelo modelo, que imputa multa de 20% além do que pagaria no Lucro Presumido, se quiser, por conta e risco, reduzir seus custos operacionais. Ainda assim, é importante ressaltar que haverá cobrança de multa.

Simples Nacional

Para empresas que faturam até R$ 3,6 milhões ao ano. Em geral, especialidades da área de serviços (médicos, corretores e consultores) não podem optar pelo Simples. Consulte um especialista ou veja a lista no site do Ministério da Fazenda (www.fazenda.gov.br).

Lucro Presumido

Nenhuma empresa é obrigada a usar, mas todas podem utilizar o modelo desde que obedeçam ao teto de faturamento anual, que é de R$ 48 milhões. Segundo a Receita Federal, trata-se de uma opção para pouco mais de 1 milhão de empresários atualmente.

Lucro real

Estão obrigadas a essa modalidade os negócios com receita bruta acima dos R$ 48 milhões. No entanto, o empreendedor deve estar atento: empresas com bom lucro pagam impostos mais elevados. A proporção ideal é alto faturamento e baixa lucratividade.

Lucro arbitrado

Normalmente, é aplicado pelo fisco como uma punição para quem não conseguiu manter em dia seus controles contábeis.

CÁLCULO DO IMPOSTO DE RENDA E CONTRIBUIÇÃO SOCIAL

Sobre o lucro tributável incide a alíquota de 15% e, sobre a parcela do lucro tributável que exceder a R$ 240.000,00, aplica-se a alíquota adicional de 10% (art. 542 do Decreto nº 3.000/1999).

A alíquota da Contribuição Social é de 9% para as empresas em geral. Para instituições financeiras e empresas de seguro privado e de capitalização, a alíquota é de 15% (ver Instrução Normativa RFB nº 810, de 21 de janeiro de 2008). A base de cálculo da Contribuição Social é a mesma do Imposto de Renda.

Para exemplificar o cálculo do Imposto de Renda e da Contribuição Social considere duas situações:

a. Que o lucro tributável anual de uma empresa seja R$ 200.000,00 (neste caso, inferior a R$ 240.000,00)

Imposto de Renda: R$ 200.000,00 x 15% =	R$ 30.000,00
Contribuição Social: R$ 200.000,00 x 9% =	R$ 18.000,00
Total =	R$ 48.000,00

b. Que o lucro tributável anual de uma empresa seja R$ 500.000,00 (neste caso, superior a R$ 240.000,00)

Imposto de Renda: R$ 500.000,00 x 15% =	R$ 75.000,00
Adicional de I. Renda: R$ 260.000,00 x 10% =	R$ 26.000,00
Contribuição Social: R$ 500.000,00 x 9% =	R$ 45.000,00
Total =	R$ 146.000,00

SUBSTITUIÇÃO DE EQUIPAMENTOS: INFLUÊNCIA DO IMPOSTO DE RENDA E CONTRIBUIÇÃO SOCIAL RESULTANTE DA ALIENAÇÃO DO BEM SUBSTITUÍDO

São vários os motivos que levam as empresas a substituírem equipamentos em operação, entre eles, gastos elevados com manutenção, perdas crescentes no processo produtivo, produtos fabricados fora de especificação etc. Somam-se a esses motivos, defasagem tecnológica, métodos mais eficientes de produção existentes etc.

Qual o destino dos equipamentos substituídos? Podem ser colocados como equipamentos de reserva para serem utilizados quando ocorrerem paradas de manutenção dos equipamentos em operação, ou então, a empresa se desfaz dos mesmos. Neste caso, aliena[2] o bem, quer seja vendendo para um mercado de segunda mão ou cedendo para alguém interessado.

Em caso de substituição de bem existente, a decisão de aliená-lo, pode provocar alteração no montante correspondente ao investimento inicial do bem substituto em decorrência de:

a. Valor da receita obtida pela alienação do bem substituído;

b. Influência no Imposto de Renda e Contribuição Social da empresa em função do ganho ou perda de capital [3] do bem substituído;

---

[2] Alienar: Transferir para outrem o domínio (FERREIRA, 1999).

[3] Ganho ou perda de capital: corresponde ao valor contábil do bem (valor registrado no Ativo Imobilizado da empresa) deduzido de sua depreciação acumulada. Importante salientar que a depreciação deve ser calculada em obediência aos critérios definidos pela legislação fiscal (Instrução Normativa nº 162 da Secretaria da Receita Federal).

c. Gastos para se desfazer do bem substituído (remoção, transporte etc.).

Sobre a influência no Imposto de Renda e Contribuição Social da empresa pela alienação do bem substituído, há que observar o que determina o Decreto nº 3.000/1999:

- Empresas tributadas pela sistemática do Lucro Real: o ganho ou a perda de capital são computados na determinação do Lucro Real (art. 418 do Decreto nº 3.000/1999). Isso implica que o lucro tributável da empresa deve ser ajustado pelo valor correspondente ao ganho ou perda de capital o que provoca aumento ou redução de seu Imposto de Renda e Contribuição Social.
- Empresas tributadas pela sistemática do Lucro Presumido: a base de cálculo do Lucro Presumido deve ser ajustada **apenas** quando houver ganho de capital (art. 521 do Decreto nº 3.000/1999). (Grifo meu).

Para ilustrar, consideremos que a Cia. Caruaru está avaliando a substituição de uma máquina após 6 anos de uso. Essa máquina está registrada no ativo imobilizado da empresa por R$ 50.000,00. Conforme Instrução Normativa nº 162 da Receita Federal, a vida útil dessa máquina, para fins de depreciação, é de 10 anos. Considere que a Cia. Caruaru é tributada pela sistemática do Lucro Real.

Assim, o valor contábil da máquina será:

Custo registrado no ativo imobilizado:	R$ 50.000,00
(-) Depreciação acumulada (método fiscal):	R$ 30.000,00
Valor contábil:	R$ 20.000,00

Serão consideradas quatro hipóteses de alienação do bem a ser substituído: 1) que essa máquina seja vendida, obtendo uma receita líquida superior ao valor contábil; 2) que essa máquina seja vendida obtendo uma receita líquida igual ao valor contábil; 3) que essa máquina seja vendida obtendo uma receita líquida inferior ao valor contábil; 4) que essa máquina seja doada para alguém interessado.

Não haverá gastos com remoção e entrega do bem em nenhuma das hipóteses. O Quadro 7.6 apresenta a redução no investimento inicial dessas quatro hipóteses.

Quadro 7.6 – Redução do Investimento Inicial decorrente do Ganho ou Perda de Capital – tributação pelo Lucro Real

		HIPÓTESES DE ALIENAÇÃO			
		1	2	3	4
1	Receita Líquida	30.000,00	20.000,00	12.000,00	0,00
2	(-) Valor Contábil	(20.000,00)	(20.000,00)	(20.000,00)	(20.000,00)
3 = 1 - 2	(=) Ganho ou Perda	10.000,00	0,00	(8.000,00)	(20.000,00)
4 = 3 x 25%	Imposto de Renda (25%)	2.500,00	0,00	(2.000,00)	(5.000,00)
5 = 3 x 9%	Contribuição Social (9%)	900,00	0,00	(720,00)	(1.800,00)
6= 1 - 4 - 5	Redução no Investimento Inicial antes dos gastos para se desfazer do bem	26.600,00	20.000,00	14.720,00	6.800,00
7	Gastos para se desfazer do bem	0,00	0,00	0,00	0,00
8 = 6 + 7	Redução no Investimento Inicial após os gastos para se desfazer do bem	26.600,00	20.000,00	14.720,00	6.800,00

Na hipótese 1, a Cia. Caruaru teria um ganho de capital de R$ 10.000,00 que seria computado em seu lucro tributável. Isso elevaria o Imposto de Renda e Contribuição Social da empresa em R$ 3.400,00. Esse acréscimo no Imposto de Renda e Contribuição Social da empresa deve ser deduzido da receita líquida obtida pela venda do bem substituído. Assim, há uma redução de R$ 26.600,00 no montante de capital necessário para financiar o equipamento novo.

Na hipótese 2 não houve ganho ou perda de capital, portanto, não há influência no lucro tributável, e, por consequência no Imposto de Renda e Contribuição Social da empresa. O montante de capital necessário para financiar o novo equipamento seria reduzido exatamente pelo valor da receita líquida do bem substituído, em R$ 20.000,00.

Na hipótese 3 houve perda de capital. Esse valor seria computado no lucro tributável, reduzindo, desse modo, o Imposto de Renda e Contribuição Social da empresa em R$ 2.720,00, proporcionando uma economia fiscal, ou seja, um benefício tributário. Somando-se essa economia fiscal com a receita líquida pela venda do bem substituído, tem-se uma redução de R$ 14.720,00 no montante de capital necessário para financiar o equipamento novo.

Na hipótese 4 houve perda de capital. Como esse valor é computado no lucro tributável, haverá uma redução de R$ 6.800,00 no Imposto de Renda e Contribuição Social da empresa, havendo, então, uma economia fiscal. Essa economia fiscal é considerada redutora no montante de capital necessário para financiar o equipamento novo.

Caso a Cia. Caruaru fosse tributada pela sistemática do Lucro Presumido, somente a hipótese 1 proporcionaria redução no montante do Investimento Inicial do novo bem, como se observa no quadro 7.7.

Quadro 7.7 – Redução do Investimento Inicial decorrente do Ganho de Capital – tributação pelo Lucro Presumido

		HIPÓTESES			
		1	2	3	4
1	Receita Líquida	30.000,00	20.000,00	12.000,00	0,00
2	(-) Valor Contábil	(20.000,00)	(20.000,00)	(20.000,00)	(20.000,00)
3 = 1 - 2	(=) Ganho ou Perda	10.000,00	0,00	(8.000,00)	(20.000,00)
4 = 3 x 25%	Imposto de Renda (25%)	2.500,00	0,00	0,00	0,00
5 = 3 x 9%	Contribuição Social (9%)	900,00	0,00	0,00	0,00
6= 1 - 4 - 5	Redução no Investimento Inicial antes dos gastos para se desfazer do bem	26.600,00	0,00	0,00	0,00
7	Gastos para se desfazer do bem	0,00	0,00	0,00	0,00
8 = 6 + 7	Redução no Investimento Inicial após os gastos para se desfazer do bem	26.600,00	0,00	0,00	0,00

EXERCÍCIOS

1. A Cia. Paraibuna apresentou o seguinte lucro operacional no último ano:

Receita Bruta	5.200.000,00
(-) ICMS	936.000,00
Receita Líquida	4.264.000,00
(-) C. P. V.	1.350.000,00
(=) Lucro Bruto	2.914.000,00
(-) Despesas Administrativas	320.000,00
(-) Despesas Comerciais	580.000,00
(=) Lucro Operacional	2.014.000,00

A empresa calcula a depreciação dos equipamentos com base no método da quantidade produzida, cujo valor incluso no C.P.V. é de R$ 156.000,00.

Pede-se:

a. Determine o Lucro Tributável com base na sistemática do Lucro Real, considerando que a depreciação pelo método da linha reta seria de R$ 210.000,00.

b. Determine o Lucro Tributável com base na sistemática do Lucro Real, considerando que a depreciação pelo método da linha reta seria de R$ 120.000,00.

c. Determine o Lucro Tributável com base na sistemática do Lucro Presumido, considerando que o lucro tributável representa 32% da Receita Bruta.

2. O lucro tributável da Cia. Caucaia foi de R$ 800.000,00 no último exercício. Determine o valor do Imposto de Renda e da Contribuição Social. As alíquotas desses impostos são: 15% de Imposto de Renda sobre o lucro tributável; 10% de Imposto de Renda sobre a parcela do lucro tributável que exceder a R$ 240.000,00; 9% de Contribuição Social.

3. A Cia. Mossoró possui um equipamento que está registrado em seu ativo imobilizado por R$ 120.000,00. Conforme Instrução Normativa nº 162 da Receita Federal, a vida útil desse equipamento é 10 anos. Passados 7 anos, a empresa aliena esse equipamento, gerando uma receita líquida de R$ 50.000,00. Determine o ganho ou a perda de capital.

4. A Cia. Aracajú irá substituir uma prensa após 5 anos de uso. Esta prensa está registrada no Ativo Imobilizado da empresa por R$ 80.000,00. Conforme Instrução Normativa nº 162 da Receita Federal, a vida útil dessa prensa é de 10 anos. Calcule o ganho ou a perda de capital, considerando:

a. Que essa prensa seja alienada, gerando R$ 30.000,00 de receita líquida.

b. Que essa prensa seja alienada, gerando R$ 40.000,00 de receita líquida.

c. Que essa prensa seja alienada, gerando R$ 60.000,00 de receita líquida.

d. Que essa prensa seja doada para outra empresa.

5. A Cia. Cananeia estuda substituir um torno em uso há 7 anos e deseja saber o valor da redução no montante do investimento inicial do novo torno. O torno a ser substituído está registrado no ativo imobilizado da empresa por R$ 220.000,00, sendo depreciado pelo método da quantidade produzida. Conforme Instrução Normativa nº 162 da Receita Federal, a vida útil desse torno é de 10 anos. São quatro alternativas para se desfazer do torno antigo:

I. Alienar por R$ 80.000,00 de receita líquida.

II. Alienar por R$ 40.000,00 de receita líquida.

III. Alienar por R$ 66.000,00 de receita líquida.

IV. Doar para alguém interessado

Pede-se:

a. Calcule a redução no investimento inicial do novo torno considerando que a empresa é tributada pela sistemática do Lucro Real.

b. Calcule a redução no investimento inicial do novo torno considerando que a empresa é tributada pela sistemática do Lucro Presumido.

Caso Prático

Em estudos de projetos de investimentos, o que interessa para análise de viabilidade econômica é o resultado após os impostos. Projetos que aparentam rentáveis antes da consideração do Imposto de Renda e da Contribuição Social, podem se revelar deficitários após a consideração desses tributos.

Tanto o Imposto de Renda como a Contribuição Social têm como base de cálculo o lucro tributável, que por sua vez pode ser obtido, muitas vezes por opção das empresas, de duas sistemáticas básicas: Lucro Real ou Lucro Presumido.

A Indústria Mecânica Guaratuba S. A. fabrica apenas o produto X. Seu principal equipamento foi adquirido há mais de 10 anos, estando totalmente depreciado e com baixa produtividade. A empresa está avaliando a aquisição de um novo equipamento cujo investimento é estimado em R$ 800.000,00. A empresa constituiu um fundo de depreciação para ser utilizado quando da substituição de equipamentos velhos, que somado a reservas de lucros, permite adquirir o novo equipamento sem necessitar de capital de terceiros.

O equipamento antigo ficará como equipamento de reserva. A empresa deverá substituir seus equipamentos com maior frequência, de modo que pretende manter esse novo em atividade por 6 anos. Após esse prazo, seria alienado para um mercado de segunda mão com valor estimado de R$ 300.000,00 de receita líquida.

Os seguintes dados foram levantados pela direção da empresa:

	Situação Atual	Situação Nova
Produção e Vendas	140.000 unidades anuais	210.000 unidades anuais
Tempo de Fabricação do produto X	0,18 horas por unidade	0,14 horas por unidade
Perdas com matéria prima	0,45 kg por unidade do produto X	0,35 kg por unidade do produto X

O custo da matéria prima é de R$ 0,40 por quilo e cada unidade do produto X pesa 3,5 kg depois de acabado.

O custo da mão de obra direta é de R$ 15,00 por hora.

A empresa irá depreciar o novo equipamento com base no método da soma dos dígitos dos anos.

Os demais custos (aluguel, energia elétrica, mão de obra indireta etc., não serão modificados), permanecendo em R$ 150.000,00 por ano.

As despesas administrativas e comerciais não serão modificadas, permanecendo em R$ 120.000,00 por ano.

Cada unidade do produto X é vendida por R$ 10,00 atualmente. O ICMS incluso neste valor é de 18%. Como haverá uma oferta maior desse produto, a empresa estima que o preço de venda seja reduzido em 15%.

Pede-se:

Calcule o lucro do próximo ano após o Imposto de Renda e a Contribuição Social da empresa sem a aquisição do novo equipamento e, com a aquisição do novo equipamento, considerando:

a. Que a empresa seja tributada pela sistemática do Lucro Real – neste caso, o equipamento, para fins de depreciação fiscal tem vida útil de 10 anos. A empresa considera que após 10 anos de uso, não haveria valor residual.

b. Que a empresa seja tributada pela sistemática do Lucro Presumido, neste caso, o lucro tributável é obtido aplicando-se o percentual de 8% sobre a receita bruta.

c. Faça uma análise comparativa dos resultados obtidos.

FLUXO DE CAIXA DE PROJETOS DE INVESTIMENTOS

Capítulo 8

O processo de avaliação de um projeto de investimento deve ser subsidiado pelos seus fluxos de caixa estimados.

Este Capítulo é dedicado a descrever sobre a elaboração dos fluxos de caixa de um projeto de investimentos sob duas perspectivas: Fluxo de Caixa Operacional do Projeto e Fluxo de Caixa dos Proprietários.

FLUXOS DE CAIXA

Os fluxos de caixa permitem avaliar a viabilidade econômica de um projeto e, assim, subsidiar os gestores no processo decisório pela sua implementação ou não (o Cap. 9 apresenta os principais métodos de avaliação).

São dois os fluxos de caixa que podem ser elaborados:

a. Fluxo de Caixa Operacional do Projeto

b. Fluxo de Caixa dos Proprietários

O Fluxo de Caixa Operacional do Projeto permite medir a rentabilidade de um projeto, independentemente das fontes de capital que o financia, se próprio e ou de terceiros e, o Fluxo de Caixa dos Proprietários permite medir a rentabilidade do projeto em relação ao capital próprio.

Fluxo de Caixa Operacional do Projeto

O fluxo de caixa operacional resulta das operações normais do projeto relativas à produção e vendas, não sendo afetado pelas decisões relativas à origem dos recursos utilizados em seu financiamento (se os recursos serão captados de terceiros ou fornecidos pelos proprietários da empresa) para implementá-lo.

Assim, em sua construção não se consideram o pagamento de juros e a amortização do financiamento ou, então, resgate de debêntures. O propósito do Fluxo de Caixa Operacional do Projeto é avaliar a capacidade do projeto em remunerar os fornecedores de recursos para financiá-lo. O Quadro 8.1 apresenta o Modelo de Fluxo de Caixa Operacional do Projeto.

O investimento inicial corresponde ao montante de recursos necessários à implementação do projeto. São elementos do investimento inicial:

- **Aquisição dos Bens do Projeto:** valores a serem pagos aos fornecedores dos bens que serão adquiridos, deduzidos do ICMS (Imposto Sobre a Circulação de Mercadorias e Serviços) caso a empresa seja contribuinte desse imposto. Somam-se a esses valores, os gastos com transporte e seguros, quando pagos pela empresa.
- **Instalações e outros gastos para colocação em funcionamento:** gastos para colocar os bens que serão adquiridos em condições de uso. Incluem obras de alvenaria, instalações elétricas e hidráulicas etc., gastos com treinamento e capacitação de funcionários, testes, laudos etc.
- **Capital de Giro:** normalmente, a implementação de um novo projeto exige investimento adicional em itens de Estoques (decorrentes de mais matérias-primas, produtos em processo e produtos acabados que serão estocados); aumento do montante das contas a receber dos clientes (decorrentes de maior volume de vendas realizadas a prazo); e, da necessidade de mais dinheiro em caixa. Assim, tem-se um aumento no Ativo Circulante da empresa. O Passivo Circulante também é impactado pelo aumento do montante das contas a pagar, relativas as compras de matérias primas adicionais, aumento do montante da folha de pagamentos quando houver

contratação de novos funcionários etc. Assim, deve ser considerado, juntamente com o investimento na aquisição dos bens objeto do projeto, o aumento do capital de giro (diferença entre o Ativo Circulante e o Passivo Circulante). O valor correspondente ao aumento do capital de giro poderá ser recuperado, no todo ou em parte, ao final do horizonte temporal dos fluxos de caixa do projeto.

- **Alienação do bem substituído:** compreende a receita líquida do bem alienado, a influência tributária e os gastos para se desfazer do bem (ver Cap. 7).
- **Outros gastos:** relativos a situações não descritas, como exigência de licenciamento ambiental, seguros etc.

Os principais elementos do fluxo de caixa são:

- **Receitas Operacionais:** A receita operacional é calculada levando-se em conta o volume de vendas estimado em cada período de tempo valorizado pelos preços possíveis de serem praticados. Geralmente, a determinação do volume de vendas e dos preços a serem praticados é atribuição da área de vendas e de marketing da empresa.
- **Custos Operacionais:** São considerados custos operacionais de uma empresa, o consumo de recursos em sua Divisão Fabril. Os custos operacionais de um projeto de investimentos compreendem aos custos a serem incorridos exclusivamente pela implementação do projeto. Estes custos são classificados em dois grupos: custos variáveis e custos fixos.

  Os custos variáveis compreendem aos recursos consumidos no processo de fabricação que estejam vinculados com as quantidades que se espera sejam produzidas em cada período de tempo do horizonte temporal do projeto. Assim, quando a quantidade produzida aumentar ou diminuir de um período de tempo para outro, o montante dos custos variáveis aumentará ou diminuirá acompanhando o volume de produção. São exemplos de custos variáveis, a matéria-prima, a mão de obra direta e a energia elétrica consumida pelos bens do projeto.

Quadro 8.1 – Modelo de Fluxo de Caixa Operacional do Projeto

MODELO DE FLUXO DE CAIXA OPERACIONAL DO PROJETO							
	Invest. Inicial	Fluxos de Caixa					
	Ano 0	Ano 1	Ano 2	Ano 3	Ano 4	Ano ...	Ano *n*
INVESTIMENTO INICIAL							
Máquinas e Equipamentos							
Gastos com instalação, laudos, testes etc.							
Capital de Giro							
Alienação de bens substituídos							
TOTAL							
RECEITAS OPERACIONAIS							
Receita Bruta							
(-) ICMS							
(=) Receita Líquida							
CUSTOS OPERACIONAIS							

MODELO DE FLUXO DE CAIXA OPERACIONAL DO PROJETO

	Invest. Inicial	Fluxos de Caixa					
	Ano 0	Ano 1	Ano 2	Ano 3	Ano 4	Ano ...	Ano *n*
Matéria-prima							
Mão de obra direta							
Energia elétrica							
Depreciação							
Outros custos							
TOTAL							
DESPESAS OPERACIONAIS							
Comissão de vendedores							
Fretes e seguros de entregas							
Outras despesas							
TOTAL							

MODELO DE FLUXO DE CAIXA OPERACIONAL DO PROJETO

	Invest. Inicial	Fluxos de Caixa					
	Ano 0	Ano 1	Ano 2	Ano 3	Ano 4	Ano ...	Ano *n*
LUCRO ANTES DO I. DE RENDA E CONTR. SOCIAL							
Imposto de Renda e Contribuição Social							
LUCRO APÓS O IMP. DE RENDA E CONTR. SOCIAL							
(+) Depreciação							
(+) Recuperação do Investimento em Capital de Giro							
(+) Valor residual							
FLUXO DE CAIXA OPERACIONAL DO PROJETO							

Diferentemente, os custos fixos não se alteram de um período de tempo para outro, caso o volume de produção se modifique. Estes custos estão associados à capacidade de produção instalada da empresa. São exemplos de custos fixos, o aluguel, a mão de obra indireta e a depreciação das instalações. Entretanto, caso a capacidade de produção seja alterada com a implantação do projeto poderá haver aumento dos custos fixos. Por exemplo, a contratação de mais um funcionário para o Planejamento e Controle da Produção e a ampliação do espaço físico do almoxarifado para acomodar mais matérias-primas e mais produtos acabados. Esse aumento de custos fixos é tratado como custo operacional do projeto.

Assim, um novo projeto ao ser implantado irá consumir recursos classificados como custos variáveis, podendo provocar ainda, custos fixos.

ATENÇÃO:

Importante destacar que o cálculo desses elementos de custos deve estar em conformidade com as práticas contábeis adotadas pela empresa (ver Cap. 7). Desse modo, caso o projeto venha a ser implementado, será possível realizar a comparação "previsto × realizado".

- **Despesas Operacionais:** As despesas operacionais podem ser classificadas em administrativas e comerciais. As despesas administrativas a serem apropriadas ao projeto decorrem do aumento do volume de atividades nos departamentos subordinados à Diretoria Administrativa da empresa. Por exemplo, a contratação de mais um funcionário no departamento de crédito e cobrança para controlar o maior volume de contas a receber em função de maior volume de vendas decorrente da implantação do projeto.

  As despesas comerciais são aquelas associadas às atividades de vendas. O montante dessas despesas a ser apropriado a um projeto decorre do aumento do volume de atividades nos departamentos subordinados à Diretoria Comercial da empresa. Por exemplo, a contratação de mais um vendedor, os gastos com propaganda e promoção, comissão dos vendedores e representantes, fretes e seguros de entrega etc. relativos aos produtos vendidos oriundos do projeto.

- **Imposto de Renda e Contribuição Social:** Calculado em conformidade com a sistemática de tributação da empresa, Lucro Real ou Lucro Presumido - ver Cap. 7.
- **Depreciação dos Bens do Projeto:** A depreciação é um dos elementos que integram os custos ou as despesas operacionais. Como abordado no Cap. 6, por não representar desembolso, o valor da depreciação dos bens do projeto é somado ao Lucro após a Contribuição Social e o Imposto de Renda para se determinar as entradas líquidas de caixa do projeto.
- **Recuperação do Investimento em Capital de Giro:** ao final do horizonte temporal do projeto de investimentos, em caso de descontinuidade da fabricação do produto, da linha de produtos etc., o montante investido no aumento do capital de giro pode ser recuperado no todo ou em parte.
- **Valor Residual:** compreende ao valor estimado que a empresa possa obter com a alienação dos bens objeto do projeto, deduzidos os gastos para se desfazer desses bens (remoção, transporte etc.).

Fluxo de Caixa dos Proprietários

Esse fluxo corresponde ao fluxo de caixa líquido gerado pelo projeto, ou seja, depois do pagamento dos juros e da amortização de financiamentos e resgate de debêntures. Assim, é o fluxo de caixa que sobra para os proprietários da empresa. Desse modo, permite-se avaliar a rentabilidade do capital próprio investido no projeto. O Quadro 8.2 apresenta o modelo de Fluxo de Caixa dos Proprietários.

Elementos exclusivos do Fluxo de Caixa dos Proprietários (não fazem parte do Fluxo de Caixa Operacional do Projeto):

- **Juros sobre Financiamento:** Os juros compreendem as obrigações contratuais relativas ao capital de terceiros que financiam o projeto de investimentos. Em caso de financiamento bancário, correspondem aos juros calculados pelo Sistema de Amortização Constante, Sistema de Prestações Constantes ou outro sistema de amortização (ver Cap. 4). Em caso de financiamento por debêntures, os juros pagos aos portadores desses títulos de dívida.
- **Amortização do Financiamento:** Corresponde à parcela da prestação, calculada pelo Sistema de Amortização Constante, Sistema de Prestações Constantes ou outro sistema de amortização (ver Cap. 4).

Quadro 8.2 – Modelo de Fluxo de Caixa dos Proprietários

MODELO DE FLUXO DE CAIXA DOS PROPRIETÁRIOS	Invest. Inicial	Fluxos de Caixa					
	Ano 0	Ano 1	Ano 2	Ano 3	Ano 4	Ano ...	Ano *n*
INVESTIMENTO INICIAL							
Máquinas e Equipamentos							
Gastos com instalação, laudos, testes etc.							
Capital de Giro							
Alienação de bens substituídos							
TOTAL							
RECEITAS OPERACIONAIS							
Receita Bruta							
(-) ICMS							
(=) Receita Líquida							

MODELO DE FLUXO DE CAIXA DOS PROPRIETÁRIOS

	Invest. Inicial	Fluxos de Caixa					
	Ano 0	Ano 1	Ano 2	Ano 3	Ano 4	Ano ...	Ano *n*
CUSTOS OPERACIONAIS							
Matéria -prima							
Mão de obra direta							
Energia elétrica							
Depreciação							
Outros custos							
TOTAL							
DESPESAS OPERACIONAIS							
Comissão de vendedores							
Fretes e seguros de entregas							
Outras despesas							
TOTAL							

MODELO DE FLUXO DE CAIXA DOS PROPRIETÁRIOS							
	Invest. Inicial	Fluxos de Caixa					
	Ano 0	Ano 1	Ano 2	Ano 3	Ano 4	Ano ...	Ano *n*
LUCRO ANTES DOS JUROS, I. RENDA E C. SOCIAL							
Juros sobre financiamento e debêntures							
LUCRO ANTES DO I. DE RENDA E CONTR. SOCIAL							
Imposto de Renda e Contribuição Social							
LUCRO APÓS O IMP. DE RENDA E CONTR. SOCIAL							
(+) Depreciação							
(+) Recuperação do Investimento em Capital de Giro							
(+) Valor Residual							
(−) Amortização do Financiamento							
(−) Resgate de Debêntures							
FLUXO DE CAIXA DOS PROPRIETÁRIOS							

- **Resgate de Debêntures:** Compreende ao valor nominal que será restituído aos investidores que detêm a posse desses títulos de dívida.

EXEMPLO DE FLUXO DE CAIXA OPERACIONAL DO PROJETO E FLUXO DE CAIXA DOS PROPRIETÁRIOS

Para ilustrar a elaboração do Fluxo de Caixa Operacional do Projeto e do Fluxo de Caixa dos Proprietários, será considerado, inicialmente, o Imposto de Renda e a Contribuição Social calculados pela sistemática do Lucro Real e, depois, pela sistemática do Lucro Presumido.

Dados gerais do exemplo: A Cia. Cariri S. A. é considerada uma empresa de médio porte, obtendo lucros operacionais acima de R$ 1.000.000,00 anualmente. A direção da empresa está avaliando a modernização de uma de suas linhas de produtos, o que permitirá atender a uma demanda crescente, notadamente das Classes C e D. Isso exige a substituição de um equipamento que está em operação há 8 anos, o qual está registrado no ativo imobilizado da empresa por R$ 200.000,00.

Os gestores da empresa estimam que o novo equipamento deva permanecer em operação pelos próximos 6 anos, quando então será substituído. Assim, o horizonte temporal desse projeto é de 6 anos.

Os seguintes dados foram levantados:

I. **Investimento Inicial:** o montante a ser investido neste projeto é R$ 600.000,00, correspondente a:

   - **Equipamento Novo:** o valor de aquisição é estimado em R$ 750.000,00, estando incluso 18% de ICMS. Como a empresa é contribuinte desse imposto, haverá a recuperação de R$ 135.000,00. Assim, considera-se o valor líquido de aquisição, R$ 615.000,00 - este valor será registrado como custo no ativo imobilizado da empresa. O frete e o seguro serão pagos pelo fornecedor.
   - **Capital de Giro:** estimativa de R$ 30.742,00. Não é prevista a recuperação desse valor ao final do horizonte temporal do projeto.

- **Alienação do bem substituído:** o valor de revenda é estimado em R$ 48.700,00. Essa alienação irá provocar a redução de R$ 45.742,00 no valor do investimento inicial do novo bem. O Quadro 8.3 apresenta os cálculos efetuados conforme descrito no Cap. 7. Não haverá gastos para se desfazer do equipamento substituído.

Quadro 8.3 – Redução no Investimento Inicial

Custo registrado no ativo imobilizado (do bem substituído)	200.000,00
(-) Depreciação acumulada (método fiscal)	160.000,00
(=) Valor Contábil	40.000,00
Receita Líquida pela venda do equipamento substituído	48.700,00
(-) Valor Contábil	40.000,00
Ganho ou Perda de Capital	8.700,00
Imposto de Renda e Contribuição Social (34%)	2.958,00
Redução no Investimento Inicial antes dos gastos para se desfazer do bem (Receita Líquida - I.R. e C.S.)	45.742,00

Do montante a ser investido, 50% será obtido por meio de financiamento bancário e, 50% com a utilização de lucros que não foram distribuídos aos acionistas.

O financiamento bancário será realizado nas seguintes condições:

- **Taxa de juros:** 12% ao ano.
- **Carência para iniciar a amortização:** 1 ano (os juros serão pagos durante o período de carência).
- **Prazo do financiamento:** 5 anos.
- **Sistema de Amortização:** Sistema de Amortização Constante.
- O banco não irá cobrar taxas para concessão do financiamento.

II. Fluxos de caixa

a. Receitas

- Previsões indicam que as vendas dos produtos fabricados nesse novo equipamento proporcionarão as seguintes **receitas brutas** pelos 6 anos de horizonte temporal do projeto (nestes valores estão inclusos 18% de ICMS):

  1º ano = R$ 750.000,00

  2º ano = R$ 750.000,00

  3º ano = R$ 850.000,00

  4º ano = R$ 850.000,00

  5º ano = R$ 850.000,00

  6º ano = R$ 850.000,00

b. Custos Operacionais

- Custos variáveis (matéria-prima, mão de obra direta e energia elétrica): estimados em 40% da receita bruta.
- Depreciação do equipamento novo: será calculada em função do número de horas trabalhadas. São estimadas de 20.000 horas, sendo: 1º ano = 3.000 horas; 2º ano = 3.000 horas; 3º ano = 3.500 horas; 4º ano = 3.500 horas; 5º ano = 3.500 horas; 6º ano = 3.500 horas.

  O Valor Residual desse bem, após 6 anos de uso, é estimado em R$ 220.000,00. O cálculo da depreciação corresponde a:

$$DU = \frac{R\$\ 615.000{,}00 - R\$\ 220.000{,}00}{20.000\ horas}$$

$$DU = R\$\ 19{,}75 \text{ por hora}$$

Para o primeiro ano e segundo ano, o custo da depreciação será:

$D1$ e $D2$ = 3.000 horas × R$ 19,75 por hora

$D1$ e $D2$ = R$ 59.250,00

Para os demais anos, o custo da depreciação será:

$D3$ a $D6$ = 3.500 horas × R$ 19,75 por hora

$D3$ a $D6$ = R$ 69.125,00

- Demais custos fixos: não serão modificados.

c. Despesas Operacionais

- Comissões dos vendedores: 6% da receita bruta.
- Fretes e seguros com entregas dos produtos aos clientes: 2% da receita bruta.

d. As alíquotas do Imposto de Renda e a Contribuição Social totalizam 34% sobre o Lucro Tributável

Fluxos de Caixa Considerando o Imposto de Renda e a Contribuição Social Calculados pela Sistemática do Lucro Real

Fluxo de Caixa Operacional do Projeto

O Quadro 8.4 apresenta o Fluxo de Caixa Operacional do Projeto. Observar que a Depreciação, por não representar desembolsos em cada um dos anos dos Fluxos de Caixa, é somada ao Lucro Após o Imposto de Renda e Contribuição Social para se determinar o Fluxo de Caixa Operacional do Projeto.

O Quadro 8.5 apresenta o cálculo do Imposto de Renda e Contribuição Social, conforme descrito no Cap. 7.

Para se determinar o "Lucro Real" desse projeto, foram realizados os seguintes ajustes no Lucro Antes do Imposto de Renda e Contribuição Social:

- A depreciação apropriada no custo operacional foi calculada por critério diferente daquele definido pela legislação fiscal. Neste caso deve-se efetuar o ajuste no Lucro antes do Imposto de Renda e Contribuição Social, somando-se o valor da depreciação apropriado ao custo e deduzindo o valor apurado com base no método fiscal (método da linha reta).

  Cálculo da depreciação com base no método da linha reta:

$$Da = \frac{Va - Vr}{N}$$

$$Da = \frac{\text{R\$ } 615.000,00 - \text{R\$ } 0,00}{10 \; anos}$$

$$Da = \text{R\$ } 61.500,00$$

Quadro 8.4 – Fluxo de Caixa Operacional do Projeto (Lucro Real)

	Invest. Inicial	Fluxos de Caixa					
	ANO 0	ANO 1	ANO 2	ANO 3	ANO 4	ANO 5	ANO 6
INV. INICIAL							
Equipamento Novo	-615.000,00						
Capital de Giro	-30.742,00						
Alienação	45.742,00						
TOTAL	-600.000,00						
RECEITAS							
Receita Bruta		750.000,00	750.000,00	850.000,00	850.000,00	850.000,00	850.000,00
(-) ICMS		-135.000,00	-135.000,00	-153.000,00	-153.000,00	-153.000,00	-153.000,00
(=) Receita Líquida		615.000,00	615.000,00	697.000,00	697.000,00	697.000,00	697.000,00
CUSTOS							
Variáveis		-300.000,00	-300.000,00	-340.000,00	-340.000,00	-340.000,00	-340.000,00
Depreciação		-59.250,00	-59.250,00	-69.125,00	-69.125,00	-69.125,00	-69.125,00

	Invest. Inicial	Fluxos de Caixa					
	ANO 0	ANO 1	ANO 2	ANO 3	ANO 4	ANO 5	ANO 6
TOTAL		-359.250,00	-359.250,00	-409.125,00	-409.125,00	-409.125,00	-409.125,00
DESPESAS							
Comissão		-45.000,00	-45.000,00	-51.000,00	-51.000,00	-51.000,00	-51.000,00
Fretes e seguros		-15.000,00	-15.000,00	-17.000,00	-17.000,00	-17.000,00	-17.000,00
TOTAL		-60.000,00	-60.000,00	-68.000,00	-68.000,00	-68.000,00	-68.000,00
LUCRO ANTES IR/CS		195.750,00	195.750,00	219.875,00	219.875,00	219.875,00	219.875,00
I.R. e C.S.		-65.790,00	-65.790,00	-77.350,00	-77.350,00	-77.350,00	-68.510,00
LUCRO APÓS IR/CS		129.960,00	129.960,00	142.525,00	142.525,00	142.525,00	151.365,00
(+) Depreciação		59.250,00	59.250,00	69.125,00	69.125,00	69.125,00	69.125,00
(+) Valor Residual							220.000,00
FLUXO DE CAIXA OPERACIONAL	-600.000,00	189.210,00	189.210,00	211.650,00	211.650,00	211.650,00	440.490,00

Quadro 8.5 – Imposto de Renda e Contribuição Social (Lucro Real)

	Fluxos de Caixa					
	ANO 1	ANO 2	ANO 3	ANO 4	ANO 5	ANO 6
Lucro Antes do Imposto de Renda e Contribuição Social	195.750,00	195.750,00	219.875,00	219.875,00	219.875,00	219.875,00
(+) Depreciação calculada em função das horas trabalhadas	59.250,00	59.250,00	69.125,00	69.125,00	69.125,00	69.125,00
(-) Depreciação calculada conforme legislação fiscal	-61.500,00	-61.500,00	-61.500,00	-61.500,00	-61.500,00	-61.500,00
(=) Lucro Real	193.500,00	193.500,00	227.500,00	227.500,00	227.500,00	227.500,00
(+/–) Ganho ou perda de capital						-26.000,00
(=) Lucro Tributável	193.500,00	193.500,00	227.500,00	227.500,00	227.500,00	201.500,00
Imposto de Renda e Contribuição Social (34%)	65.790,00	65.790,00	77.350,00	77.350,00	77.350,00	68.510,00

OBS:

Não foi considerado valor residual neste cálculo, pois a empresa avalia que não haveria mercado para esse equipamento após dez anos de uso. Isso está de acordo com o CPC 27 (2009), quando diz: "Na prática, o valor residual de um ativo frequentemente não é significativo e por isso imaterial para o cálculo do valor depreciável."

- A alienação desse equipamento após os seis anos de uso irá gerar Perda de Capital, conforme cálculos efetuados no Quadro 8.6. Como descrito no Cap. 7, a perda de capital é computada no cálculo para determinação do "Lucro Real".

Quadro 8.6 – Ganho ou Perda de Capital

Cálculo do Ganho ou Perda de Capital do bem objeto deste projeto	
Valor ativado do equipamento	615.000,00
(-) Depreciação acumulada (pelo método fiscal) (*)	-369.000,00
(=) Valor Contábil	246.000,00
Receita Líquida pela venda do equipamento	220.000,00
(-) Valor Contábil	-246.000,00
Ganho ou Perda de Capital	-26.000,00

(*) R$ 61.500,00 × 6 anos = R$ 369.000,00

Fluxo de Caixa dos Proprietários

O Quadro 8.7 apresenta o Fluxo de Caixa dos Proprietários. Observar que a Depreciação, por não representar desembolsos em cada um dos anos dos Fluxos de Caixa, é somada ao Lucro Após o Imposto de Renda e Contribuição Social para se determinar o Fluxo de Caixa dos Proprietários.

Quadro 8.7 – Fluxo de Caixa dos Proprietários (Lucro Real)

	Invest. Inicial	Fluxos de Caixa					
	ANO 0	ANO 1	ANO 2	ANO 3	ANO 4	ANO 5	ANO 6
INV. INICIAL							
Equipamento Novo	-615.000,00						
Capital de Giro	-30.742,00						
Alienação	45.742,00						
TOTAL	-600.000,00						
RECEITAS							
Receita Bruta		750.000,00	750.000,00	850.000,00	850.000,00	850.000,00	850.000,00
(-) ICMS		-135.000,00	-135.000,00	-153.000,00	-153.000,00	-153.000,00	-153.000,00
(=) Receita Líquida		615.000,00	615.000,00	697.000,00	697.000,00	697.000,00	697.000,00
CUSTOS							
Variáveis		-300.000,00	-300.000,00	-340.000,00	-340.000,00	-340.000,00	-340.000,00
Depreciação		-59.250,00	-59.250,00	-69.125,00	-69.125,00	-69.125,00	-69.125,00
TOTAL		-359.250,00	-359.250,00	-409.125,00	-409.125,00	-409.125,00	-409.125,00
DESPESAS							

	Invest. Inicial	Fluxos de Caixa					
	ANO 0	ANO 1	ANO 2	ANO 3	ANO 4	ANO 5	ANO 6
Comissão		-45.000,00	-45.000,00	-51.000,00	-51.000,00	-51.000,00	-51.000,00
Fretes e seguros		-15.000,00	-15.000,00	-17.000,00	-17.000,00	-17.000,00	-17.000,00
TOTAL		-60.000,00	-60.000,00	-68.000,00	-68.000,00	-68.000,00	-68.000,00
LUCRO ANTES J/IR/CS		195.750,00	195.750,00	219.875,00	219.875,00	219.875,00	219.875,00
Juros		-36.000,00	-36.000,00	-28.800,00	-21.600,00	-14.400,00	-7.200,00
LUCRO ANTES IR/CS		159.750,00	159.750,00	191.075,00	198.275,00	205.475,00	212.675,00
I.R. E C.S.		-53.550,00	-53.550,00	-67.558,00	-70.006,00	-72.454,00	-66.062,00
LUCRO APÓS IR/CS		106.200,00	106.200,00	123.517,00	128.269,00	133.021,00	146.613,00
(+) Depreciação		59.250,00	59.250,00	69.125,00	69.125,00	69.125,00	69.125,00
(+) Valor Residual							220.000,00
(-) Amortização	300.000,00	0,00	-60.000,00	-60.000,00	-60.000,00	-60.000,00	-60.000,00
FLUXO DE CAIXA DOS PROPRIETÁRIOS	-300.000,00	165.450,00	105.450,00	132.642,00	137.394,00	142.146,00	375.738,00

Os valores dos juros e da amortização do financiamento, constantes do Quadro 8.7, foram calculados pelo Sistema de Amortização Constante. O Quadro 8.8 apresenta os cálculos.

Quadro 8.8 – Cálculo das Prestações do Financiamento Bancário

Anos	Amortização	Juros	Prestação	Saldo Devedor
(n)	(A)	(J)	(P)	(SD)
0				300.000,00
1	0,00	36.000,00	36.000,00	300.000,00
2	60.000,00	36.000,00	96.000,00	240.000,00
3	60.000,00	28.800,00	88.800,00	180.000,00
4	60.000,00	21.600,00	81.600,00	120.000,00
5	60.000,00	14.400,00	74.400,00	60.000,00
6	60.000,00	7.200,00	67.200,00	0,00

O Quadro 8.9 apresenta o cálculo do Imposto de Renda e Contribuição Social, conforme descrito no Cap. 7.

Quadro 8.9 – Imposto de Renda e Contribuição Social (Lucro Real)

	Fluxos de Caixa					
	ANO 1	ANO 2	ANO 3	ANO 4	ANO 5	ANO 6
Lucro Antes do Imposto de Renda e Contribuição Social	159.750,00	159.750,00	191.075,00	198.275,00	205.475,00	212.675,00
(+) Depreciação calculada em função das horas trabalhadas	59.250,00	59.250,00	69.125,00	69.125,00	69.125,00	69.125,00
(-) Depreciação calculada conforme legislação fiscal	-61.500,00	-61.500,00	-61.500,00	-61.500,00	-61.500,00	-61.500,00
(=) Lucro Real	157.500,00	157.500,00	198.700,00	205.900,00	213.100,00	220.300,00
(+/-) Ganho ou perda de capital						-26.000,00
(=) Lucro Tributável	157.500,00	157.500,00	198.700,00	205.900,00	213.100,00	194.300,00
Imposto de Renda e Contribuição Social (34%)	53.550,00	53.550,00	67.558,00	70.006,00	72.454,00	66.062,00

Fluxos de Caixa Considerando o Imposto de Renda e a Contribuição Social Calculados pela Sistemática do Lucro Presumido

Conforme legislação do Imposto de Renda, o lucro tributável da Cia. Cariri S. A. é obtido aplicando-se a alíquota de 8% sobre a receita bruta.

A elaboração do fluxo de caixa segue os mesmos procedimentos utilizados na seção anterior. Apenas o cálculo do Imposto de Renda e Contribuição Social é diferente.

Fluxo de Caixa Operacional do Projeto

O Quadro 8.10 apresenta o Fluxo de Caixa Operacional do Projeto. Observar que a Depreciação, por não representar desembolsos em cada um dos anos dos Fluxos de Caixa, é somada ao Lucro Após o Imposto de Renda e Contribuição Social para se determinar o Fluxo de Caixa Operacional do Projeto.

Quadro 8.10 – Fluxo de Caixa Operacional do Projeto (Lucro Presumido)

	Invest. Inicial	Fluxos de Caixa					
	ANO 0	ANO 1	ANO 2	ANO 3	ANO 4	ANO 5	ANO 6
INV.INICIAL							
Equipamento Novo	-615.000,00						
Capital de Giro	-30.742,00						
Alienação	45.742,00						
TOTAL	-600.000,00						
RECEITAS							
Receita Bruta		750.000,00	750.000,00	850.000,00	850.000,00	850.000,00	850.000,00
(-) ICMS		-135.000,00	-135.000,00	-153.000,00	-153.000,00	-153.000,00	-153.000,00
(=) Receita Líquida		615.000,00	615.000,00	697.000,00	697.000,00	697.000,00	697.000,00
CUSTOS							
Variáveis		-300.000,00	-300.000,00	-340.000,00	-340.000,00	-340.000,00	-340.000,00
Depreciação		-59.250,00	-59.250,00	-69.125,00	-69.125,00	-69.125,00	-69.125,00
TOTAL		-359.250,00	-359.250,00	-409.125,00	-409.125,00	-409.125,00	-409.125,00
DESPESAS							

	Invest. Inicial	Fluxos de Caixa					
	ANO 0	ANO 1	ANO 2	ANO 3	ANO 4	ANO 5	ANO 6
Comissão		-45.000,00	-45.000,00	-51.000,00	-51.000,00	-51.000,00	-51.000,00
Fretes e Seguros		-15.000,00	-15.000,00	-17.000,00	-17.000,00	-17.000,00	-17.000,00
TOTAL		-60.000,00	-60.000,00	-68.000,00	-68.000,00	-68.000,00	-68.000,00
LUCRO ANTES IR/CS		195.750,00	195.750,00	219.875,00	219.875,00	219.875,00	219.875,00
I.R. e C.S.		-20.400,00	-20.400,00	-23.120,00	-23.120,00	-23.120,00	-23.120,00
LUCRO APÓS IR/CS		175.350,00	175.350,00	196.755,00	196.755,00	196.755,00	196.755,00
(+) Depreciação		59.250,00	59.250,00	69.125,00	69.125,00	69.125,00	69.125,00
(+) Valor Residual							220.000,00
FLUXO DE CAIXA OPERACIONAL	-600.000,00	234.600,00	234.600,00	265.880,00	265.880,00	265.880,00	485.880,00

O Quadro 8.11 apresenta o cálculo do Imposto de Renda e Contribuição Social, conforme descrito no Cap. 7.

Quadro 8.11 – Imposto de Renda e Contribuição Social (Lucro Presumido)

	Fluxos de Caixa					
	ANO 1	ANO 2	ANO 3	ANO 4	ANO 5	ANO 6
Receita Bruta	750.000,00	750.000,00	850.000,00	850.000,00	850.000,00	850.000,00
Lucro Presumido (8% da Receita Bruta)	60.000,00	60.000,00	68.000,00	68.000,00	68.000,00	68.000,00
(+) Ganho de capital						0,00
(=) Lucro Tributável	60.000,00	60.000,00	68.000,00	68.000,00	68.000,00	68.000,00
Imposto de Renda e Contribuição Social (34%)	20.400,00	20.400,00	23.120,00	23.120,00	23.120,00	23.120,00

ATENÇÃO

Pela sistemática do Lucro Presumido, havendo perda de capital, a mesma não é computada na base de cálculo do Imposto de Renda e Contribuição Social. Neste caso, houve perda de capital. Ver Cap. 7.

O valor do Imposto de Renda e Contribuição Social, tanto para o Fluxo de Caixa Operacional do Projeto como para o Fluxo de Caixa dos Proprietários é o mesmo, uma vez que ambos têm a mesma base de cálculo.

Fluxo de Caixa dos Proprietários

O Quadro 8.12 apresenta o Fluxo de Caixa dos Proprietários. Observar que a Depreciação, por não representar desembolsos em cada um dos anos dos Fluxos de Caixa, é somada ao Lucro Após o Imposto de Renda e Contribuição Social para se determinar o Fluxo de Caixa dos Proprietários.

Quadro 8.12 – Fluxo de Caixa dos Proprietários (Lucro Presumido)

	Invest. Inicial	Fluxos de Caixa					
	ANO 0	ANO 1	ANO 2	ANO 3	ANO 4	ANO 5	ANO 6
INV.INICIAL							
Equipamento Novo	-615.000,00						
Capital de Giro	-30.742,00						
Alienação	45.742,00						
TOTAL	-600.000,00						
RECEITAS							
Receita Bruta		750.000,00	750.000,00	850.000,00	850.000,00	850.000,00	850.000,00
(-) ICMS		-135.000,00	-135.000,00	-153.000,00	-153.000,00	-153.000,00	-153.000,00
(=) Receita Líquida		615.000,00	615.000,00	697.000,00	697.000,00	697.000,00	697.000,00
CUSTOS							
Variáveis		-300.000,00	-300.000,00	-340.000,00	-340.000,00	-340.000,00	-340.000,00
Depreciação		-59.250,00	-59.250,00	-69.125,00	-69.125,00	-69.125,00	-69.125,00
TOTAL		-359.250,00	-359.250,00	-409.125,00	-409.125,00	-409.125,00	-409.125,00

	Invest. Inicial	Fluxos de Caixa					
	ANO 0	ANO 1	ANO 2	ANO 3	ANO 4	ANO 5	ANO 6
DESPESAS							
Comissão		-45.000,00	-45.000,00	-51.000,00	-51.000,00	-51.000,00	-51.000,00
Fretes e seguros		-15.000,00	-15.000,00	-17.000,00	-17.000,00	-17.000,00	-17.000,00
TOTAL		-60.000,00	-60.000,00	-68.000,00	-68.000,00	-68.000,00	-68.000,00
LUCRO ANTES J/IR/CS		195.750,00	195.750,00	219.875,00	219.875,00	219.875,00	219.875,00
Juros		-36.000,00	-36.000,00	-28.800,00	-21.600,00	-14.400,00	-7.200,00
LUCRO ANTES IR/CS		159.750,00	159.750,00	191.075,00	198.275,00	205.475,00	212.675,00
I.R. e C.S.		-20.400,00	-20.400,00	-23.120,00	-23.120,00	-23.120,00	-23.120,00
LUCRO APÓS IR/CS		139.350,00	139.350,00	167.955,00	175.155,00	182.355,00	189.555,00
(+) Depreciação		59.250,00	59.250,00	69.125,00	69.125,00	69.125,00	69.125,00
(+) Valor Residual							220.000,00
(-) Amortização	300.000,00	0,00	-60.000,00	-60.000,00	-60.000,00	-60.000,00	-60.000,00
FLUXO DE CAIXA DOS PROPRIETÁRIOS	-300.000,00	198.600,00	138.600,00	177.080,00	184.280,00	191.480,00	418.680,00

EXERCÍCIOS

1. A Cia. Vila Velha, fabricante de argamassas para assentamento e rejuntamento, pretende investir em uma nova linha de argamassas flexíveis. Foram levantados os seguintes dados:

Capacidade instalada de produção: 2.000 toneladas por ano.

Preço de venda: R$ 36,00 por saco de 20 kg (ICMS incluso no preço = 18%).

Custo variável de produção: R$ 15,00 por saco.

Custo fixo de produção, sem a depreciação das máquinas e equipamentos do projeto: R$ 100.000,00 por ano.

Despesas variáveis de vendas: comissões de vendedores e representantes, 10% do faturamento bruto.

Despesas fixas (administrativas e comerciais): R$ 50.000,00 por ano

Investimento total: R$ 2.000.000,00, sendo R$ 1.800.000,00 em máquinas e equipamentos e, R$ 200.000,00 em capital de giro.

A vida útil estimada das máquinas e equipamentos é de 10 anos. Não é previsto valor residual.

70% do capital de giro serão recuperados no último ano.

A depreciação das máquinas e equipamentos será realizada conforme a quantidade produzida. Espera-se fabricar no primeiro ano 60% da capacidade instalada, aumentando para 70% no segundo ano, 80% no terceiro ano, 90% no quarto e, 100% do quinto ano em diante.

A direção da empresa estuda duas alternativas de financiamento:

- 100% de capital de terceiros - financiado em 5 anos com carência de 4 anos pelo SAC, com juros de 15% ao ano. Haverá o pagamento de juros no período de carência;

- 50% de capital de terceiros e 50% de capital próprio - o capital de terceiros será financiado em 5 anos com carência de 4 anos pelo SAC, com juros de 15% ao ano. Haverá o pagamento de juros no período de carência.

Pede-se:

a. Elabore, conforme as alternativas de financiamento, os fluxos de caixa operacional do projeto e dos proprietários - a empresa é tributada pela sistemática do Lucro Real. As alíquotas do Imposto de Renda e a Contribuição Social totalizam 34% do lucro tributável. O fisco considera que as máquinas e equipamentos devem ser depreciados em 10 anos.

b. Compare e analise os fluxos de caixa operacional do projeto e dos proprietários.

2. A Indústria Metalúrgica Propriá fabrica caixas de água de inox. A direção da empresa pretende lançar um novo modelo de caixa de água de uso residencial, a ser comercializado com as grandes redes de material de construção do país. Estima produzir e vender as seguintes quantidades desse modelo.

1º ano = 3.000 unidades; 2º ano = 4.000 unidades; 3º ano = 5.000 unidades; 4º ano = 6.000 unidades; 5º ano = 7.000 unidades; 6º ano = 8.000 unidades; 7º ano = 8.000 unidades; 8º ano = 8.000 unidades; 9º ano = 8.000 unidades; 10º ano = 8.000 unidades.

O preço de venda é estimado em R$ 500,00 a unidade, com ICMS de 18%. Os custos de produção são estimados em: Variáveis = R$ 250,00 por unidade; Fixos = Somente a depreciação dos novos equipamentos. As despesas comerciais são estimadas em 10% do preço de venda.

O investimento em novos equipamentos é estimado em R$ 1.000.000,00, obtidos exclusivamente por financiamento bancário, em 5 anos, com juros de 18% ao ano, com carência de 3 anos, pelo SAC. O contrato de financiamento prevê o pagamento de juros no período de carência. O investimento em capital de giro é estimado em R$ 100.000,00 e será financiado exclusivamente com capital dos proprietários. Não haverá recuperação desse valor ao final de 10 anos.

A vida útil dos novos equipamentos é estimada em 10 anos, coincidente com o prazo de depreciação fiscal. A empresa pretende substituir esses equipamentos e deixá-los como reservas para os novos que serão adquiridos.

Pede-se:

a. Elabore o Fluxo de Caixa Operacional do Projeto e o Fluxo de Caixa dos Proprietários, considerando que a empresa seja tributada pela sistemática do Lucro Real. As alíquotas do Imposto de Renda e a Contribuição Social totalizam 34% do lucro tributável. O fisco considera que esses equipamentos têm vida útil de 10 anos, para fins de depreciação.

b. Elabore o Fluxo de Caixa Operacional do Projeto e o Fluxo de Caixa dos Proprietários, considerando que a empresa seja tributada pela sistemática do Lucro Presumido. As alíquotas do Imposto de Renda e a Contribuição Social totalizam 34% do lucro tributável. O lucro tributável corresponde a 8% do faturamento bruto.

3. A Cia. Rondonópolis fabricante de rodas para automóveis pretende acrescentar um novo modelo de rodas esportivas ao seu catálogo de produtos. Para isso necessita investir na aquisição de novas prensas. Nos demais processos de fabricação, bem como no almoxarifado e outras áreas da empresa, não há necessidade de realizar novos investimentos.

Estudos efetuados pela área de marketing indicam que há demanda para 10.000 rodas por ano, ao preço de R$ 200,00 cada. Neste valor inclui 18% de ICMS.

O valor a ser investido na aquisição dessas prensas é estimado em R$ 400.000,00. É estimando, também, investimentos de R$ 120.000,00 em capital de giro. Do total de recursos a ser investido, 50% será obtido por meio de financiamento bancário, com juros de 20% ao ano. Esse financiamento será pago em 5 anos, sem carência, amortizado pelo Sistema de Prestações Constantes.

O restante do capital necessário tem como origem recursos dos proprietários.

Os custos estimados de produção são: Variáveis: R$ 120,00 por roda; Fixos: compreende apenas ao custo com a depreciação das prensas. A empresa deprecia seus equipamentos em função da quantidade produzida.

As despesas operacionais compreendem a comissão de vendedores, embalagens e fretes de entregas, e são estimadas em 8% do preço de venda.

O horizonte temporal desse projeto é de 8 anos. Após esse prazo a empresa estima vender essas prensas, obtendo uma receita líquida de R$ 80.000,00. Estima-se recuperar 100% do capital de giro.

Pede-se:

a. Elabore o Fluxo de Caixa Operacional do Projeto e o Fluxo de Caixa dos Proprietários, considerando que a empresa seja tributada pela sistemática do Lucro Real. As alíquotas do Imposto de Renda e a Contribuição Social totalizam 34% do lucro tributável. O fisco considera que essas prensas têm vida útil de 10 anos, para fins de depreciação. A empresa considera que ao final de 10 anos, não haveria valor residual para essas prensas.

b. Elabore o Fluxo de Caixa Operacional do Projeto e o Fluxo de Caixa dos Proprietários, considerando que a empresa seja tributada pela sistemática do Lucro Presumido. As alíquotas do Imposto de Renda e a Contribuição Social totalizam 34% do lucro tributável. O lucro tributável corresponde a 8% do faturamento bruto.

Caso Prático

Bicicletas mudam mercado automotivo no Recife

Comércio aposta nesta onda de mobilidade sobre as magrelas e concessionárias de veículos tradicionais abrem espaço para as "magrelas".

Augusto Freitas - Publicação: 19/08/2013

Brisa no rosto, liberdade e adrenalina. Reunir essas sensações de uma só vez tem se tornado mais comum nas ruas do Recife. Basta dar uma boa observada. Você vai notar que entre carros, motos e ônibus, elas já circulam com certa presença. As bicicletas estão com tudo, ganhando espaços e adeptos na mesma intensidade que a população clama por melhorias na mobilidade urbana. Aliás, nunca antes na história do Recife essa questão foi tão favorável para quem trabalha com bicicletas.

A paixão pela bike cresceu. O comércio pegou o embalo e bons negócios têm surgido no segmento. Tanto que algumas lojas conhecidas no mercado por venderem o transporte clássico e mais desejado das pessoas, o carro, se renderam às magrelas. E se você imaginou que esta informação acontece em forma de brindes ou promoções, do tipo "compre um carro zerinho e leve uma bike de presente", se enganou redondamente. Elas vendem carro. E agora bike. Tudo junto.

Texto completo em: http://www.diariodepernambuco.com.br/app/noticia/bikepe/2013/08/19/interna_bikepe,456962/bicicletas-mudam-mercado-automotivo-no-recife.shtml. Acesso em 18 de dezembro de 2014.

Fenômeno igual àquele publicado no Diário de Pernambuco se espalha pelas cidades brasileiras, em que há uma tendência crescente de substituição do automóvel por meios alternativos de locomoção. A implantação de faixas exclusivas é um grande apelo para muita gente deixar o carro em casa e ir de bicicleta para o trabalho, para o lazer etc.

Tendo em vista o potencial aumento da demanda, a empresa Rio Branco, fabricante de bicicletas, estuda lançar um modelo de bicicletas mais sofisticado que, entre outros diferenciais, possui melhor ergonomia, quadro em aço carbono, guidão mais alto e banco mais macio.

Duas alternativas estão em estudo pela diretoria da empresa:

a. Adquirir novos equipamentos exclusivos para a fabricação dessas bicicletas

b. Terceirizar a produção

Estima que há demanda para 5.000 unidades anuais pelos próximos 8 anos, com preço de R$ 1.300,00 cada (com 18% de ICMS incluso).

Os seguintes dados sobre a alternativa "a" foram levantados:

- Investimento em novos equipamentos: R$ 1.000.000,00.
- Investimento em capital de giro: R$ 150.000,00,
- Custos variáveis: 65% do preço de venda
- Custos fixos sem a depreciação dos novos equipamentos: R$ 90.000,00 anuais, relativos a novas instalações no estoque de matéria-prima e produtos acabados, contratação de funcionários do almoxarifado, controle da qualidade etc.
- Despesas variáveis: 8% do preço de venda
- Despesas fixas: R$ 50.000,00 anuais, relativas à contratação de novas equipes de vendas e pessoal da área de compras.
- O total a ser investido será financiado com capital dos proprietários.

Os equipamentos serão depreciados com base na quantidade produzida. Ao final do 8º ano, deverão ser alienados para um mercado de segunda mão com valor da receita líquida estimada em R$ 300.000,00.

Os seguintes dados sobre a alternativa "b" foram levantados:

- Investimento em capital de giro: R$ 70.000,00
- Custo de aquisição do fabricante terceirizado: R$ 895,00 por unidade
- Custos fixos: não haverá acréscimo em relação aos custos fixos atuais da empresa
- Despesas variáveis: 8% do preço de venda
- Despesas fixas: aumento de R$ 30.000,00 anuais, relativas à contratação de novas equipes de vendas, apenas.

Dados adicionais:

- Sistemática de tributação da empresa: Lucro Presumido, sendo o lucro tributável de 8% da receita bruta. As alíquotas do Imposto de Renda e a Contribuição Social totalizam 34% do lucro tributável.
- Recuperação do capital de giro: deverá ser recuperado integralmente ao final do 8º ano.

- O fisco considera que os equipamentos devem ser depreciados em 10 anos. A empresa considera que após esse prazo, não haveria valor residual para os equipamentos.

Pede-se:

Elabore o fluxo de caixa dos proprietários para cada uma das alternativas e avalie qual deve ser a mais atrativa.

MÉTODOS DE AVALIAÇÃO DE PROJETOS

Capítulo 9

Para subsidiar o processo de decisão sobre a implementação de projetos de investimentos, há de se estabelecerem procedimentos que permitam aos gestores avaliarem a viabilidade desses projetos sob o ponto de vista econômico. Há projetos com potencial de geração de resultados positivos e projetos com potencial de geração de resultados negativos.

Ao decidir pela implementação de um projeto de investimento, os gestores podem se valer da pura intuição sobre sua viabilidade ou empregar um ou mais métodos que permita classificar as alternativas em estudo e decidir pela mais adequada para os propósitos da empresa.

Para isso, vários métodos são empregados pela Engenharia Econômica, cada um deles propicia indicadores específicos como o prazo de retorno, o Valor Presente Líquido dos fluxos de caixa, a Taxa Interna de Retorno e o Índice de Lucratividade.

Este Capítulo descreve os principais métodos utilizados na obtenção dos indicadores para a avaliação dos projetos de investimentos. Para isso, considera-se que o fluxo de caixa do projeto, caso venha a ser implementado, irá ocorrer da forma como previsto, não levando em consideração eventuais mudanças ambientais como alterações do preço de venda dos produtos, alterações nos custos operacionais, mudança nos componentes da Taxa Mínima de Atratividade etc. Assim, faz-se uso de uma simplificação para desenvolver os métodos de avaliação contemplados neste capítulo.

MÉTODOS DE AVALIAÇÃO

Entre os métodos de avaliação, há aquele que permite conhecer o tempo necessário para recuperação do investimento, representado pelo *pay-back*, e aqueles que medem a rentabilidade do investimento, dentre os quais, os mais utilizados são o Valor Presente Líquido e a Taxa Interna de Retorno.

Entretanto, variáveis subjetivas, tais como, a estratégia da empresa, seus pontos fortes e fracos, ameaças e oportunidades não podem ser desconsideradas na análise.

Nas seções deste Capítulo, será considerado o Fluxo de Caixa Operacional do Projeto estudado no Cap. 8.

Pay-back Simples

Em geral, os gestores têm interesse em conhecer se os valores investidos em um projeto poderão ser recuperados, bem como, o tempo necessário para isso. Com o método *pay-back*, ou prazo de retorno, permite-se determinar o tempo decorrido para que os Fluxos de Caixa se igualem ao investimento inicial.

Assim, o *pay-back* representa o tempo (anos, meses e dias) que um projeto demora em recuperar o investimento. Trata-se de um cálculo bastante simples: acumulam-se as entradas líquidas de caixa até igualarem-se ao valor do investimento inicial.

Para exemplificar, considere o Projeto K da Cia. Guaxupé apresenta os fluxos de caixa constantes do Quadro 9.1.

Quadro 9.1 – Fluxos de Caixa do Projeto K da Cia. Guaxupé

Ano	Fluxo de Caixa Nominal	
	Do Ano	Acumulado
0	-120.000	-120.000
1	35.000	-85.000
2	41.000	-44.000

Ano	Fluxo de Caixa Nominal	
	Do Ano	Acumulado
3	50.000	6.000
4	64.000	70.000
5	80.000	150.000

O valor investido neste projeto é recuperado no terceiro ano. Para determinar o número de meses e de dias, são efetuados os seguintes cálculos:

- Divide-se o valor do fluxo de caixa do ano que irá ocorrer a recuperação total do investimento inicial (no exemplo é o ano 3) por 360 dias (ano comercial). O quociente representa a "entrada diária" de caixa:

  R$ 50.000,00 ÷ 360 = R$ 138,88888 por dia

- Divide-se o valor do fluxo de caixa acumulado até o ano anterior à recuperação total do investimento inicial (no exemplo é o ano 2) pela "entrada diária" de caixa. O quociente representa o número de dias restantes.

  R$ 44.000,00 ÷ R$ 138,88888 = 316,80 dias

Tem-se, então, que serão necessários, aproximadamente, 317 dias do 3º ano para recuperar o investimento. Assim, o *pay-back* desse projeto é de dois anos, dez meses e dezessete dias.

Em se tratando de projetos mutuamente excludentes, escolhe-se aquele de menor *pay-back*. Em geral, as empresas estabelecem um prazo máximo de *pay-back*. Se a Cia. Guaxupé estabelecesse dois anos como limite, o Projeto K seria rejeitado.

Apesar de sua praticidade, o *pay-back* simples apresenta restrições. Uma delas deve-se ao fato de não considerar os fluxos de caixa dos projetos após o *pay-back*. Outra, não avalia a rentabilidade do projeto.

Conforme Solomon e Pringle (1981), o *pay-back* possui utilidade como dispositivo rudimentar de seleção, uma vez que responde uma questão muitas vezes relevante: quanto tempo levará para recuperar o investimento?

Merece atenção especial o tratamento dado ao valor residual do projeto, quando o *pay-back* ocorrer no último período de tempo do fluxo de caixa. Como o valor residual está contido nas Entradas Líquidas de Caixa, é conveniente deduzi-lo para não influenciar o *pay-back*, caso o mesmo ocorra no último período de tempo.

Pay-back Descontado

Buscando corrigir a segunda restrição apontada para o *pay-back* simples, altera-se o procedimento, considerando o valor do dinheiro no tempo. Assim, calcula-se o Valor Presente de cada um dos fluxos de caixa do projeto utilizando a TMA como taxa de desconto. Depois, de modo similar ao *pay-back* simples, calcula o tempo que um projeto demora em recuperar o investimento.

Para exemplificar, retomamos o Projeto K da Cia. Guaxupé. Os fluxos de caixa nominal e descontado deste projeto, utilizando a TMA de 20% ao ano, são apresentados no Quadro 9.2.

Quadro 9.2 – Fluxos de Caixa Nominal e Descontado do Projeto K da Cia. Guaxupé

Ano	Fluxo de Caixa Nominal		Fluxo de Caixa Descontado	
	Do Ano	Acumulado	Do Ano	Acumulado
0	-120.000	-120.000	-120.000	-120.000
1	35.000	-85.000	29.167	-90.833
2	41.000	-44.000	28.472	-62.361
3	50.000	6.000	28.935	-33.426
4	64.000	70.000	30.864	-2.562
5	80.000	150.000	32.150	29.588

Com o emprego do *pay-back* descontado, a Cia. Guaxupé recupera o investimento em 4 anos e 29 dias.

Valor Presente Líquido - VPL

O método VPL (Valor Presente Líquido) ou o NPV (*Net Present Value*) oferece resposta a uma questão central sobre a viabilidade dos projetos de investimentos: os fluxos de caixa são suficientes para cobrir o valor investido?

Inicialmente, pelo método VPL, determina-se o Valor Presente dos fluxos de caixa, utilizando-se como taxa de desconto o custo do capital que financia o projeto, representado pela TMA. Deduzindo-se do Investimento Inicial o Valor Presente dos fluxos de caixa, tem-se como diferença o que se denomina Valor Presente Líquido, ou seja, o excedente de Fluxo de Caixa (o Cap. 3 é dedicado ao cálculo do Valor Presente de Fluxos de Caixa Uniformes, Não Uniformes e Gradientes). A Figura 9.1 ilustra a determinação do VPL.

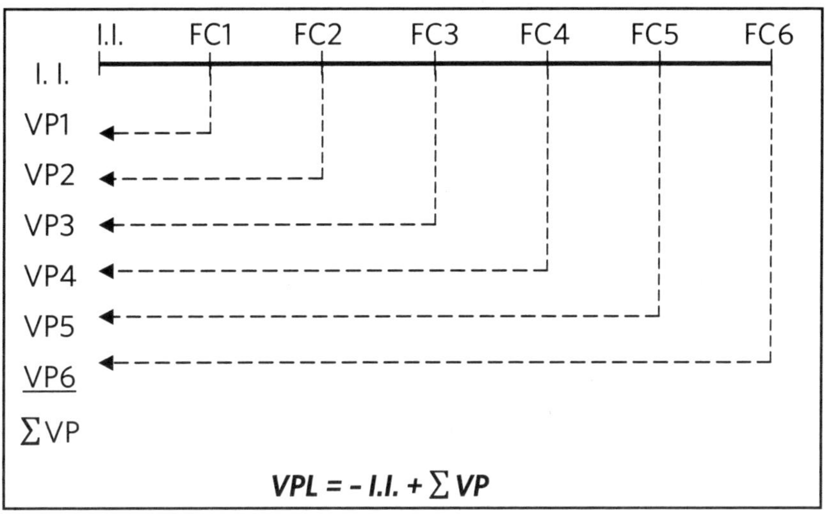

Figura 9.1 – Determinação do VPL

Para uma Série Irregular ou Não Uniforme de fluxos de caixa, o VPL é determinado com o emprego da seguinte equação:

$$VPL = -I.I. + \frac{FC1}{(1 + TMA)^1} + \frac{FC2}{(1 + TMA)^2} + \frac{FC3}{(1 + TMA)^3} + \ldots + \frac{FCn}{(1 + TMA)^n}$$

Onde,

VPL = Valor Presente Líquido dos fluxos de caixa

I.I. = Investimento Inicial do projeto

FC = Fluxo de caixa em cada período de tempo

TMA = Taxa Mínima de Atratividade

Os projetos que apresentarem VPL > 0 são projetos economicamente viáveis, pois indicam que os fluxos de caixa são capazes de remunerar as fontes de capital e, ainda gerarem resultados econômicos positivos. Em se tratando de projetos mutuamente excludentes, o projeto mais atrativo é aquele que apresentar maior VPL.

Quando um projeto apresentar VPL < 0, seu retorno é inferior a seu custo de capital, deixando de ser atrativo e, quando o projeto apresentar VPL = 0, pode ser indiferente sua aprovação, pois não produz resultado econômico.

Para exemplificar, considere que a Cia. Taquari está avaliando dois projetos mutuamente excludentes, denominados projetos X e Y, cujos fluxos de caixa são apresentados no Quadro 9.3. O custo de capital (TMA) para financiar o projeto escolhido é de 20% ao ano.

Quadro 9.3 – Fluxos de Caixa dos Projetos X e Y da Cia. Taquari

Ano	Projeto X	Projeto Y
0	-250.000,00	-250.000,00
1	70.000,00	80.000,00
2	70.000,00	80.000,00
3	80.000,00	80.000,00
4	90.000,00	80.000,00
5	100.000,00	80.000,00
6	110.000,00	80.000,00

O VPL do projeto X é R$ 23.670,05 e do projeto Y, R$ 16.040,81. Por se tratar de projetos mutuamente excludentes, o projeto X deverá ser escolhido.

$$VPL_X = -250.000 + \frac{70.000}{(1+0,20)^1} + \frac{70.000}{(1+0,20)^2} + \frac{80.000}{(1+0,20)^3} + \frac{90.000}{(1+0,20)^4} + \frac{100.000}{(1+0,20)^5} + \frac{110.000}{(1+0,20)^6}$$

$$VPL_X = -250.000 + 273.670,05$$

$$VPL_X = R\$\ 23.670,05$$

$$VPL_y = -250.000 + 80.000 \times \left[\frac{(1+0,20)^6 - 1}{(1+0,20)^6 \text{ X } 0,20}\right]$$

$$VPL_y = -250.000 + 266.040,81$$

$$VPL_y = R\$\ 16.040,81$$

Cálculo do VPL com o Emprego da Calculadora Financeira HP12C

Para efetuar o cálculo do VPL do projeto X da Cia. Taquari com o emprego da calculadora financeira HP12C são utilizadas as seguintes funções:

AÇÃO		VISOR
Apagar os registradores financeiros e de armazenamento de dados	**f clear REG**	
Investimento Inicial (fluxo de caixa negativo)	250000 CHS g CF_0	-250.000
Fluxo de Caixa do Ano 1	70000 g CF_j	70.000
Fluxo de Caixa do Ano 2	70000 g CF_j	70.000
Fluxo de Caixa do Ano 3	80000 g CF_j	80.000
Fluxo de Caixa do Ano 4	90000 g CF_j	90.000
Fluxo de Caixa do Ano 5	100000 g CF_j	100.000
Fluxo de Caixa do Ano 6	110000 g CF_j	110.000
Entrar com a TMA	20 i	20
Obter o VPL	f NPV	23.670,05

Cálculo do VPL com o Emprego da Planilha Eletrônica EXCEL

Para efetuar o cálculo do VPL do projeto X da Cia. Taquari com o emprego da planilha eletrônica EXCEL, é necessário:

Digitar os fluxos de caixa

Digitar a TMA

Selecionar a célula onde será apresentado o valor do VPL

Na célula selecionada, digita-se a sintaxe da função VPL, obtendo o VPL

Sintaxe para a função VPL: = VPL(taxa;valores)+Investimento Inicial

A "taxa" refere-se a TMA, os valores referem-se aos fluxos de caixa do ano 1 a *n*.

B12 fx =VPL(B10;B3:B8)+B2

	A	B	C	D
1	Períodos	Fluxos de Caixa		
2	0	-250.000		
3	1	70.000		
4	2	70.000		
5	3	80.000		
6	4	90.000		
7	5	100.000		
8	6	110.000		
9				
10	TMA	20%		
11				
12	VPL	23.670,05		

No exemplo foi selecionada a célula B12 e digitada a sintaxe da função: =VPL(B10;B3:B8)+B2

Problemas Relacionados com o VPL

Em se tratando de projetos mutuamente excludentes, escolhe-se o projeto que apresentar o maior VPL. Entretanto, quando os projetos em análise tiverem valores relativos ao "Investimento Inicial" diferentes, pode ocorrer problemas de escolha, uma vez que o critério de decisão não associa o VPL com o montante de capital investido em cada um dos projetos.

A título de ilustração, considere dois projetos mutuamente excludentes, Projetos T e V da Cia. Guadalupe, cujos fluxos de caixa constam do Quadro 9.4.

Quadro 9.4 – Fluxos de Caixa dos Projetos T e V da Cia. Guadalupe

Ano	Projeto T	Projeto V
0	-80.000,00	-100.000,00
1	36.000,00	42.000,00
2	46.080,00	54.720,00

Para uma TMA de 20% ao ano, os dois projetos apresentam o mesmo VPL, de R$ 17.000,00. Neste caso, o critério de decisão está associado ao montante relativo ao Investimento Inicial. Intuitivamente, o Projeto T deve ser escolhido.

Em situações como essa, a Taxa Interna de Retorno e o Índice de Lucratividade são considerados métodos mais adequados para a escolha do projeto a ser aprovado.

Atenção:

Ainda, em situações como essa, é necessário cuidado com o valor da TMA, pois, conforme visto no Cap. 5, à medida que aumenta a necessidade de recursos, os custos de cada uma das fontes de capital utilizadas poderão ser mais elevados. Isso implica dizer que a TMA para o Projeto V poderia ser diferente de 20%.

Projetos de Investimentos que Geram Somente Fluxos de Caixa Negativos

Foi visto neste capítulo, a determinação do Valor Presente Líquido de projetos de investimentos que exigem certo montante de Investimento Inicial e que proporcionam fluxos de caixa positivos durante seu horizonte temporal, quer seja por aumento das vendas ou redução de custos, ou mesmo, ambos.

Entretanto, há projetos que geram basicamente dispêndios, ou seja, proporcionam fluxos de caixa negativos, como projetos relativos à segurança patrimonial, prevenção ou redução ou mesmo eliminação de danos ambientais. Em determinadas situações, o ativo objeto de um desses projetos pode ser alienado ao final de sua vida útil, gerando um fluxo de caixa positivo.

Para ilustrar, considere que a Cia. Campo Maior necessita adquirir um equipamento que reduza a emissão de gases poluentes. Dois tipos de equipamentos são encontrados no mercado e atendem a necessidade. O Quadro 9.5 apresenta os fluxos de caixa estimados para esses equipamentos.

Quadro 9.5 – Fluxos de Caixa dos Equipamentos A e B da Cia. Campo Maior

Ano	Equipamento A	Equipamento B
0	-65.000,00	-90.000,00
1	-18.000,00	-15.000,00
2	-20.000,00	-15.000,00
3	-22.000,00	-15.000,00
4 Valor Residual	-24.000,00 0,00	-15.000,00 10.000,00

O custo do capital (TMA) que irá financiar o projeto foi calculado em 20% ao ano.

Neste caso, ao invés de selecionar o projeto que apresenta o maior valor de VPL (positivo), seleciona-se o projeto que gerar o menor Valor Presente (negativo). O Projeto A deve ser o projeto aprovado.

$$VPL_A = -65.000 + \frac{-18.000}{(1+0,20)^1} + \frac{-20.000}{(1+0,20)^2} + \frac{-22.000}{(1+0,20)^3} + \frac{-24.000}{(1+0,20)^4}$$

$$VPL_A = -65.000 - 53.194,44$$

$$VPL_A = -118.194,44$$

$$VPL_B = -90.000 + \frac{-15.000}{(1+0,20)^1} + \frac{-15.000}{(1+0,20)^2} + \frac{-15.000}{(1+0,20)^3} + \frac{-5.000}{(1+0,20)^4}$$

$$VPL_B = -90.000 - 15.000 \times \left[\frac{(1+0,20)^4 - 1}{(1+0,20)^4 \text{ X } 0,20}\right] + \frac{10.000}{(1+0,20)^4}$$

$$VPL_B = -90.000 - 34.008,49$$

$$VPL_B = -124.008,49$$

Taxa Interna de Retorno - TIR

A TIR (Taxa Interna de Retorno) ou IRR (*Internal Rate of Return*) é uma taxa de desconto que iguala o Valor Presente dos fluxos de caixa de um projeto ao valor do Investimento Inicial. Desse modo, ao descontar os fluxos de caixa de um projeto pela TIR, tem-se que o VPL é igual a zero.

Para uma Série Irregular ou Não Uniforme de fluxos de caixa, a TIR é determinada com o emprego da seguinte equação:

$$0 = -I.I. + \frac{FC1}{(1+TIR)^1} + \frac{FC2}{(1+TIR)^2} + \frac{FC3}{(1+TIR)^3} + \ldots + \frac{FCn}{(1+TIR)^n}$$

Os projetos que apresentarem TIR > TMA são projetos economicamente viáveis, pois indicam que os fluxos de caixa gerados são capazes de remunerar as fontes de capital e, ainda gerarem resultados econômicos positivos. Em se tratando de projetos mutuamente excludentes, o projeto mais atrativo é aquele que apresentar maior TIR.

Quando um projeto apresentar TIR < TMA, seu retorno é inferior a seu custo de capital, deixando de ser atrativo e, quando o projeto apresentar TIR = TMA, pode ser indiferente sua aprovação, pois não produz resultado econômico.

Há uma dificuldade natural para se efetuar o cálculo manualmente da TIR, uma vez que devem ser utilizadas taxas de desconto arbitrárias (por tentativa e erro) até que se encontre aquela que iguala o VPL a zero [1].

A título de ilustração, considere que a Cia. Parnaíba avalia a possibilidade de implementar o projeto Alfa. O investimento inicial é estimado em R$ 30.000,00. São previstos os seguintes fluxos de caixa: ano 1 = R$ 7.000,00; ano 2 = R$ 12.000,00; ano 3 = R$ 15.000,00; e, ano 4 = R$ 20.000,00. A TMA para este projeto é de 20% ao ano.

Para determinar a TIR por tentativa e erro, primeiramente, calculam-se dois VPLs, um positivo e outro negativo, ambos mais próximos de zero, com o uso de taxas de desconto arbitrárias (sugere-se variar essas taxa de desconto em 1 ponto percentual). A verdadeira TIR estará entre as duas taxas de desconto mais próximo de zero e será obtida por interpolação com o emprego da seguinte equação:

$$TIR = TMA_1 + \left[(TMA_2 - TMA_1) \times \left(\frac{VPL_1}{VPL_1 - VPL_2}\right)\right]$$

Onde,

TMA_1= Taxa Mínima de Atratividade que torna o VPL positivo

TMA_2= Taxa Mínima de Atratividade que torna o VPL negativo

VPL_1= VPL positivo (próximo de zero)

VPL_2= VPL negativo (próximo de zero)

Para obter o VPL positivo e o VPL negativo do projeto Alfa da Cia. Parnaíba por tentativa e erro, os fluxos de caixa foram descontados por diversas taxas, iniciando com a taxa de 18% ao ano, depois, foi aumentado em 1 ponto percentual, até 25% ao ano, como se observa no Quadro 9.6.

[1] O cálculo da TIR é facilitado com a utilização de calculadoras financeiras e planilhas eletrônicas.

Quadro 9.6 – VPLs do Projeto Alfa da Cia. Parnaíba

TMAs	VPL
18%	R$ 3.995,66
19%	R$ 3.230,94
20%	R$ 2.492,28
21%	R$ 1.778,54
22%	R$ 1.088,64
23%	R$ 421,55
24%	(R$ 223,69)
25%	(R$ 848,00)

Esses dados podem ser visualizados no Gráfico 9.

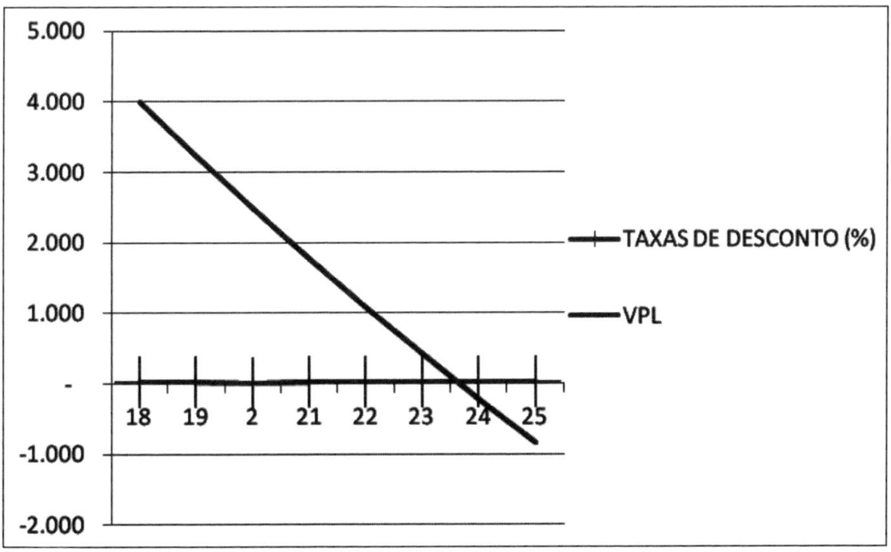

Gráfico 9.1 – VPLs para diferentes TMAs da Cia. Parnaíba

Observa-se que o VPL diminui à medida que a taxa de desconto aumenta e, que a taxa de desconto que iguala o VPL a zero, ou seja, a TIR do projeto Alfa, situa-se entre 23% e 24%.

Com o emprego da equação de interpolação, tem-se:

$$TIR = 0{,}23 + \left[(0{,}24 - 0{,}23) \times \left(\frac{421{,}55}{421{,}55 - (-223{,}69)}\right)\right]$$

$$TIR = 0{,}23 + 0{,}0065$$

$$TIR = 0{,}2365 => 23{,}65\%$$

Quando um projeto apresenta TIR maior que a TMA ele é um projeto economicamente atrativo. No exemplo, a TIR é 23,65% e a TMA é 20%, portanto, o projeto pode ser aprovado.

NOTA:

Importante salientar que o projeto Alfa apresenta um fluxo de caixa convencional, em que há apenas uma inversão de sinal (ver Cap. 1).

● ● ● ● ● ● ● ● ● ● ● ●

Cálculo da TIR com o Emprego da Calculadora Financeira HP 12C

Para efetuar o cálculo da TIR do projeto Alfa da Cia. Parnaíba com o emprego da calculadora financeira HP 12C são utilizadas as seguintes funções:

AÇÃO		VISOR
Apagar os registradores financeiros e de armazenamento de dados	f clear REG	
Investimento Inicial (fluxo de caixa negativo)	30000 CHS g CF_0	-30.000
Fluxo de Caixa do Ano 1	7000 g CF_j	7.000
Fluxo de Caixa do Ano 2	12000 g CF_j	12.000

AÇÃO		VISOR
Fluxo de Caixa do Ano 3	15000 g CF_j	15.000
Fluxo de Caixa do Ano 4	20000 g CF_j	20.000
Obter a TIR	f IRR	23,64956....

Cálculo da TIR com o uso da Planilha Eletrônica EXCEL

Para efetuar o cálculo da TIR do projeto Alfa da Cia. Parnaíba com o emprego da planilha eletrônica EXCEL, é necessário:

- Digitar os fluxos de caixa
- Selecionar a célula onde será apresentado o valor da TIR
- Na célula selecionada, digita-se a sintaxe da função TIR, obtendo a TIR

Sintaxe para a função TIR: =TIR (valores;estimativa)

O argumento "valores" se refere às células onde estão digitados os fluxos de caixa. O argumento "estimativa" é um número que estima ser próximo do resultado relativo à TIR. Na maioria dos fluxos de caixa, este argumento é opcional.

B8 fx =TIR(B2:B6)

	A	B	C	D
1	Períodos	Fluxos de Caixa		
2	0	-30.000,00		
3	1	7.000,00		
4	2	12.000,00		
5	3	15.000,00		
6	4	20.000,00		
7				
8	TIR	23,64956%		

No exemplo foi selecionada a célula B8 e digitada a sintaxe da função: =TIR(B2:B6)

ATIVIDADES

1. A Comercial Campina Grande apresenta o seguinte anúncio de certo modelo de geladeira: de R$ 3.999,99 por R$ 2.399,00 em 12 parcelas de R$ 199,92, sem juros e sem entrada. O anúncio enfatiza que há uma economia de R$ 1.600,00. Como alternativa, o comprador pode efetuar o pagamento à vista no valor de R$ 2.159,10. Com base na estrutura de cálculo da TIR, determine a taxa de juros mensal cobrada por essa loja.
2. A Comercial Castanheira, que também realiza vendas pela internet, apresentou o seguinte anúncio para um aspirador de pó: de R$ 399,00 por R$ 299,00 ou em 9 parcelas de R$ 33,22, sem entrada. Caso o comprador compre à vista, irá pagar R$ 254,15. Com base na estrutura de cálculo da TIR, determine a taxa de juros mensal cobrada por essa loja.

●●●●●●●●●●●●

Premissa do Método da Taxa Interna de Retorno

O método da Taxa Interna de Retorno tem como premissa de que os fluxos de caixa gerados por um projeto são reinvestidos pela empresa (em outros projetos), proporcionando, desse modo, rendimentos no mesmo nível da TIR do projeto em processo de avaliação.

Assim, os fluxos de caixa do projeto Alfa da Cia. Parnaíba, sendo reinvestidos à própria TIR geram um montante de R$ 70.127,98 ao final do quarto ano. A Figura 9.2 ilustra esse montante.

$$VF = 7.000 \times (1{,}236495)^3 + 12.000 \times (1{,}236495)^2 + 15.000 \times (1{,}236495)^1 + 20.000 \times (1{,}236495)^0 = 70.127{,}98$$

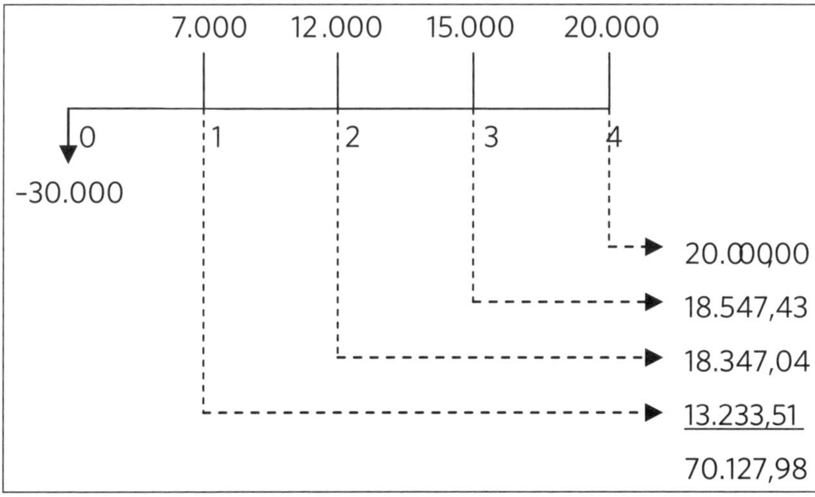

Figura 9.2 – Fluxos de Caixa Reinvestidos pela TIR da Cia. Parnaíba

Relacionando esse Valor Futuro com o investimento inicial, tem-se que o rendimento acumulado é de 133,76%.

$$[(70.127{,}98 - 30.000{,}00) \div 30.000{,}00] \times 100 = 133{,}76\%$$

Esse rendimento acumulado corresponde a 23,65% ao ano, o qual coincide com a Taxa Interna de Retorno.

$$\text{Rendimento Anual} = \left[(1 + 1{,}3376)^{\frac{1}{4}} - 1\right] \times 100$$

$$\text{Rendimento Anual} = 23{,}65\%$$

Problemas com a TIR

O uso da Taxa Interna de Retorno para análise de projetos de investimentos carece de inúmeros cuidados, decorrentes de problemas relativos a limitações do próprio método. Alguns desses problemas são:

Quando a Taxa de Reinvestimento é Diferente da TIR

A premissa de que os fluxos de caixas gerados por um projeto sejam reinvestidos pela própria TIR somente pode ser aceita caso essa condição seja de fato possível de ocorrer. Assim, quando a TIR de um projeto é superior à taxa de reinvestimento de seus fluxos de caixa, tem-se uma situação que a TIR superestima a rentabilidade de um projeto.

Então, quando os fluxos de caixa gerados pelos projetos são reinvestidos com taxas de remuneração diferentes da TIR, deve-se encontrar uma taxa de retorno ajustada. Essa taxa de retorno ajustada é denominada **Taxa Interna de Retorno Modificada - TIRM**.

Para se determinar a Taxa Interna de Retorno Modificada de um Fluxo de Caixa Convencional devem ser seguidos os seguintes passos:

- Os fluxos de caixa positivos devem ser capitalizados para a última data do fluxo de caixa por uma taxa de mercado para reinvestimentos.
- Calcular a taxa de desconto que iguala o Montante capitalizado com o valor do Investimento Inicial. Essa é a TIRM.

OBS:

Em caso de Fluxo de Caixa Não Convencional, devem-se descontar o Valor Presente e os fluxos de caixa negativos por uma taxa de mercado para financiamentos e somá-los ao valor do Investimento Inicial (Ver mais adiante).

Retomando o exemplo do projeto Alfa da Cia. Parnaíba:

a. Supondo que os fluxos de caixa desse projeto fossem reinvestidos com remuneração superior a TIR (por exemplo, 25% ao ano).

$VF = 7.000,00 \times (1,25)^3 + 12.000,00 \times (1, 25)^2 + 15.000,00 \times (1, 25)^1 + 20.000,00 \times (1,25)^0 = 71.171,88$

Rendimento Acumulado: $[(71.171,88 - 30.000,00) \div 30.000,00] \times 100 = 137,24\%$

$$\text{Rendimento Anual} = \left[(1 + 1{,}2459)^{\frac{1}{4}} - 1\right] \times 100$$

$$\text{Rendimento Anual} = 22{,}42\%$$

O rendimento anual de 24,11% é a Taxa Interna de Retorno Modificada - TIRM.

b. Supondo que os fluxos de caixa fossem reinvestidos com remuneração inferior a TIR (por exemplo, 20% ao ano).

$VF = 7.000{,}00 \times (1{,}20)^3 + 12.000{,}00 \times (1,\ 20)^2 + 15.000{,}00 \times (1,\ 20)^1 + 20.000{,}00 \times (1{,}20)^0 = 67.376{,}00$

Rendimento Acumulado: $[(67.376{,}00 - 30.000{,}00) \div 30.000{,}00] \times 100 = 124{,}59\%$

$$\text{Rendimento Anual} = \left[(1 + 1{,}2459)^{\frac{1}{4}} - 1\right] \times 100$$

$$\text{Rendimento Anual} = 22{,}42\%$$

O rendimento anual de 22,42% é a Taxa Interna de Retorno Modificada - TIRM.

Observa-se que a Taxa Interna de Retorno Modificada - TIRM será maior que a TIR, caso os fluxos de caixa sejam reinvestidos por taxas superiores à própria TIR e, menor quando reinvestidos por taxas inferiores à própria TIR.

Importante salientar que não seria razoável considerar que um projeto que apresente uma TIR bastante elevada, possibilitaria que seus fluxos de caixa fossem reinvestidos em outros projetos a essa taxa. Nesse caso, a premissa do método configura-se em sua própria limitação.

Cálculo da Taxa Interna de Retorno Modificada no Excel para o Fluxo de Caixa Convencional

Para efetuar o cálculo da TIRM do projeto X da Cia. Parnaíba com o emprego da planilha EXCEL, é necessário:

- Digitar os fluxos de caixa
- Digitar a Taxa de Reinvestimento dos Fluxos de Caixa positivos

- Na célula selecionada, digitar a sintaxe da função MTIR, obtendo a Taxa Interna de Retorno Modificada. No exemplo, foi selecionada a célula B11 e digitada a sintaxe da função: =MTIR(B2:B6;C9;C8)

Para apresentação do cálculo, será considerado que os fluxos positivos são reinvestidos a 25% ao ano.

B11 | =MTIR(B2:B6;C9;C8)

Pasta1

	A	B	C	D
1	ANO	FLUXOS		
2	0	-30.000,00		
3	1	7.000,00		
4	2	12.000,00		
5	3	15.000,00		
6	4	20.000,00		
7				
8	taxa de reinvestimento:		25,00%	
9	Taxa de financiamento:		0%	
10				
11	MTIR	24,11%		

Problemas com Projetos Mutuamente Excludentes Quando a Taxa de Reinvestimento é Diferente da TIR

Em se tratando de projetos mutuamente excludentes, em geral, o projeto escolhido é aquele que apresenta a Taxa Interna de Retorno mais elevada.

Entretanto, a escolha pode ser diferente quando se considera que a taxa de reinvestimento é diferente da TIR.

Para exemplificar, considere que a Cia. Itabuna está diante dos fluxos de caixa de dois projetos mutuamente excludentes, ilustrados no Quadro 9.7.

Quadro 9.7 – Fluxos de Caixa dos Projetos X e Y da Cia. Itabuna

Ano	Projeto X	Projeto Y
0	-130.000,00	-130.000,00
1	110.000,00	20.000,00
2	55.000,00	85.000,00
3	11.000,00	90.000,00

A TIR do Projeto X é 24,17% e do Projeto Y, 19,10%, ambas superiores à TMA. Assim, com base na TIR, é recomendada a escolha do projeto X enquanto que o projeto Y seria rejeitado. Entretanto, dependendo da taxa de reinvestimento desses fluxos de caixa, a decisão pode ser alterada. Para ilustrar considere que os Fluxos de Caixa dos Projetos X e Y possam ser reinvestidos por diferentes taxas, conforme Quadros 9.8 e 9.9.

Quadro 9.8 – Fluxos de Caixa do Projeto X da Cia. Itabuna reinvestidos por diferentes Taxas

Taxa de Reinvestimento	Fluxos de Caixa do Projeto X					
	Ano 1	Ano 2	Ano 3	VF	Inv. Inicial	TIRM
	110.000,00	55.000,00	11.000,00			
0%	110.000,00	55.000,00	11.000,00	176.000,00	-130.000,00	10,63%
3%	116.699,00	56.650,00	11.000,00	184.349,00	-130.000,00	12,35%
6%	123.596,00	58.300,00	11.000,00	192.896,00	-130.000,00	14,06%
9%	130.691,00	59.950,00	11.000,00	201.641,00	-130.000,00	15,76%
12%	137.984,00	61.600,00	11.000,00	210.584,00	-130.000,00	17,44%
15%	145.475,00	63.250,00	11.000,00	219.725,00	-130.000,00	19,12%
18%	153.164,00	64.900,00	11.000,00	229.064,00	-130.000,00	20,78%
21%	161.051,00	66.550,00	11.000,00	238.601,00	-130.000,00	22,44%
24%	169.136,00	68.200,00	11.000,00	248.336,00	-130.000,00	24,08%
27%	177.419,00	69.850,00	11.000,00	258.269,00	-130.000,00	25,71%
30%	185.900,00	71.500,00	11.000,00	268.400,00	-130.000,00	27,33%

Quadro 9.9 – Fluxos de Caixa do Projeto Y da Cia. Itabuna reinvestidos por diferentes Taxas

	Fluxos de Caixa do Projeto Y					
Taxa de Reinvestimento	Ano 1	Ano 2	Ano 3	VF	Inv. Inicial	TIRM
	20.000,00	85.000,00	90.000,00			
0%	20.000,00	85.000,00	90.000,00	195.000,00	-130.000,00	14,47%
3%	21.218,00	87.550,00	90.000,00	198.768,00	-130.000,00	15,20%
6%	22.472,00	90.100,00	90.000,00	202.572,00	-130.000,00	15,93%
9%	23.762,00	92.650,00	90.000,00	206.412,00	-130.000,00	16,66%
12%	25.088,00	95.200,00	90.000,00	210.288,00	-130.000,00	17,39%
15%	26.450,00	97.750,00	90.000,00	214.200,00	-130.000,00	18,11%
18%	27.848,00	100.300,00	90.000,00	218.148,00	-130.000,00	18,83%
21%	29.282,00	102.850,00	90.000,00	222.132,00	-130.000,00	19,55%
24%	30.752,00	105.400,00	90.000,00	226.152,00	-130.000,00	20,27%
27%	32.258,00	107.950,00	90.000,00	230.208,00	-130.000,00	20,98%
30%	33.800,00	110.500,00	90.000,00	234.300,00	-130.000,00	21,70%

Com base na TIRM, o Projeto Y seria aprovado quando as taxas de reinvestimento fossem 0%, 3%, 6% e 9%. Para as demais taxas de reinvestimento, o Projeto X seria aprovado.

Problema com Fluxos de Caixa Não Convencionais

Problemas com a avaliação de projetos com base na TIR ocorrem em fluxos de caixa não convencionais (fluxos de caixa não convencionais apresentam mais de uma inversão de sinal ao longo de seu horizonte temporal) - pode-se obter mais de uma TIR para um mesmo fluxo de caixa, situação denominada **TIRs múltiplas** - neste caso, a TIR não tem interpretação econômica no processo de avaliação do projeto.

Nota:

Os projetos com fluxos de caixa convencionais apresentam apenas uma TIR, enquanto que os projetos com fluxos de caixa não convencionais podem apresentar mais de uma TIR.

Para exemplificar, considere que uma cidade do interior, interessada em desenvolver o turismo, consulte a empresa Eventos Barretos, especializada em promover eventos, com o objetivo de instalar uma grande arena para a realização de shows. O contrato tem duração de dois anos.

Estudos realizados pela Eventos Barretos apontam que o investimento inicial (construção da arena), será de R$ 220.000,00. O fluxo de caixa do primeiro ano será positivo, com valor estimado de R$ 528.000,00. No segundo ano, quando a arena será desmontada, o fluxo de caixa será negativo, com valor estimado de R$ 314.600,00. A Taxa Mínima de Atratividade da Eventos Barretos é de 20% ao ano.

Com base no VPL, o projeto seria aprovado:

$$VPL = -220.000,00 + \frac{528.000,00}{(1+0,20)^1} + \frac{-314.600,00}{(1+0,20)^2}$$

$$VPL = 1.527,78$$

Entretanto, esse fluxo de caixa apresenta duas Taxas Internas de Retorno: 10% e 30%. Descontando o fluxo de caixa por uma taxa ou outra, o VPL é zero. Porém, considerando a taxa de 10%, o projeto seria rejeitado, pois a TIR é menor que a TMA e, considerando a taxa de 30%, o projeto seria aprovado, pois a TIR é maior que a TMA.

Buscando entender esta situação, veja no Quadro 9.10 como fica o VPL desse projeto para diferentes TMAs, bem como sua representação no Gráfico 9.2.

Quadro 9.10 – VPLs da Arena de Shows da Eventos Barretos

TMA	VPL
0	-6.600,00
5%	-2.494,33
10%	0,00
15%	1.247,64
20%	1.527,78
25%	1.056,00
30%	0,00
35%	-1.508,92
40%	-3.367,35

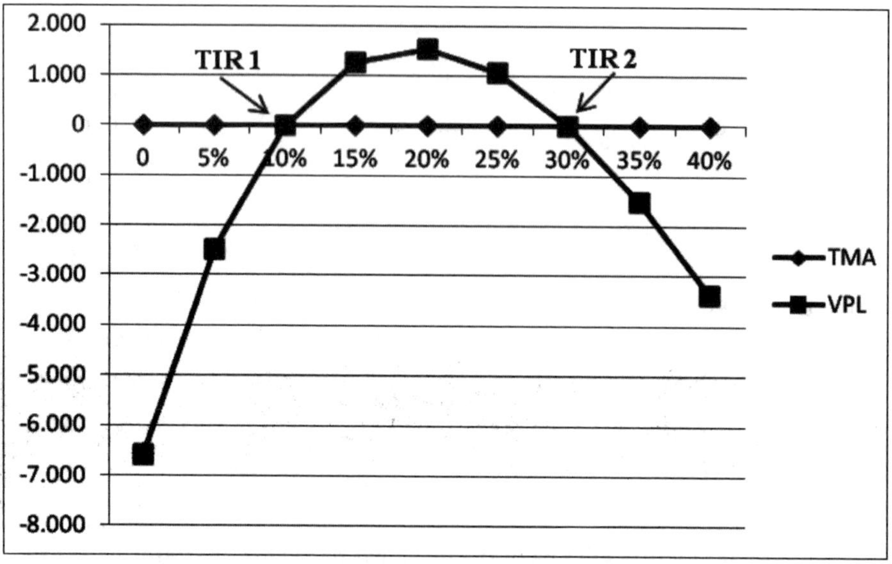

Gráfico 9.2 – VPLs da Arena de Shows da Evento Barretos

Com a planilha eletrônica Excel pode-se calcular as duas Taxas Internas de Retorno.

Nota:

O Excel fornece uma TIR, porém, não adverte que poderá haver mais de uma TIR para um fluxo de caixa não convencional.

● ● ● ● ● ● ● ● ● ● ● ●

Assim, na hipótese de um fluxo de caixa possuir mais de uma TIR, com o emprego da planilha eletrônica EXCEL, é necessário:

- Digitar os fluxos de caixa
- Selecionar a célula onde será apresentado o valor da primeira TIR
- Selecionar a célula onde será apresentado o valor da segunda TIR
- Nas células selecionadas, digita-se a sintaxe da função TIR, obtendo a TIR.

Sintaxe para a função TIR: =TIR(valores;estimativa)

O argumento "valores" se refere às células onde estão digitados os fluxos de caixa. No argumento "estimativa" digita-se o número 0 para se obter a primeira TIR. Para obter a segunda TIR, digita-se o número 1.

	A	B	C	D
1	ANO	FLUXOS		
2	0	-220.000,00		
3	1	528.000,00		
4	2	-314.600,00		
5				
6	TIR 1	10,0%	=TIR(B2:B4;0)	
7	TIR 2	30,0%	=TIR(B2:B4;1)	

Como descrito no início desta seção, quando um projeto apresenta TIRs múltiplas, o método da Taxa Interna de Retorno não tem significado no processo de avaliação. Em situações como esta, utiliza-se a Taxa Interna de Retorno Modificada - TIRM. Foi visto neste Capítulo que a TIRM deve ser utilizada como alternativa em situações nas quais a TIR seja diferente da taxa de reinvestimento dos fluxos de caixa de um projeto. Agora, tem-se que a TIRM também corrige os problemas decorrentes de fluxos de caixa não convencionais.

Em se tratando de fluxos de caixa não convencionais, a TIRM deve ser calculada da seguinte maneira:

a. Descontar a Valor Presente todos os fluxos de caixa negativos por uma taxa de mercado para financiamento e somá-los ao Investimento Inicial.

b. Capitalizar a Valor Futuro todos os fluxos de caixa positivos por uma taxa de mercado para reinvestimento.

c. Encontrar a taxa de desconto que iguala o Valor Futuro ao Valor Presente com o emprego da equação utilizada para determinar a taxa de juros, visto no Cap. 1 (juros compostos), onde "*i*" corresponde a TIRM:

$$i = \left[\left(\frac{VF}{VP}\right)^{\frac{1}{n}} - 1\right] \times 100$$

No exemplo, a Eventos Barretos pode reinvestir os fluxos de caixa positivos a 18% ao ano e financiar seus fluxos negativos a 22% ao ano. Assim, tem-se:

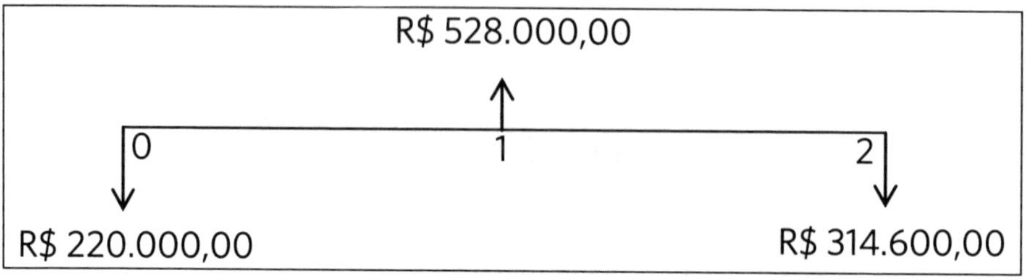

$$\textit{VP dos Fluxos Negativos: } -220.000{,}00 - \frac{314.600{,}00}{(1+0{,}22)^2}$$

$$\textit{VP dos Fluxos Negativos} = -431.367{,}91$$

$$\textit{VF dos Fluxos Positivos} = 528.000{,}00 \times (1+0{,}18)^1$$

$$\textit{VF dos Fluxos Positivos} = 623.040{,}00$$

A TIRM desse fluxo é:

$$i = \left[\left(\frac{623.040{,}00}{431.367{,}91}\right)^{\frac{1}{2}} - 1\right] \times 100$$

$$i = 20{,}18\%$$

Como a TIRM de 20,18% é superior a TMA de 20%, o projeto pode ser aprovado.

Cálculo da Taxa Interna de Retorno Modificada no Excel para o Fluxo de Caixa Não Convencional

Para efetuar o cálculo da TIRM do projeto da Cia. Eventos Barretos com o emprego da planilha EXCEL, é necessário:

- Digitar os fluxos de caixa
- Digitar a Taxa de Reinvestimentos dos Fluxos de Caixa positivos

- Digitar a Taxa de Financiamentos dos Fluxos de Caixa negativos
- Na célula selecionada, digitar a sintaxe da função MTIR, obtendo a Taxa Interna de Retorno Modificada. No exemplo, foi selecionada a célula B9 e digitada a sintaxe da função: =MTIR(B2:B4;C7;C6)

B9 | =MTIR(B2:B4;C7;C6)

Pasta1

	A	B	C	D
1	ANO	FLUXOS		
2	0	-220.000,00		
3	1	528.000,00		
4	2	-314.600,00		
5				
6	taxa de reinvestimento:		18,00%	
7	Taxa de financiamento:		22,00%	
8				
9	MTIR	20,18%		

Conflito Entre VPL e TIR

Quando se avalia a viabilidade econômica de um único projeto ou de projetos independentes, os métodos VPL e TIR permitem a mesma conclusão sobre aceitação ou não desses projetos, pois sempre que o VPL for positivo, a TIR será mais alta que a TMA.

Entretanto, para projetos mutuamente excludentes pode-se estar diante de uma situação na qual um projeto que se mostra viável pelo VPL e, o projeto concorrente se mostra viável pela TIR.

O conflito gerado por estes dois métodos decorre da forma como os fluxos de caixa de dois ou mais projetos se distribuem ao longo do horizonte temporal dos mesmos.

Para exemplificar, considere os fluxos de caixa dos dois projetos mutuamente excludentes da Cia. Itabuna apresentados neste Capítulo, ilustrados no Quadro 9.7.

A TIR do Projeto X é 24,17% e do Projeto Y, 19,10%. Assim, é recomendada a escolha do projeto X enquanto que o projeto Y seria rejeitado. Entretanto, se for considerado o VPL como critério de decisão, dependendo da TMA utilizada, pode-se chegar a conclusões diferentes.

Para estes projetos, obtêm-se os VPLs constantes do Quadro 9.11 calculados por diferentes TMAs

Quadro 9.11 – VPLs dos Projetos X e Y da Cia. Itabuna

TMA	VPL Projeto X	VPL Projeto Y	Projeto Aprovado
0%	46.000,00	65.000,00	Y
3%	38.705,45	51.900,88	Y
6%	31.959,20	40.083,36	Y
9%	25.703,85	29.387,94	Y
12%	19.889,53	19.678,84	X
15%	14.472,75	10.839,98	X
18%	9.415,42	2.771,61	X
21%	4.684,04	-4.612,28	X
24%	249,07	-11.386,16	X
27%	-3.915,67	-17.614,77	Nenhum dos projetos
30%	-7.833,41	-23.354,57	Nenhum dos projetos

Verifica-se que há uma inversão na recomendação do projeto a ser aprovado quando a TMA estiver situada entre 9% e 12%.

No gráfico 9.3, observa-se a existência de um ponto no qual a reta representativa do VPL dos dois projetos se cruza. Esse ponto corresponde a taxa que iguala o VPL dos dois projetos de investimento. Ele é denominado Ponto de Intersecção de Fischer.

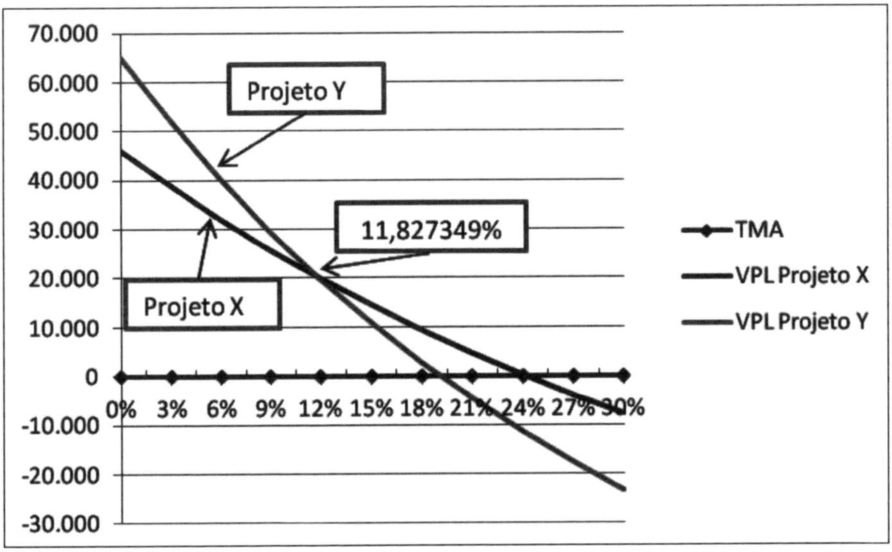

Gráfico 9.3 – Ponto de Intersecção de Fischer dos Projetos X e Y da Cia. Itabuna

Para determinar a taxa que representa a Intersecção de Fischer deve-se calcular a diferença entre os fluxos de caixa dos dois projetos e depois obter a TIR desse "fluxo" da diferença. O Quadro 9.12 apresenta o Fluxo da Diferença dos Projetos X e Y da Cia. Itabuna.

Quadro 9.12 – Fluxo da Diferença dos Projetos X e Y da Cia. Itabuna

Anos	Projeto X	Projeto Y	Fluxo da Diferença
0	-130.000,00	-130.000,00	0,00
1	110.000,00	20.000,00	90.000,00
2	55.000,00	85.000,00	(30.000,00)
3	11.000,00	90.000,00	(79.000,00)

A TIR do fluxo da diferença é 11,827349%. Com essa taxa, o VPL dos Projetos X e Y são iguais, ou seja, correspondem a R$ 20.212,98 sendo, portanto, indiferente a escolha de um projeto ou outro.

Embora a TIR do Projeto Y seja menor que a TIR do Projeto X, 19,10% e 24,17%, respectivamente, com taxas de descontos inferiores a 11,827349%, o projeto Y é mais vantajoso. Acima de 11,827349%, o projeto X passa a ser mais vantajoso.

VPL ou TIR?

Para Gitman (2010), os administradores financeiros preferem usar a TIR. Essa preferência pela TIR pode ser atribuível à disposição geral dos administradores por taxas de retorno ao invés de valores monetários.

Aparentemente, é intuitivamente mais atraente analisar os projetos de investimentos em termos de taxas de retorno do que em valores de VPL. Acrescenta-se o fato de que se têm duas medidas que se apresentam na mesma base (em porcentagem), a TIR e a TMA para comparações.

Índice de Lucratividade

Para determinar esse indicador, há que se descontar o fluxo de caixa do projeto para a data do investimento inicial considerando-se a Taxa Mínima de Atratividade.

O Índice de Lucratividade é obtido pela divisão do Valor Presente dos Fluxos de Caixa pelo valor do investimento inicial.

Para exemplificar, considere o fluxo de caixa do Projeto Z da Cia. Araguari constante do Quadro 9.13, cuja TMA é de 20% ao ano.

Quadro 9.13 – Fluxos de Caixa do Projeto Z da Cia. Araguari

Ano	Fluxos de Caixa
0	- 250.000,00
1	80.000,00
2	100.000,00
3	130.000,00
4	150.000,00

Cálculo do Índice de Lucratividade:

$$IL = \frac{\dfrac{80.000}{(1+0,20)^1} + \dfrac{100.000}{(1+0,20)^2} + \dfrac{130.000}{(1+0,20)^3} + \dfrac{150.000}{(1+0,20)^4}}{250.000}$$

$$IL = \frac{283.680,56}{250.000,00}$$

$$IL = 1,13$$

O índice de lucratividade indica o quanto o projeto proporciona de retorno para cada R$ 1,00 nele investido. Nesse caso, retorna R$ 1,13.

Assim, um projeto somente é atrativo quando esse indicador for superior a 1,0.

PERFIL DE OPORTUNIDADES DE INVESTIMENTOS

O montante de recursos necessários para investimentos decorre da quantidade de projetos que podem ser implementados. Assim, as empresas devem identificar os melhores projetos, ordená-los, por exemplo, a partir daquele que gera a TIR mais elevada e combinar com o custo dos recursos necessários para financiá-los, ou seja, o CMgPC.

Para exemplificar, considere que a Cia. Alfenas S. A. do Cap. 5, calculou a TIR de cada uma de suas propostas de investimentos. Assim, há um Custo Marginal Ponderado de Capital e uma Taxa Interna de Retorno para cada uma das propostas. O Quadro 9.14 reúne esses dados. Assim, tem-se o **Perfil de Oportunidades de Investimentos** da empresa.

Quadro 9.14 – Perfil de Oportunidades de Investimentos da Cia. Alfenas

Propostas de Investimentos	Valor do Investimento	Investimento Acumulado	TIR	CM*g*PC
A	150.000,00	150.000,00	25,25%	16,57%
B	200.000,00	350.000,00	23,10%	16,57%
C	120.000,00	470.000,00	22,40%	16,57%

Propostas de Investimentos	Valor do Investimento	Investimento Acumulado	TIR	CM*g*PC
D	110.000,00	580.000,00	22,20%	16,57%
E	80.000,00	660.000,00	21,75%	16,57%
F	140.000,00	800.000,00	21,60%	16,57%
G	70.000,00	870.000,00	20,75%	19,17%
H	130.000,00	1.000.000,00	18,50%	19,17%
I	90.000,00	1.090.000,00	17,30%	19,78%
J	60.000,00	1.150.000,00	16,50%	19,78%

O perfil de oportunidades de investimentos da Cia. Alfenas pode ser visualizado no Gráfico 9.4.

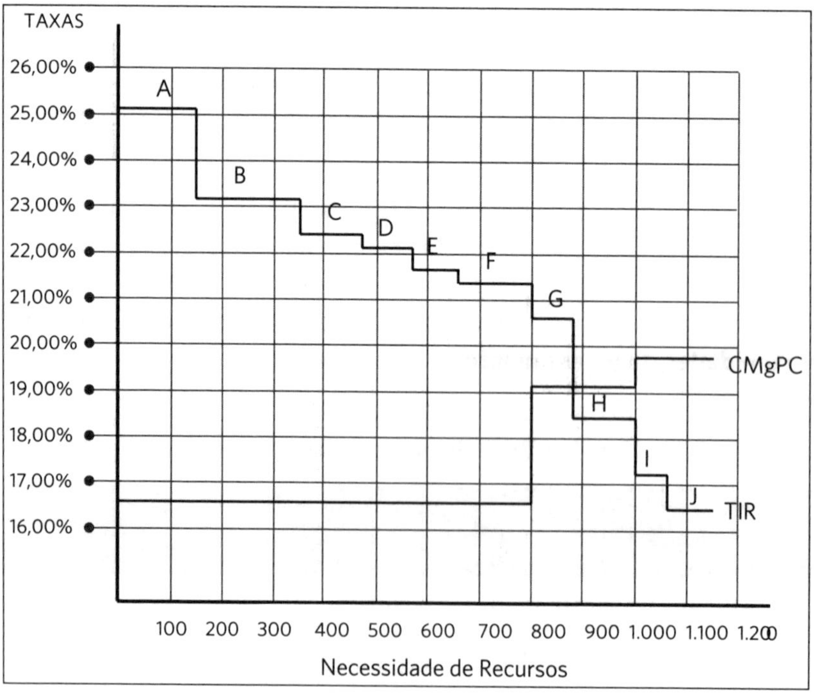

Gráfico 9.4 – Perfil de Oportunidades de Investimentos da Cia. Alfenas

Verifica-se no gráfico que os projetos A, B, C, D, E, F e G proporcionam Taxas Internas de Retornos que superam os correspondentes Custos Marginais Ponderados de Capital, sendo, portanto, os projetos que podem ser aprovados. Os demais projetos apresentam Taxas Internas de Retornos menores que os correspondentes Custos Marginais Ponderados de Capital, indicando que não devem ser aprovados.

EXERCÍCIOS

1. A Cia. Campo Azul estimou os seguintes fluxos de caixa de dois projetos mutuamente excludentes:

Ano	Projeto A	Projeto B
0	-270.000,00	-270.000,00
1	90.000,00	50.000,00
2	120.000,00	60.000,00
3	60.000,00	70.000,00
4	0,00	90.000,00
5	-40.000,00	120.000,00
6	80.000,00	150.000,00

Pede-se:

a. Com base no *pay-back* simples, qual projeto deve ser aprovado?

b. Faça uma análise dos fluxos de caixa após o período de *pay-back* e comente sobre a escolha feita em "a".

2. A Cia. Uirapuru apresenta dois projetos mutuamente excludentes, o Projeto X e o Projeto Y, ambos com fluxos de caixa uniformes e horizonte temporal de 12 anos. Não é previsto valor residual destes projetos. A Taxa Mínima de Atratividade da empresa é de 12% ao ano. Os seguintes dados foram levantados:

Projetos	X	Y
Investimento Inicial	680.000,00	710.000,00
Fluxos de caixas	120.000,00	125.000,00

Calcule para cada projeto:

a. O *Payback* simples

b. O *Payback* descontado

c. Indique qual projeto deve ser escolhido.

3. A Cia. Paranapanema avalia dois projetos independentes. Os seguintes dados foram levantados:

Projetos	Alfa	Beta
Investimento Inicial	350.000,00	90.000,00
Fluxo de caixa do ano 1	45.000,00	15.000,00
Horizonte Temporal	10 anos	15 anos
Taxa de Crescimento Anual dos Fluxos de Caixa, g	8%	5%

A Taxa Mínima de Atratividade da empresa é de 10% ao ano. A empresa considera que o prazo máximo de *pay-back* é de 8 anos. Pede-se:

a. Deve-se utilizar o *pay-back* simples ou descontado para avaliar os fluxos de caixa dos projetos?

b. Os projetos devem ser aprovados?

c. Faça uma análise dos resultados encontrados.

4. A Cia. Buritis pretende aumentar a oferta de serviços de pintura e, para isso necessita adquirir um novo equipamento. O investimento corresponde a R$ 180.000,00 relativos ao equipamento mais R$ 40.000,00 para instalações e treinamento dos funcionários. Estima usar esse equipamento por 8 anos, quando então, será substituído. Não é previsto valor residual.

Com isso, a empresa estima que seu lucro vá crescer R$ 40.000,00 no primeiro ano, aumentando em progressão geométrica de 5% ao ano.

Determine:

a. O tempo necessário para recuperar o investimento (*pay-back* simples).

b. O tempo necessário para recuperar o investimento, considerando juros de 10% ao ano (*pay-back* descontado).

5. A Cia. Itapira está avaliando três projetos mutuamente excludentes, cujos fluxos de caixa são:

Ano	Projeto 1	Projeto 2	Projeto 3
0	-150.000,00	-150.000,00	-150.000,00
1	0	0	30.000,00
2	0	0	30.000,00
3	0	0	0
4	80.000,00	0	0
5	140.000,00	0	180.000,00
6	220.000,00	540.000,00	180.000,00

Considerando que a TMA da empresa é de 20% ao ano, indique o projeto a ser aprovado com base no VPL.

6. A direção da Cia. Montes Claros pretende adquirir máquinas e equipamentos para fabricar um novo produto, cujo investimento inicial é estimado em R$ 800.000,00. Estudos realizados apontaram que o lucro da empresa no primeiro ano de uso dessas máquinas e equipamentos deverá crescer R$ 150.000,00, aumentando em progressão aritmética de R$ 100.000,00 por ano nos próximos 3 anos. Ao final deste período, as máquinas e equipamentos poderão ser vendidos para um mercado de segunda mão, gerando uma receita líquida de R$ 300.000,00. Considerando que a TMA da empresa é de 25% ao ano, determine o VPL.

7. A Cia. Diamantina avalia dois projetos de investimentos mutuamente excludentes, que apresentam os seguintes fluxos de caixa:

Ano	Projeto A	Projeto B
0	-80.000,00	-80.000,00
1	15.000,00	30.830,62
2	23.000,00	30.830,62
3	31.000,00	30.830,62
4	39.000,00	30.830,62
5	47.000,00	30.830,62
6	55.000,00	30.830,62

Considerando que a empresa possa captar recursos de diferentes fontes, de modo que a TMA poderia ser de 15% ao ano; 20% ao ano; 25% ao ano; 30% ao ano; ou 35% ao ano.

Determine qual projeto poderia ser aprovada conforme essas TMAs, com base no VPL.

8. A Cia. Belmonte está analisando três projetos independentes. A empresa consegue captar até R$ 200.000,00 para investimentos. A Taxa Mínima de Atratividade da empresa é de 25% ao ano. Os seguintes dados foram levantados para análise:

Projetos	A	B	C
Investimento Inicial com aquisição e instalação de equipamentos	80.000,00	110.000,00	200.000,00
Fluxo de Caixa do Ano 1	46.000,00	54.000,00	114.000,00
Taxa de Crescimento Anual dos Fluxos de Caixa, g	10%	8%	6%

Não é previsto valor residual para nenhum dos projetos. O horizonte temporal de cada projeto é de 10 anos.

Elabore os fluxos de caixa e determine o(s) projetos(s) a ser(em) aprovado(s), com base no VPL.

9. A Cia. Arapongas planeja fabricar uma nova linha de móveis populares. A Taxa Mínima de Atratividade da empresa é de 10% ao ano. Está avaliando duas alternativas:

- Alternativa A: aquisição de um equipamento com investimento inicial de R$ 50.000,00. Os fluxos de caixa associados a esse equipamento são de R$ 10.000,00 por ano. Sua vida útil é de 8 anos. Não é estimado valor residual.

- Alternativa B: aquisição de um equipamento com investimento inicial de R$ 50.000,00. Os fluxos de caixa associados a esse equipamento são de R$ 10.000,00 por ano. Sua vida útil é de 6 anos. O valor residual é estimado em R$ 15.000,00.

Pede-se:

a. Determine o VPL de cada alternativa.

b. Considerando que são alternativas mutuamente excludentes, qual deve ser aprovada?

10. A Companhia Araripe está analisando dois projetos mutuamente excludentes. Os valores correspondentes ao investimento inicial e os fluxos de caixa do Ano 1 para os projetos são apresentados abaixo. Não é previsto valor residual. A Taxa Mínima de Atratividade da empresa é 18% ao ano. O horizonte temporal de cada projeto é de 13 anos.

Projetos	Alfa	Beta
Investimento Inicial com aquisição e instalação de equipamentos	500.000,00	500.000,00
Fluxo de Caixa do Ano 1	220.000,00	245.000,00
Taxa de Redução Anual dos Fluxos de Caixa, g	10%	
Redução Anual dos Fluxos de Caixa, G		20.000,00

Com base no Valor Presente Líquido, qual desses projetos seria recomendado? Justifique a escolha.

11. A Cia. Araguaína estuda a aquisição de um novo equipamento e dois modelos atendem suas necessidades. Os dados relativos a esses modelos são:

Modelos	M1	M2
Investimento Inicial com aquisição e instalação de equipamentos	400.000,00	400.000,00
Fluxos de Caixa do Ano 1	99.660,00	119.239,68
Crescimento anual dos Fluxos de Caixa, *G*	10.000,00	3.000,00
Valor Residual ao final do ano 10	40.000,00	40.000,00

A Taxa Mínima de Atratividade da empresa é de 25% ao ano. Caso a direção da empresa decida com base no VPL, qual equipamento deve ser adquirido?

12. A Cia. Águas Lindas, fabricante de piscinas está planejando expandir-se para novos mercados. Inicialmente, pretende instalar uma loja piloto em uma cidade da região central do Brasil. Para isso, deve investir R$ 300.000,00 no negócio. O lucro líquido previsto para o primeiro ano de atividade é estimado em R$ 50.000,00, com crescimento em progressão geométrica de 7,5% ao ano nos próximos 4 anos. Considerando que a Taxa Mínima de Atratividade para esse projeto é de 15% ao ano, determine o Valor Presente Líquido. Descreva sobre a viabilidade desse projeto.

13. A Cia. de Alimentos Paulínia pretende ampliar suas instalações, necessitando para isso, investir R$ 2.000.000,00 em novas máquinas e equipamentos. Com isso, o lucro da empresa deve aumentar em R$ 300.000,00 no primeiro ano, crescendo em progressão aritmética de R$ 100.000,00 ao ano até 10º ano. Considerando que a Taxa Mínima de Atratividade da empresa é de 22% ao ano, avalie se o projeto é viável ou não, com base no VPL.

14. A direção da Cia. Cristalina está diante dos fluxos de caixa de dois projetos mutuamente excludentes para expansão de sua linha de montagem:

Ano	Projeto A	Projeto B
0	-80.000,00	-120.000,00
1	40.000,00	60.000,00
2	40.000,00	60.000,00
3	40.000,00	60.000,00
4	40.000,00	

Considerando que a Taxa Mínima de Atratividade da empresa é de 16% ao ano, e que não haverá valor residual, determine qual projeto pode ser implementado com base no VPL.

15. A Cia. Cerro Negro irá investir em um novo equipamento para reduzir os ruídos em sua planta industrial. Três equipamentos atendem suas necessidades. O investimento inicial e os gastos operacionais previstos para os próximos 10 anos de cada um deles são:

Ano	Equipamento 1	Equipamento 2	Equipamento 3
0	-480.000,00	-490.000,00	-500.000,00
1	-20.000,00	-25.000,00	-15.000,00
2	-22.000,00	-25.000,00	-16.500,00
3	-24.000,00	-25.000,00	-18.150,00
4	-26.000,00	-25.000,00	-19.965,00
5	-28.000,00	-25.000,00	-21.961,50
6	-30.000,00	-30.000,00	-24.157,65
7	-32.000,00	-30.000,00	-26.573,42
8	-34.000,00	-30.000,00	-29.230,76

Ano	Equipamento 1	Equipamento 2	Equipamento 3
9	-36.000,00	-30.000,00	-32.153,83
10	-38.000,00	-30.000,00	-35.369,22

Considerando que a TMA da empresa é de 15% ao ano, recomende qual equipamento deverá ser adquirido com base no Valor Presente.

16. A Cia. Porto Ferreira necessita substituir a tubulação de água do sistema de resfriamento de equipamentos. Pode utilizar tubos de 20 cm ou de 30 cm. Os seguintes dados foram levantados:

	Tubos de 20 cm	Tubos de 30 cm
Investimento Inicial	230.000,00	280.000,00
Custo de bombeamento anual	40.000,00	35.000,00
Vida útil da tubulação	20 anos	20 anos
Valor Residual	Não há	Não há

Considerando que a TMA da empresa é de 18% ao ano, qual tubulação deve ser utilizada com base no Valor Presente?

17. A Cia. Caibi necessita instalar um novo sistema de segurança e, duas alternativas estão em estudo. Os seguintes dados foram levantados:

	Alternativa 1	Alternativa 2
Vida útil	10 anos	10 anos
Investimento Inicial	R$ 30.000,00	R$ 25.000,00
Custo Anual com Manutenção	R$ 5.000,00	R$ 6.000,00
Valor Residual	R$ 8.000,00	Não há

Considerando-se que a TMA da empresa é de 20% ao ano qual alternativa deve ser recomenda com base em Valor Presente?

18. A Cia. Mauriti fabricante de eletroeletrônicos investiu R$ 584.000,00 em uma nova linha de aparelhos de som, a qual deve ser descontinuada em 3 anos e os equipamentos vendidos. A direção estima que o lucro dessa linha deva ser de R$ 240.000,00 no primeiro ano, R$ 300.000,00 no segundo ano e, R$ 234.375,00 no terceiro ano. A receita líquida com a venda dos equipamentos é estimada em R$ 156.250,00.

Considerando que a TMA da empresa é de 20% ao ano, analise a viabilidade dessa nova linha com base na TIR. Apresente os cálculos.

19. A Cia. Lajes avalia dois projetos mutuamente excludentes, cujos fluxos de caixa são:

Ano	Projeto A	Projeto B
0	-540.000,00	-540.000,00
1	205.200,00	232.595,00
2	233.928,00	232.595,00
3	266.677,92	232.595,00

Considerando que a TMA da empresa é de 14% ao ano, analise a viabilidade desses projetos com base na TIR. Apresente os cálculos.

20. A Cia. Pindamonhangaba está avaliando a possibilidade de implementar um projeto de uma nova linha de produtos. Para isso, necessita investir R$ 400.000,00 em novas máquinas. São estimados fluxos de caixa anuais de R$ 80.000,00 por 8 anos. O valor residual dessas máquinas é estimado em R$ 110.000,00. A TMA da empresa é de 15% ao ano. Determine a TIR desse projeto e avalie se o projeto é viável ou não.

21. A direção da Cia. Suzano está diante dos fluxos de caixa de três projetos independentes:

Ano	Projeto A	Projeto B	Projeto C
0	-120.000,00	-120.000,00	-120.000,00
1	60.000,00	50.000,00	70.000,00

Ano	Projeto A	Projeto B	Projeto C
2	60.000,00	60.000,00	60.000,00
3	60.000,00	70.000,00	50.000,00

Considerando que a TMA da empresa é 23% ao ano, esses projetos podem ser aprovados com base na TIR? Apresente os cálculos.

22. A Cia. Pirajuí presta serviços especializados de retífica. A demanda pelos serviços vem crescendo nos últimos anos, de modo que a direção da empresa considera ser estratégico aumentar a capacidade instalada. Para isso, deve adquirir um novo torno e, dois modelos estão em análise. Os seguintes dados foram levantados:

Projetos	Torno ZX	Torno ZY
Investimento Inicial com aquisição e instalação de equipamentos	300.000,00	350.000,00
Fluxos de Caixa do Ano 1 a 10	60.000,00	65.000,00
Valor Residual ao final do ano 10	50.000,00	80.000,00

Considerando que a Taxa Mínima de Atratividade para esse projeto é de 15% ao ano, qual torno deverá ser escolhido, com base na TIR? Apresente os cálculos.

23. A divisão de marketing da fábrica de bolsas e sapatos femininos Guaraciama avalia que haverá demanda para uma nova linha desses produtos pelos próximos 10 anos.

A cada ano, a empresa deverá realizar pequenas alterações estéticas nas bolsas e nos sapatos, cujos gastos não deverão ser representativos, portanto, não incluídos no fluxo de caixa.

Para a linha de bolsas, o investimento inicial é estimado em R$ 250.000,00 e, o fluxo de caixa do primeiro ano, deverá ser R$ 50.000,00. Estima-se que haverá crescimento da demanda de 10% ao ano nos próximos 4 anos e, depois, redução da demanda de 12% ao ano até o fim do projeto. Os fluxos de caixa acompanharão esse crescimento e redução da demanda. Não é previsto valor residual dos equipamentos que serão adquiridos.

Para a linha de sapatos, o investimento inicial é estimado em R$ 320.000,00, e, o fluxo de caixa do primeiro ano, deverá ser de R$ 75.000,00. Estima-se crescimento aritmético do fluxo de caixa de R$ 10.000,00 por ano nos próximos 5 anos e, depois, redução de R$ 30.000,00 por ano até o fim do projeto. Não é previsto valor residual dos equipamentos que serão adquiridos.

A Taxa Mínima de Atratividade para esses projetos é de 20% ao ano. Avalie se os projetos devem ser implementados com base na TIR. Apresente os cálculos.

24. A Comercial Araucária possui uma loja física de equipamentos de informática. O proprietário está avaliando investir em uma loja virtual, com vendas pela *internet*. Estudos indicam que há necessidade de investir R$ 150.000,00 para viabilizar o negócio. O lucro no primeiro ano é estimado em R$ 30.000,00, devendo crescer em progressão geométrica de 30% ao ano nos próximos 4 anos. Considerando que a Taxa Mínima de Atratividade para esse negócio é de 16% ao ano, avalie a viabilidade dessa loja com base na TIR. Apresente os cálculos.

25. A direção da Cia. Ibituruna está avaliando dois projetos mutuamente excludentes, cujos fluxos de caixa são:

Ano	Projeto A	Projeto B
0	-30.000,00	-30.000,00
1	13.000,00	0,00
2	13.000,00	0,00
3	13.000,00	0,00
4	13.000,00	70.000,00

A TMA para estes projetos é de 18% ao ano. Pede-se:

a. Qual projeto deve ser aprovado com base no VPL?

b. Qual projeto deve ser aprovado com base na TIR?

26. A direção da Cia. Penaforte está avaliando dois projetos independentes, porém, possui recursos para implementar apenas um deles. Os fluxos de caixa previstos são:

Ano	Projeto A	Projeto B
0	-40.000,00	-40.000,00
1	11.200,00	28.000,00
2	25.000,00	48.000,00
3	28.668,00	-20.000,00

Pede-se:

a. Qual projeto deve ser aprovado com base no VPL, considerando que a TMA da empresa é 15% ao ano?

b. Qual projeto deve ser aprovado com base na TIR?

27. Mariana está avaliando a possibilidade de investir sua poupança na constituição de uma empresa de consultoria. Possui hoje, R$ 250.000,00. Com essa empresa espera obter os seguintes resultados líquidos (lucros) durante os próximos três anos: R$ 40.000,00 ao final do primeiro ano; R$ 60.000,00 ao final do segundo ano; e, R$ 80.000,00 ao final do terceiro ano. Ao final do terceiro ano pretende vender a empresa, pelo valor estimado de R$ 300.000,00. Considere que o custo de oportunidade da Mariana é de 30% ao ano.

Pede-se:

a. Deve redirecionar sua poupança na constituição dessa empresa? (para isso, calcule o VPL e a TIR).

b. Caso o empreendimento não seja viável, qual deveria ser o custo de oportunidade máximo de Mariana e quanto deveria ser o capital máximo a ser investido, mantendo os demais dados inalterados?

28. A direção da Cia. Catuípe está avaliando dois projetos mutuamente excludentes que apresentam os seguintes fluxos de caixa:

Ano	Projeto X	Projeto Y
0	-80.000,00	-80.000,00
1	10.000,00	71.000,00
2	110.000,00	71.000,00
3	190.000,00	71.000,00

Pede-se:

a. Determine a Taxa Interna de Retorno desses projetos.

b. Considere que a TMA da empresa seja de 20% ao ano. Descreva sobre a viabilidade desses projetos.

29. A direção da Cia. Toledo pretende implementar uma nova linha de produtos que permanecerá em seu catálogo por 10 anos, o que exigiria R$ 1.000.000,00 de investimento inicial.

Os valores relativos aos recebimentos foram estimados em R$ 480.000,00 por ano e, os valores relativos aos desembolsos do ano 1 ao ano 5 foram estimados em R$ 140.000,00 anuais, começando a diminuir R$ 10.000,00 em progressão aritmética a partir do ano 6.

A direção estima que os equipamentos possam ser vendidos para um mercado de segunda mão ao final de 10 anos por R$ 60.000,00.

Considerando que a TMA da empresa é de 18% ao ano, pede-se:

a. O projeto pode ser aprovado com base no VPL?

b. O projeto pode ser aprovado com base na TIR?

c. O projeto pode ser aprovado com base no *pay-pack* descontado, considerando que o prazo máximo aceitável pela empresa é de 5 anos?

d. Avalie a aceitabilidade do projeto com base nos resultados apurados pelos métodos VPL, TIR e *pay-back* descontado.

30. A Cia Corupá está planejando investir R$ 40.000,00 no Projeto XYZ. Estima que esse projeto possa gerar uma série de fluxos de caixa uniformes por 10 anos, no valor de R$ 12.500,00 por ano. A taxa de reinvestimento dos fluxos de caixa é estimada em 23% ao ano. A TMA para este projeto é 24% ao ano. Não é previsto valor residual após 10 anos.

Pede-se:

a. Determine a TIR modificada (TIRM) do projeto.

b. Faça uma análise comparativa entre a TIRM e a TIR do Projeto.

c. O projeto deve ser aprovado?

31. A Cia. Soledade está avaliando dois projetos mutuamente excludentes, cujos fluxos de caixa são:

Ano	Projeto X1	Projeto X2
0	-220.000,00	-220.000,00
1	50.000,00	65.000,00
2	55.000,00	65.000,00
3	60.000,00	65.000,00
4	65.000,00	65.000,00
5	70.000,00	65.000,00

A empresa considera que as taxas de reinvestimento desses fluxos de caixa possam variar nos próximos anos. São estimadas as seguintes taxas: do ano 1 = 15%; do ano 2 = 18%; do ano 3 = 20%; do ano 4 = 22%.

Com base na Taxa Interna de Retorno Modificada, qual projeto deve ser aprovado?

32. A Cia. Paraopeba está avaliando dois projetos mutuamente excludentes, cujos fluxos de caixa são:

Ano	Projeto Para	Projeto Peba
0	-180.000,00	-200.000,00
1	90.000,00	140.000,00
2	110.000,00	130.000,00
3	136.700,00	125.000,00
4	150.000,00	110.000,00

A empresa considera que as taxas de reinvestimentos desses fluxos de caixa possam variar nos próximos anos. Em um cenário mais pessimista, a taxa de reinvestimento poderá ser de 15% ao ano e, em um cenário mais otimista, 35% ao ano.

Pede-se:

a. Calcule a Taxa Interna de Retorno Modificada, considerando que as taxas poderão ser: 15% ao ano; 20% ao ano; 25% ao ano; 30% ao ano; e, 35% ao ano.

b. Para cada uma das TIRM encontradas indique o projeto que deveria ser aprovado.

33. A direção da Cia. Alpestre está diante dos seguintes fluxos de caixa de um projeto:

Ano	Fluxos de Caixa
0	-100.000,00
1	245.000,00
2	-150.000,00

A TMA desta empresa é de 22,5% ao ano.

Pede-se:

a. O projeto pode ser aprovado com base no VPL?

b. Avalie o projeto com base na TIR. Para isso, calcule o VPL para TMAs entre 19% e 26%, com intervalos de 1%.

34. A Cia. Parintins está avaliando o projeto Mega. Os dados dos fluxos de caixa desse projeto são:

Ano	Fluxos de Caixa
0	-500.000,00
1	100.000,00
2	130.000,00
3	160.000,00
4	190.000,00
5	220.000,00
6	250.000,00
7	280.000,00
8	320.000,00
9	350.000,00
10	-1.500.000,00

Pede-se: Determine a Taxa Interna de Retorno. Por se tratar de um fluxo de caixa não convencional, este projeto apresenta mais de uma TIR.

35. A Cia. Paranaguá está avaliando um novo projeto de investimentos que apresenta os seguintes fluxos de caixa:

Ano	Fluxos de Caixa
0	-140.000,00
1	546.000,00

Ano	Fluxos de Caixa
2	-704.200,00
3	300.300,00

Pede-se: Determine a Taxa Interna de Retorno. Por se tratar de um fluxo de caixa não convencional, este projeto apresenta mais de uma TIR, para isso, calcule o VPL para diferentes TMAs, variando de 0% a 50%, com intervalos de 10%.

36. A Cia. Imbituba tradicional fabricante de doces, está avaliando a possibilidade de instalar um centro distribuidor no nordeste. Um galpão localizado às margens da Rodovia BR 116 atende as expectativas. O contrato de aluguel será de 10 anos. Com isso, espera obter economias anuais de R$ 14.000,00. Uma reforma das instalações é prevista para o final do quarto ano, cujo valor é estimado em R$ 130.000,00.

Pede-se:

a. Elabore um gráfico representativo do VPL para diferentes TMAs, variando de 0% a 50%, com intervalos de 5%.

b. Identifique a(s) posição(ões) em que se encontra(m) a(s) TIR(s) neste gráfico.

37. A Cia. Piracaia está avaliando o projeto Delta que apresenta um fluxo de caixa não convencional, para o qual foram calculadas duas TIRs: 17,8908% e 36,0003%.

Ano	Fluxos de Caixa
0	-43.000,00
1	28.000,00
2	35.000,00
3	45.000,00
4	50.000,00

Ano	Fluxos de Caixa
5	-135.000,00

A empresa projeta duas possibilidades de reinvestimento dos fluxos de caixa positivos e duas possibilidades de captação para os fluxos de caixa negativos:

1ª possibilidade: Reinvestimentos, taxa de 20% ao ano; Captação, taxa de 25% ao ano

2ª possibilidade: Reinvestimento, taxa de 38% ao ano; Captação, taxa de 45% ao ano

Pede-se:

a. Elabore o gráfico no qual possam ser visualizadas as duas Taxas Internas de Retorno.

b. Calcule a TIRM para cada possibilidade de reinvestimento e de captação dos fluxos de caixa e apresente uma análise sobre a aprovação ou não do projeto.

38. A Cia. Limeira, fabricante de semijóias e acessórios femininos está operando com ociosidade em sua linha de acessórios. O gerente de marketing propôs à direção dois novos acessórios para serem acrescentados a seu catálogo, um deles visando o público jovem e outro visando o público da maior idade. Os seguintes fluxos de caixa foram levantados:

Ano	Acessórios para Jovens	Acessórios para Maior Idade
0	-80.000,00	-120.000,00
1	30.000,00	70.000,00
2	40.000,00	50.000,00
3	45.000,00	40.000,00

A empresa possui recursos para implementar apenas um desses acessórios.

a. Considere que a TMA seja de 12% ao ano, qual dessas linhas de acessórios deve ser aprovada com base no VPL?

b. Considere que a TMA seja de 13% ao ano, qual dessas linhas de acessórios deve ser aprovada com base no VPL?

c. Qual a TMA que torna indiferente a aprovação de um ou outro acessório?

39. A Cia. Itabira está avaliando dois projetos cujos fluxos de caixa são:

Ano	Projeto 1	Projeto 2
0	-60.000,00	-80.000,00
1	18.000,00	30.000,00
2	24.000,00	30.000,00
3	25.000,00	30.000,00
4	26.000,00	30.000,00

Pede-se:

a. A TIR do Projeto 1

b. A TIR do Projeto 2

c. A TMA que torna indiferente a aprovação de um ou outro projeto

40. A direção da Cia. Farroupilha está avaliando dois projetos que apresentam os seguintes fluxos de caixa:

Ano	Projeto A	Projeto B
0	-90.000,00	-100.000,00
1	65.000,00	40.000,00

Ano	Projeto A	Projeto B
2	40.000,00	45.000,00
3	15.000,00	60.000,00

Pede-se:

Considere que os Projetos A e B sejam mutuamente excludentes, determine a TMA que torna indiferente a aprovação de um ou outro projeto.

41. A Cia. Guarapari está avaliando dois projetos mutuamente excludentes, denominados Projeto GRP-1 e Projeto GRP-2. Os fluxos de caixa destes projetos são:

PROJETO GRP-1			
ANO	Fluxos	Residual	Acumulado
0	-450.000,00		-450.000,00
1	250.000,00		250.000,00
2	240.000,00		240.000,00
3	230.000,00		230.000,00
4	220.000,00		220.000,00
5	210.000,00	50.000,00	260.000,00

PROJETO GRP-2			
ANO	Fluxos	Residual	Acumulado
0	-450.000,00		-450.000,00
1	150.000,00		150.000,00
2	200.000,00		200.000,00
3	250.000,00		250.000,00
4	300.000,00		300.000,00

PROJETO GRP-2			
ANO	Fluxos	Residual	Acumulado
5	350.000,00	140.000,00	490.000,00

As taxas de juros da economia têm oscilado muito nos últimos anos, o que tem influenciado o custo de captação via empréstimos bancários, emissão de debêntures e de novas ações.

Pede-se:

a. Elabore uma planilha que contenha o VPL de cada projeto, considerando que a TMA possa oscilar entre 20% e 50% ao ano (utilize intervalos de 5%).

b. Identifique qual a TMA que iguala o VPL desses projetos.

c. Calcule a TIR desses projetos.

d. Analise os resultados encontrados.

42. A Cia. Itapoá planeja investir R$ 180.000,00 em um novo projeto de expansão. Os fluxos de caixa previstos para esse projeto são: Ano 1 = R$ 20.000,00; Ano 2 = R$ 40.000,00; Ano 3 = R$ 60.000,00; Ano 4 = R$ 80.000,00; Ano 5 = 100.000,00; Ano 6 = 110.000,00. É estimado R$ 20.000,00 de valor residual ao final do ano 6. Considerando a TMA de 12% ao ano, determine o Índice de Lucratividade.

43. A direção da Cia. Pindoretama está avaliando três alternativas para modernizar sua linha de produtos cerâmicos, cujos fluxos de caixa são:

Ano	Alternativa 1	Alternativa 2	Alternativa 3
Investimento Inicial	-220.000,00	-250.000,00	-200.000,00
Fluxos de Caixa do ano 1 ao ano 7	60.000,00	60.000,00	60.000,00
Valor Residual	80.000,00	120.000,00	60.000,00

Considerando que a TMA da empresa é 15% ao ano, determine a alternativa que deverá ser escolhida com base no Índice de Lucratividade.

44. A Cia. Tabaporã possui um equipamento em uso há 5 anos. Está diante de duas alternativas: modernizá-lo ou, então, substituí-lo por um novo. A modernização do equipamento exige investimento de R$ 100.000,00 e irá proporcionar reduções de custos no valor de R$ 30.000,00 no primeiro ano, aumentando essa redução em R$ 10.000,00 por ano até o ano 6, quando então, seria desativado, não gerando valor residual.

A aquisição de um equipamento novo exige investimento de R$ 220.000,00 e irá proporcionar reduções de custos no valor de R$ 50.000,00 no primeiro ano, aumentando a redução em R$ 20.000,00 por ano até o ano 6, quando então, seria substituído por outro equipamento. O valor residual é estimado em R$ 100.000,00.

Considerando que a TMA da empresa é de 12% ao ano, determine a melhor alternativa com base no Índice de Lucratividade.

45. A Cia. Comercial Tatuí está avaliando 3 alternativas de localização de uma nova central de distribuição que lhe proporcionaria redução de custos anuais. Considera um prazo de 10 anos de utilização dessa nova instalação. As estimativas relativas ao investimento, redução de custos e valor residual são:

Localização (cidade)	Investimento	Redução de Custos (anual)	Valor Residual
Sorocaba	60.000,00	12.000,00	20.000,00
Porto Feliz	65.000,00	13.000,00	25.000,00
São Roque	70.000,00	14.000,00	30.000,00

A Taxa Mínima de Atratividade da empresa é de 15% ao ano. Determine o local mais vantajoso (para isso, calcule o VPL, a TIR e o IL).

46. A Cia. Piratininga dispõe de R$ 400.000,00 para investimentos. Quatro projetos independentes foram apresentados pelos gerentes departamentais à diretoria, cujos investimentos e redução de custos a serem proporcionados pelos próximos cinco anos são:

Projetos	Investimento	Redução de Custos (anual)	Valor Residual
A	300.000,00	140.000,00	0,00
B	150.000,00	97.000,00	0,00
C	180.000,00	70.000,00	0,00
D	90.000,00	45.000,00	0,00

A Taxa Mínima de Atratividade da empresa é 20% ao ano. Determine quais projetos podem ser aprovados (para isso, calcule o VPL, a TIR e o IL).

47. A Cia. Corumbá vem apresentando redução de lucros nos últimos anos. Uma consultoria contratada avaliou que a empresa apresenta custos operacionais elevados, consequência de equipamentos antigos e desgastados.

Neste estudo, a consultoria propõe duas alternativas possíveis:

a. Modernização dos equipamentos que exigirão investimentos de R$ 120.000,00.

b. Aquisição de novos equipamentos que exigirão investimentos de R$ 300.000,00.

O consultor calculou quanto cada alternativa irá influenciar positivamente o lucro da empresa. O quadro a seguir apresenta os dados relativos aos investimentos, fluxos e valores residuais.

ANOS	MODERNIZAÇÃO			NOVOS EQUIPAMENTOS		
	Fluxos	Residual	Acumulado	Fluxos	Residual	Acumulado
0	-120.000,00		-120.000,00	-300.000,00		-300.000,00
1	30.000,00		30.000,00	100.000,00		100.000,00
2	40.000,00		40.000,00	100.000,00		100.000,00
3	50.000,00		50.000,00	100.000,00		100.000,00
4	60.000,00		60.000,00	100.000,00		100.000,00
5	70.000,00		70.000,00	120.000,00		120.000,00
6	80.000,00		80.000,00	120.000,00		120.000,00
7	80.000,00		80.000,00	120.000,00		120.000,00
8	80.000,00		80.000,00	120.000,00		120.000,00
9	80.000,00		80.000,00	120.000,00		120.000,00
10	80.000,00	0,00	80.000,00	120.000,00	0,00	120.000,00

Considerando que a Taxa Mínima de Atratividade é de 20% ao ano, determine a melhor alternativa para a empresa (para isso, calcule o VPL, a TIR e o IL).

48. A Cia. Tabatinga S. A. em processo de ampliação de suas instalações fabris, está avaliando diversos projetos de investimentos, que apresentam os seguintes fluxos de caixa:

Ano	P1	P2	P3	P4	P5	P6	P7	P8
0	-150.000,00	-200.000,00	-400.000,00	-400.000,00	-70.000,00	-50.000,00	-80.000,00	-370.000,00
1	40.000,00	60.000,00	60.000,00	80.000,00	20.000,00	48.000,00	30.000,00	140.000,00
2	40.000,00	60.000,00	80.000,00	88.000,00	19.000,00	43.000,00	30.000,00	140.000,00
3	40.000,00	60.000,00	100.000,00	92.400,00	18.050,00	38.000,00	30.000,00	140.000,00
4	40.000,00	60.000,00	120.000,00	97.020,00	17.147,50	33.000,00	30.000,00	140.000,00
5	40.000,00	60.000,00	140.000,00	101.871,00	16.290,13	28.000,00	30.000,00	140.000,00
6	40.000,00	60.000,00	160.000,00	106.964,55	15.475,62	23.000,00	30.000,00	140.000,00
7	50.000,00	60.000,00	180.000,00	112.312,78	14.701,84	18.000,00	30.000,00	140.000,00
8	50.000,00	60.000,00	200.000,00	117.928,42	13.966,75	13.000,00	30.000,00	140.000,00
9	50.000,00	60.000,00	220.000,00	123.824,84	13.268,41	8.000,00	30.000,00	140.000,00
10	50.000,00	60.000,00	240.000,00	130.016,08	12.604,99	3.000,00	30.000,00	140.000,00

Não é previsto valor residual para nenhum dos projetos.

A empresa financia seus projetos com 60% de capital próprio e 40% de capital de terceiros. Para esses projetos estima os seguintes custos para o financiamento bancário e para a emissão de ações ordinárias:

Financiamento bancário: Até R$ 200.000,00, custo de 18% ao ano; entre R$ 200.000,01 e R$ 280.000,00, custo de 20% ao ano; e, entre R$ 280.000,01 e R$ 400.000,00, custo de 25% ao ano. Acima de R$ 400.000,00, o custo é de 30% ao ano.

Emissão de ações ordinárias: custo de 30% ao ano até R$ 600.000,00 de captação. Acima desse valor, o custo é de 35% ao ano.

Pede-se:

a. Calcule a TIR de cada projeto.

b. Calcule o CMgPC para cada faixa de captação de recursos.

c. Elabore um quadro do Perfil de Oportunidades de Investimentos, indicando os projetos que podem ser aprovados e os que devem ser rejeitados.

d. Elabore o gráfico do Perfil de Oportunidades de Investimentos.

49. A Cia. Triunfo possui os seguintes projetos de investimentos:

Ano	TR 1	TR 2	TR 3	TR 4	TR 5	TR 6
0	-200.000,00	-180.000,00	-130.000,00	-80.000,00	-50.000,00	-60.000,00
1	80.000,00	65.000,00	20.000,00	50.000,00	24.000,00	32.000,00
2	80.000,00	80.000,00	50.000,00	42.000,00	26.400,00	28.800,00
3	80.000,00	90.000,00	80.000,00	34.000,00	29.040,00	25.920,00
4	80.000,00	120.000,00	110.000,00	26.000,00	31.944,00	23.328,00
5	80.000,00	120.000,00	140.000,00	18.000,00	35.138,40	20.995,20

Não é previsto valor residual para nenhum dos projetos.

Para financiar os projetos aprovados, a política da empresa é captar 30% dos recursos com emissão de debêntures, 35% com emissão de ações preferenciais e 35% com emissão de ações ordinárias.

São estimados os seguintes custos para cada uma dessas fontes de recursos:

- Debêntures: até R$ 120.000,00, custo de 20% ao ano; entre R$ 120.000,01 e R$ 180.000,00, custo de 25% ao ano; e, entre R$ 180.000,01 e R$ 210.000,00, custo de 30% ao ano.
- Ações Preferenciais: custo de 35% ao ano.
- Ações Ordinárias: custo de 40% ao ano.

Pede-se:

a. Calcule a TIR de cada projeto.

b. Calcule o CMgPC para cada faixa de captação de recursos.

c. Elabore um quadro do Perfil de Oportunidades de Investimentos, indicando os projetos que podem ser aprovados e os que devem ser rejeitados.

d. Elabore o gráfico do Perfil de Oportunidades de Investimentos.

Caso Prático

Doce de Leite Nova Floresta

A fábrica de doces Nova Floresta pretende produzir doce de leite em suas instalações. São três tipos de doce de leite: tradição, light e diet.

De cada litro de leite são produzidos:

- Tradição: 0,5 kg
- Light: 0,55 kg
- Diet: 0,45 kg

A capacidade de produção instalada corresponde ao processamento de 10.000 litros de leite por dia. No primeiro ano de atividade, a produção deverá ser de 60% da capacidade instalada, no segundo ano, 70%, no terceiro ano, 80%, no quarto ano, 90% e, a partir do quinto ano, 100%.

Do processamento de leite, 60% serão destinados à produção de Doce de Leite Tradição, 20% de Doce de Leite Light e 20% de Doce de Leite Diet.

Os seguintes dados foram levantados:

- Investimentos em equipamentos: R$ 1.600.000,00
- Capital de Giro: estimado em 3% do faturamento bruto do ano 5 mais 4% da somatória do custo do leite, ingredientes e embalagem do ano 5.
- Custos Variáveis
    - Leite: R$ 0,95 por litro
    - Ingredientes:
        - Doce de Leite Tradição: R$ 0,80 por quilo de doce produzido
        - Doce de Leite Light: R$ 2,30 por quilo de doce produzido
        - Doce de Leite Diet: R$ 1,40 por quilo de doce produzido
    - Embalagem (potes de vidro de 400 g) = R$ 0,20 por unidade
    - Demais custos variáveis: R$ 0,35 por litro de leite processado
- Custos Fixos sem a depreciação dos equipamentos: R$ 600.000,00 por ano
- Despesas Fixas (administrativas e comerciais): R$ 300.000,00 por ano
- Comissões: 5% do faturamento
- Preço de venda (com ICMS de 18%):
    - Doce de Leite Tradição: R$ 2,70 o pote
    - Doce de Leite Light: R$ 3,40 o pote
    - Doce de Leite Diet: R$ 3,20 o pote

Do montante do capital necessário para financiar o projeto, 50% será obtido via financiamento bancário pelo Sistema de Amortização Constante, amortizado em 5 anos, com 3 anos de carência, juros de 20% ao ano pagos no período de carência. O banco cobra 10% do valor financiado a título de taxas e comissões.

O restante do capital será fornecido pelos proprietários, cujo custo de oportunidade é de 25% ao ano.

A vida útil do projeto é de 10 anos. Os equipamentos serão depreciados com base na quantidade de leite processada. Não é previsto valor residual dos equipamentos e nem a recuperação do capital de giro ao final dos 10 anos.

A empresa é tributada pela sistemática do Lucro Presumido, sendo o lucro tributável 8% do faturamento bruto. As alíquotas do Imposto de Renda e Contribuição Social representam 34% do lucro tributável.

Considerando que haverá produção nos 365 dias do ano, avalie com base no Fluxo de Caixa Operacional do Projeto, usando os métodos de análise de projetos estudados, se o projeto é viável ou não.

• • • • • • • • • • • •

RISCOS RELACIONADOS AOS FLUXOS DE CAIXA

Capítulo 10

Ao elaborar o fluxo de caixa de um projeto de investimentos, espera-se que os gestores realizem um levantamento completo dos dados sobre o conjunto de variáveis consideradas relevantes e que tenham conhecimento de todas as informações que diretamente ou indiretamente têm o potencial de afetar o projeto.

Entretanto, os dados utilizados, são considerados satisfatórios e refletem expectativas ou estimativas futuras, carregando consigo, alguma medida de erro e de imprecisão nas estimativas.

Desse modo, os indicadores obtidos a partir dos fluxos de caixa (*Pay-back*, Valor Presente Líquido, Taxa Interna de Retorno e Índice de Lucratividade) são expectativas de resultados.

Em sendo expectativas, pode-se considerar que a tomada de decisão não ocorre em situação de certeza, caracterizando-se, então, uma situação de risco. Neste Capítulo discute-se o tratamento do risco nos projetos de investimentos.

INTRODUÇÃO

Para a elaboração dos fluxos de caixa vistos em Capítulos anteriores, em uma situação ideal, todas as variáveis relativas ao projeto de investimentos em análise deveriam ser conhecidas e que os gestores pudessem controlar o futuro.

Entretanto, caso um projeto de fato seja implementado, tanto as variáveis como os dados reais podem ser diferentes daqueles que foram utilizados na fase de elaboração e análise dos fluxos de caixa. Isso ocorre devido a erros de estimativas e mudanças decorrentes da dinâmica dos negócios, da economia etc., tais como: modificações da tecnologia, mudanças de hábito dos consumidores, entradas de novos concorrentes no mercado, saída de concorrentes do mercado, produtos novos ou substitutos, comportamento da economia etc.

Essa situação decorre do fato de que as informações e os dados coletados são aqueles que os gestores são capazes de prospectar, portanto, considerados satisfatórios acerca do projeto. Nesse sentido, Megliorini (2011) diz:

> *Está implícito nesse processo que esses dados e informações, no extremo da capacidade dos gestores em prospectar o futuro, são limitados. Não é possível obter dados e informações perfeitas acerca do futuro. As pessoas não têm o poder, no presente, de identificar o real comportamento das coisas no futuro. Assim, os dados e informações acabam não sendo completos e, sim, satisfatórios.*

Desse modo, as decisões acerca da implementação de um projeto de investimentos não são tomadas com total certeza. Tem-se, então, uma situação de risco no processo decisório.

CONCEITOS DE RISCO E INCERTEZA

Conceitualmente, a incerteza se refere a situações nas quais não se tem conhecimentos acerca dos resultados futuros de uma ação. Quando é possível estimar os resultados futuros, passa-se para uma situação de risco.

A certeza, por sua vez diz respeito ao pleno conhecimento dos resultados futuros. No mundo real são encontradas poucas situações com essa característica. Uma delas está relacionada à realização de uma aplicação financeira com taxa pré-fixada. Neste caso, o resultado futuro é conhecido antecipadamente, no ato da aplicação financeira.

Heerskens (2002) define incerteza como a ausência de informação, conhecimento ou compreensão sobre o resultado de uma ação, decisão ou evento.

Para o autor, o risco está associado à extensão de prever um resultado particular. A Figura 10.1 ilustra a relação entre as três situações: incerteza, risco e certeza.

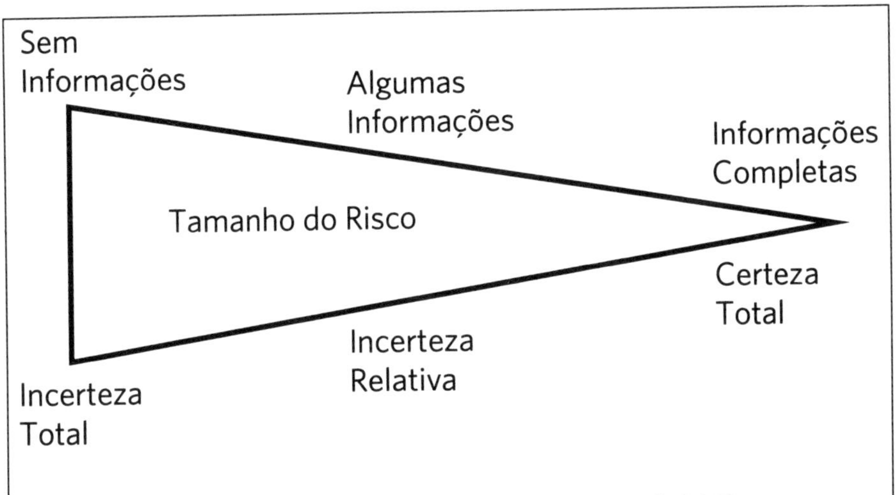

Fonte: HEERKENS, G. *Project Management* (2002)

Figura 10.1 – Relação de risco de informação e incerteza

Observa-se na figura, que na ausência total de informações acerca de uma ação, decisão ou evento, o estado é de incerteza total, o que caracteriza uma situação de maior risco. A incerteza diminui à medida que aumenta a quantidade de informações e, com isso ocorre a redução do risco. Se todas as informações são obtidas, tem-se uma situação de certeza total e ausência de risco.

Como todas as informações acerca de um projeto não são conhecidas com certeza há a necessidade de se minimizar os riscos.

Para isso, diferentes técnicas de avaliação podem ser empregadas. Serão apresentadas neste livro, duas técnicas: a Análise de Sensibilidade para diferentes cenários e, a Simulação de Monte Carlo.

ANÁLISE DE SENSIBILIDADE

A análise de sensibilidade é uma técnica que tem como objetivo avaliar a sensibilidade dos indicadores obtidos por um dos métodos de avaliação de projetos ao provocar alterações dos valores das variáveis mais relevantes. Busca-se, assim, verificar até que ponto o projeto é sensível, tendo em vista que os valores destas variáveis são estimativas, estando, portanto, sujeitas a modificações no futuro. As variáveis que mais influenciarem nos indicadores, como VPL, TIR e Índice de Lucratividade, são aquelas que representam maior risco para o projeto, justificando, portanto, um estudo mais detalhado ou requerem a busca por mais informações.

Um projeto contempla muitas variáveis cada qual com um grau de importância maior, ou menor. Entretanto, devem-se utilizar, para a análise de sensibilidade, um grupo reduzido de variáveis, as mais relevantes.

Podem ser consideradas como variáveis mais relevantes a quantidade de vendas, o preço de venda, o valor do investimento, o valor residual, a taxa mínima de atratividade, o custo da matéria-prima, o custo da mão de obra etc.

Para aumentar a segurança dos indicadores, costumam-se estabelecer cenários. Em geral, são considerados três cenários, o cenário mais provável, o cenário otimista e o cenário pessimista. Estes cenários devem representar um estado futuro possível em função de variações ambientais como a economia do país, tecnologia, concorrência etc.

Para ilustrar, considere que a Cia. Guaporé estuda a possibilidade de lançar um novo produto no mercado, denominado Produto Jota. Para isso, foram realizadas as seguintes estimativas:

- **Investimento Inicial:**
    - Aquisição de novos equipamentos: R$ 50.000,00 (valor sem impostos). O frete e o seguro serão pagos pelos fornecedores. Não haverá gastos com instalação.
    - Capital de giro: R$ 15.000,00.

- **Dados de Vendas:**
  - Quantidades: 10.000 unidades anuais.
  - Preço: R$ 20,00 por unidade (com 18% de ICMS).
- **Custos e Despesas Operacionais**
  - Custos Variáveis: R$ 12,00 por unidade.
  - Custos fixos: corresponde apenas a depreciação dos novos equipamentos.
  - Despesas Variáveis: 5% do preço de venda referente a comissões de vendedores e 2% referente a fretes e seguros de entrega.
- **Dados complementares**
  - Duração do projeto: 10 anos
  - Depreciação: será calculada com base no método da linha reta (método aceito pelo fisco, com vida útil de 10 anos)
  - Valor residual: não há
  - Taxa Mínima de Atratividade: 20% ao ano
  - Alíquotas do Imposto de Renda e Contribuição Social: 34% do lucro tributável
  - Sistemática de Tributação da Empresa: Lucro Real
  - Não haverá recuperação do capital de giro no décimo ano.
  - O projeto será financiado exclusivamente com capital próprio.

A direção da empresa está interessada em avaliar a sensibilidade do Valor Presente Líquido. Para isso, inicialmente, elabora-se o fluxo de caixa operacional para o cenário Mais Provável, utilizando os dados estimados, depois, esse fluxo de caixa é recalculado para dois cenários: Cenário Pessimista e Cenário Otimista. O Quadro 10.1 apresenta os Fluxos de Caixa e o VPL para o Cenário Mais Provável.

Quadro 10.1 – Fluxos de Caixa e VPL para o Cenário mais Provável do Produto Jota

CENÁRIO MAIS PROVÁVEL											
	ANO 0	ANO 1	ANO 2	ANO 3	ANO 4	ANO 5	ANO 6	ANO 7	ANO 8	ANO 9	ANO 10
Quantidades		10.000	10.000	10.000	10.000	10.000	10.000	10.000	10.000	10.000	10.000
P.V. unit.		20,00	20,00	20,00	20,00	20,00	20,00	20,00	20,00	20,00	20,00
C.V. unit.		12,00	12,00	12,00	12,00	12,00	12,00	12,00	12,00	12,00	12,00
INV.INICIAL											
Equipamentos	-50.000										
Cap. Giro	-15.000										
TOTAL	-65.000										
Receitas											
Rec. Bruta		200.000	200.000	200.000	200.000	200.000	200.000	200.000	200.000	200.000	200.000
(-) ICMS		-36.000	-36.000	-36.000	-36.000	-36.000	-36.000	-36.000	-36.000	-36.000	-36.000
(=) Rec.Líquida		164.000	164.000	164.000	164.000	164.000	164.000	164.000	164.000	164.000	164.000
Custos											
Variáveis		-120.000	-120.000	-120.000	-120.000	-120.000	-120.000	-120.000	-120.000	-120.000	-120.000
Depreciação		-5.000	-5.000	-5.000	-5.000	-5.000	-5.000	-5.000	-5.000	-5.000	-5.000

CENÁRIO MAIS PROVÁVEL											
	ANO 0	ANO 1	ANO 2	ANO 3	ANO 4	ANO 5	ANO 6	ANO 7	ANO 8	ANO 9	ANO 10
TOTAL		-125.000	-125.000	-125.000	-125.000	-125.000	-125.000	-125.000	-125.000	-125.000	-125.000
Despesas											
Comissão		-10.000	-10.000	-10.000	-10.000	-10.000	-10.000	-10.000	-10.000	-10.000	-10.000
Fretes/Seg.		-4.000	-4.000	-4.000	-4.000	-4.000	-4.000	-4.000	-4.000	-4.000	-4.000
TOTAL		-14.000	-14.000	-14.000	-14.000	-14.000	-14.000	-14.000	-14.000	-14.000	-14.000
Lucro Antes do I.R. e C.S.		25.000	25.000	25.000	25.000	25.000	25.000	25.000	25.000	25.000	25.000
I.R. e C.S.		-8.500	-8.500	-8.500	-8.500	-8.500	-8.500	-8.500	-8.500	-8.500	-8.500
Lucro Após o I. R. e C. S.		16.500	16.500	16.500	16.500	16.500	16.500	16.500	16.500	16.500	16.500
(+) Deprec.		5.000	5.000	5.000	5.000	5.000	5.000	5.000	5.000	5.000	5.000
FLUXOS DE CAIXA	-65.000	21.500	21.500	21.500	21.500	21.500	21.500	21.500	21.500	21.500	21.500

VPL	25.138

São consideradas variáveis relevantes para esse projeto, a quantidade vendida, o preço de venda e os custos variáveis. Em geral, considera-se com um número reduzido de variáveis relevantes devido à complexidade natural em prospectar o futuro.

Foi refeito o fluxo de caixa, modificando cada uma dessas variáveis, assumindo dois limites de variações em relação ao cenário mais provável:

- **Cenário Otimista**
  - Quantidade Vendida: + 10%
  - Preço de Venda: + 10%
  - Custos Variáveis: - 10%
- **Cenário Pessimista**
  - Quantidade Vendida: - 10%
  - Preço de Venda: - 10%
  - Custos Variáveis: + 10%

A seguir são apresentados nos Quadros 10.2 a 10.7 os fluxos de caixa para esses cenários.

Quadro 10.2 - Fluxos de Caixa e VPL para o Cenário Otimista do Produto Jota, com Acréscimo de 10% na Quantidade

CENÁRIO OTIMISTA: Fluxo de Caixa com acréscimo de 10% na Quantidade											
	ANO 0	ANO 1	ANO 2	ANO 3	ANO 4	ANO 5	ANO 6	ANO 7	ANO 8	ANO 9	ANO 10
Quantidades		11.000	11.000	11.000	11.000	11.000	11.000	11.000	11.000	11.000	11.000
P.V. unit.		20,00	20,00	20,00	20,00	20,00	20,00	20,00	20,00	20,00	20,00
C.V. unit.		12,00	12,00	12,00	12,00	12,00	12,00	12,00	12,00	12,00	12,00
INV.INICIAL											
Equipamentos	-50.000										
Cap. Giro	-15.000										
TOTAL	-65.000										
Receitas											
Rec. Bruta		220.000	220.000	220.000	220.000	220.000	220.000	220.000	220.000	220.000	220.000
(-) ICMS		-39.600	-39.600	-39.600	-39.600	-39.600	-39.600	-39.600	-39.600	-39.600	-39.600
(=) Rec.Líquida		180.400	180.400	180.400	180.400	180.400	180.400	180.400	180.400	180.400	180.400
Custos											
Variáveis		-132.000	-132.000	-132.000	-132.000	-132.000	-132.000	-132.000	-132.000	-132.000	-132.000
Depreciação		-5.000	-5.000	-5.000	-5.000	-5.000	-5.000	-5.000	-5.000	-5.000	-5.000

CENÁRIO OTIMISTA: Fluxo de Caixa com acréscimo de 10% na Quantidade

	ANO 0	ANO 1	ANO 2	ANO 3	ANO 4	ANO 5	ANO 6	ANO 7	ANO 8	ANO 9	ANO 10
TOTAL		-137.000	-137.000	-137.000	-137.000	-137.000	-137.000	-137.000	-137.000	-137.000	-137.000
Despesas											
Comissão		-11.000	-11.000	-11.000	-11.000	-11.000	-11.000	-11.000	-11.000	-11.000	-11.000
Fretes/Seg.		-4.400	-4.400	-4.400	-4.400	-4.400	-4.400	-4.400	-4.400	-4.400	-4.400
TOTAL		-15.400	-15.400	-15.400	-15.400	-15.400	-15.400	-15.400	-15.400	-15.400	-15.400
Lucro Antes do I.R. e C.S.		28.000	28.000	28.000	28.000	28.000	28.000	28.000	28.000	28.000	28.000
I.R. e C.S.		-9.520	-9.520	-9.520	-9.520	-9.520	-9.520	-9.520	-9.520	-9.520	-9.520
Lucro Após o I. R. e C. S.		18.480	18.480	18.480	18.480	18.480	18.480	18.480	18.480	18.480	18.480
(+) Deprec.		5.000	5.000	5.000	5.000	5.000	5.000	5.000	5.000	5.000	5.000
FLUXOS DE CAIXA	-65.000	23.480	23.480	23.480	23.480	23.480	23.480	23.480	23.480	23.480	23.480
VPL	33.439										

Quadro 10.3 - Fluxos de Caixa e VPL para o Cenário Otimista do Produto Jota, com Acréscimo de 10% no Preço de Venda

CENÁRIO OTIMISTA: Fluxo de Caixa com acréscimo de 10% no Preço de Venda											
	ANO 0	ANO 1	ANO 2	ANO 3	ANO 4	ANO 5	ANO 6	ANO 7	ANO 8	ANO 9	ANO 10
Quantidades		10.000	10.000	10.000	10.000	10.000	10.000	10.000	10.000	10.000	10.000
P.V. unit.		22,00	22,00	22,00	22,00	22,00	22,00	22,00	22,00	22,00	22,00
C.V. unit.		12,00	12,00	12,00	12,00	12,00	12,00	12,00	12,00	12,00	12,00
INV.INICIAL											
Equipamentos	-50.000										
Cap. Giro	-15.000										
TOTAL	-65.000										
Receitas											
Rec. Bruta		220.000	220.000	220.000	220.000	220.000	220.000	220.000	220.000	220.000	220.000
(-) ICMS		-39.600	-39.600	-39.600	-39.600	-39.600	-39.600	-39.600	-39.600	-39.600	-39.600
(=) Rec. Líquida		180.400	180.400	180.400	180.400	180.400	180.400	180.400	180.400	180.400	180.400
Custos											
Variáveis		-120.000	-120.000	-120.000	-120.000	-120.000	-120.000	-120.000	-120.000	-120.000	-120.000
Depreciação		-5.000	-5.000	-5.000	-5.000	-5.000	-5.000	-5.000	-5.000	-5.000	-5.000

CENÁRIO OTIMISTA: Fluxo de Caixa com acréscimo de 10% no Preço de Venda

	ANO 0	ANO 1	ANO 2	ANO 3	ANO 4	ANO 5	ANO 6	ANO 7	ANO 8	ANO 9	ANO 10
TOTAL		-125.000	-125.000	-125.000	-125.000	-125.000	-125.000	-125.000	-125.000	-125.000	-125.000
Despesas											
Comissão		-11.000	-11.000	-11.000	-11.000	-11.000	-11.000	-11.000	-11.000	-11.000	-11.000
Fretes/Seg.		-4.400	-4.400	-4.400	-4.400	-4.400	-4.400	-4.400	-4.400	-4.400	-4.400
TOTAL		-15.400	-15.400	-15.400	-15.400	-15.400	-15.400	-15.400	-15.400	-15.400	-15.400
Lucro Antes do I.R. e C.S.		40.000	40.000	40.000	40.000	40.000	40.000	40.000	40.000	40.000	40.000
I.R. e C.S.		-13.600	-13.600	-13.600	-13.600	-13.600	-13.600	-13.600	-13.600	-13.600	-13.600
Lucro Após o I. R. e C. S.		26.400	26.400	26.400	26.400	26.400	26.400	26.400	26.400	26.400	26.400
(+) Deprec.		5.000	5.000	5.000	5.000	5.000	5.000	5.000	5.000	5.000	5.000
FLUXOS DE CAIXA	-65.000	31.400	31.400	31.400	31.400	31.400	31.400	31.400	31.400	31.400	31.400
VPL	66.643										

Quadro 10.4 - Fluxos de Caixa e VPL para o Cenário Otimista do Produto Jota, com Redução de 10% no Custo Variável

CENÁRIO OTIMISTA: Fluxo de Caixa com redução de 10% no Custo Variável											
	ANO 0	ANO 1	ANO 2	ANO 3	ANO 4	ANO 5	ANO 6	ANO 7	ANO 8	ANO 9	ANO 10
Quantidades		10.000	10.000	10.000	10.000	10.000	10.000	10.000	10.000	10.000	10.000
P.V. unit.		20,00	20,00	20,00	20,00	20,00	20,00	20,00	20,00	20,00	20,00
C.V. unit.		10,80	10,80	10,80	10,80	10,80	10,80	10,80	10,80	10,80	10,80
INV. INICIAL											
Equipamentos	-50.000										
Cap. Giro	-15.000										
TOTAL	-65.000										
Receitas											
Rec. Bruta		200.000	200.000	200.000	200.000	200.000	200.000	200.000	200.000	200.000	200.000
(-) ICMS		-36.000	-36.000	-36.000	-36.000	-36.000	-36.000	-36.000	-36.000	-36.000	-36.000
(=) Rec. Líquida		164.000	164.000	164.000	164.000	164.000	164.000	164.000	164.000	164.000	164.000
Custos											
Variáveis		-108.000	-108.000	-108.000	-108.000	-108.000	-108.000	-108.000	-108.000	-108.000	-108.000
Depreciação		-5.000	-5.000	-5.000	-5.000	-5.000	-5.000	-5.000	-5.000	-5.000	-5.000

CENÁRIO OTIMISTA: Fluxo de Caixa com redução de 10% no Custo Variável

	ANO 0	ANO 1	ANO 2	ANO 3	ANO 4	ANO 5	ANO 6	ANO 7	ANO 8	ANO 9	ANO 10
TOTAL		-113.000	-113.000	-113.000	-113.000	-113.000	-113.000	-113.000	-113.000	-113.000	-113.000
Despesas											
Comissão		-10.000	-10.000	-10.000	-10.000	-10.000	-10.000	-10.000	-10.000	-10.000	-10.000
Fretes/Seg.		-4.000	-4.000	-4.000	-4.000	-4.000	-4.000	-4.000	-4.000	-4.000	-4.000
TOTAL		-14.000	-14.000	-14.000	-14.000	-14.000	-14.000	-14.000	-14.000	-14.000	-14.000
Lucro Antes do I.R. e C.S.		37.000	37.000	37.000	37.000	37.000	37.000	37.000	37.000	37.000	37.000
I.R. e C.S.		-12.580	-12.580	-12.580	-12.580	-12.580	-12.580	-12.580	-12.580	-12.580	-12.580
Lucro Após o I. R. e C. S.		24.420	24.420	24.420	24.420	24.420	24.420	24.420	24.420	24.420	24.420
(+) Deprec.		5.000	5.000	5.000	5.000	5.000	5.000	5.000	5.000	5.000	5.000
FLUXOS DE CAIXA	-65.000	29.420	29.420	29.420	29.420	29.420	29.420	29.420	29.420	29.420	29.420
VPL	58.342										

Quadro 10.5 - Fluxos de Caixa e VPL para o Cenário Pessimista do Produto Jota, com Redução de 10% na Quantidade

CENÁRIO PESSIMISTA: Fluxo de Caixa com redução de 10% na Quantidade											
	ANO 0	ANO 1	ANO 2	ANO 3	ANO 4	ANO 5	ANO 6	ANO 7	ANO 8	ANO 9	ANO 10
Quantidades		9.000	9.000	9.000	9.000	9.000	9.000	9.000	9.000	9.000	9.000
P.V. unit.		20,00	20,00	20,00	20,00	20,00	20,00	20,00	20,00	20,00	20,00
C.V. unit.		12,00	12,00	12,00	12,00	12,00	12,00	12,00	12,00	12,00	12,00
INV. INICIAL											
Equipamentos	-50.000										
Cap. Giro	-15.000										
TOTAL	-65.000										
Receitas											
Rec. Bruta		180.000	180.000	180.000	180.000	180.000	180.000	180.000	180.000	180.000	180.000
(-) ICMS		-32.400	-32.400	-32.400	-32.400	-32.400	-32.400	-32.400	-32.400	-32.400	-32.400
(=) Rec. Líquida		147.600	147.600	147.600	147.600	147.600	147.600	147.600	147.600	147.600	147.600
Custos											
Variáveis		-108.000	-108.000	-108.000	-108.000	-108.000	-108.000	-108.000	-108.000	-108.000	-108.000
Depreciação		-5.000	-5.000	-5.000	-5.000	-5.000	-5.000	-5.000	-5.000	-5.000	-5.000

CENÁRIO PESSIMISTA: Fluxo de Caixa com redução de 10% na Quantidade											
	ANO 0	ANO 1	ANO 2	ANO 3	ANO 4	ANO 5	ANO 6	ANO 7	ANO 8	ANO 9	ANO 10
TOTAL		-113.000	-113.000	-113.000	-113.000	-113.000	-113.000	-113.000	-113.000	-113.000	-113.000
Despesas											
Comissão		-9.000	-9.000	-9.000	-9.000	-9.000	-9.000	-9.000	-9.000	-9.000	-9.000
Fretes/Seg.		-3.600	-3.600	-3.600	-3.600	-3.600	-3.600	-3.600	-3.600	-3.600	-3.600
TOTAL		-12.600	-12.600	-12.600	-12.600	-12.600	-12.600	-12.600	-12.600	-12.600	-12.600
Lucro Antes do I.R. e C.S.		22.000	22.000	22.000	22.000	22.000	22.000	22.000	22.000	22.000	22.000
I.R. e C.S.		-7.480	-7.480	-7.480	-7.480	-7.480	-7.480	-7.480	-7.480	-7.480	-7.480
Lucro Após o I. R. e C. S.		14.520	14.520	14.520	14.520	14.520	14.520	14.520	14.520	14.520	14.520
(+) Deprec.		5.000	5.000	5.000	5.000	5.000	5.000	5.000	5.000	5.000	5.000
FLUXOS DE CAIXA	-65.000	19.520	19.520	19.520	19.520	19.520	19.520	19.520	19.520	19.520	19.520
VPL	16.837										

Quadro 10.6 - Fluxos de Caixa e VPL para o Cenário Pessimista do Produto Jota, com Redução de 10% no Preço de Venda

CENÁRIO PESSIMISTA: Fluxo de Caixa com redução de 10% no Preço de Venda											
	ANO 0	ANO 1	ANO 2	ANO 3	ANO 4	ANO 5	ANO 6	ANO 7	ANO 8	ANO 9	ANO 10
Quantidades		10.000	10.000	10.000	10.000	10.000	10.000	10.000	10.000	10.000	10.000
P.V. unit.		18,00	18,00	18,00	18,00	18,00	18,00	18,00	18,00	18,00	18,00
C.V. unit.		12,00	12,00	12,00	12,00	12,00	12,00	12,00	12,00	12,00	12,00
INV. INICIAL											
Equipamentos	-50.000										
Cap. Giro	-15.000										
TOTAL	-65.000										
Receitas											
Rec. Bruta		180.000	180.000	180.000	180.000	180.000	180.000	180.000	180.000	180.000	180.000
(-) ICMS		-32.400	-32.400	-32.400	-32.400	-32.400	-32.400	-32.400	-32.400	-32.400	-32.400
(=) Rec. Líquida		147.600	147.600	147.600	147.600	147.600	147.600	147.600	147.600	147.600	147.600
Custos											
Variáveis		-120.000	-120.000	-120.000	-120.000	-120.000	-120.000	-120.000	-120.000	-120.000	-120.000
Depreciação		-5.000	-5.000	-5.000	-5.000	-5.000	-5.000	-5.000	-5.000	-5.000	-5.000

CENÁRIO PESSIMISTA: Fluxo de Caixa com redução de 10% no Preço de Venda											
	ANO 0	ANO 1	ANO 2	ANO 3	ANO 4	ANO 5	ANO 6	ANO 7	ANO 8	ANO 9	ANO 10
TOTAL		-125.000	-125.000	-125.000	-125.000	-125.000	-125.000	-125.000	-125.000	-125.000	-125.000
Despesas											
Comissão		-9.000	-9.000	-9.000	-9.000	-9.000	-9.000	-9.000	-9.000	-9.000	-9.000
Fretes/Seg.		-3.600	-3.600	-3.600	-3.600	-3.600	-3.600	-3.600	-3.600	-3.600	-3.600
TOTAL		-12.600	-12.600	-12.600	-12.600	-12.600	-12.600	-12.600	-12.600	-12.600	-12.600
Lucro Antes do I.R. e C.S.		10.000	10.000	10.000	10.000	10.000	10.000	10.000	10.000	10.000	10.000
I.R. e C.S.		-3.400	-3.400	-3.400	-3.400	-3.400	-3.400	-3.400	-3.400	-3.400	-3.400
Lucro Após o I. R. e C. S.		6.600	6.600	6.600	6.600	6.600	6.600	6.600	6.600	6.600	6.600
(+) Deprec.		5.000	5.000	5.000	5.000	5.000	5.000	5.000	5.000	5.000	5.000
FLUXOS DE CAIXA	-65.000	11.600	11.600	11.600	11.600	11.600	11.600	11.600	11.600	11.600	11.600
VPL	-16.367										

Quadro 10.7 - Fluxos de Caixa e VPL para o Cenário Pessimista do Produto Jota, com Acréscimo de 10% no Custo Variável

CENÁRIO PESSIMISTA: Fluxo de Caixa com acréscimo de 10% no Custo Variável											
	ANO 0	ANO 1	ANO 2	ANO 3	ANO 4	ANO 5	ANO 6	ANO 7	ANO 8	ANO 9	ANO 10
Quantidades		10.000	10.000	10.000	10.000	10.000	10.000	10.000	10.000	10.000	10.000
P.V. unit.		20,00	20,00	20,00	20,00	20,00	20,00	20,00	20,00	20,00	20,00
C.V. unit.		13,20	13,20	13,20	13,20	13,20	13,20	13,20	13,20	13,20	13,20
INV. INICIAL											
Equipamentos	-50.000										
Cap. Giro	-15.000										
TOTAL	-65.000										
Receitas											
Rec. Bruta		200.000	200.000	200.000	200.000	200.000	200.000	200.000	200.000	200.000	200.000
(-) ICMS		-36.000	-36.000	-36.000	-36.000	-36.000	-36.000	-36.000	-36.000	-36.000	-36.000
(=) Rec. Líquida		164.000	164.000	164.000	164.000	164.000	164.000	164.000	164.000	164.000	164.000
Custos											
Variáveis		-132.000	-132.000	-132.000	-132.000	-132.000	-132.000	-132.000	-132.000	-132.000	-132.000
Depreciação		-5.000	-5.000	-5.000	-5.000	-5.000	-5.000	-5.000	-5.000	-5.000	-5.000

CENÁRIO PESSIMISTA: Fluxo de Caixa com acréscimo de 10% no Custo Variável

	ANO 0	ANO 1	ANO 2	ANO 3	ANO 4	ANO 5	ANO 6	ANO 7	ANO 8	ANO 9	ANO 10
TOTAL		-137.000	-137.000	-137.000	-137.000	-137.000	-137.000	-137.000	-137.000	-137.000	-137.000
Despesas											
Comissão		-10.000	-10.000	-10.000	-10.000	-10.000	-10.000	-10.000	-10.000	-10.000	-10.000
Fretes/Seg.		-4.000	-4.000	-4.000	-4.000	-4.000	-4.000	-4.000	-4.000	-4.000	-4.000
TOTAL		-14.000	-14.000	-14.000	-14.000	-14.000	-14.000	-14.000	-14.000	-14.000	-14.000
Lucro Antes do I.R. e C.S.		13.000	13.000	13.000	13.000	13.000	13.000	13.000	13.000	13.000	13.000
I.R. e C.S.		-4.420	-4.420	-4.420	-4.420	-4.420	-4.420	-4.420	-4.420	-4.420	-4.420
Lucro Após o I. R. e C. S.		8.580	8.580	8.580	8.580	8.580	8.580	8.580	8.580	8.580	8.580
(+) Deprec.		5.000	5.000	5.000	5.000	5.000	5.000	5.000	5.000	5.000	5.000
FLUXOS DE CAIXA	-65.000	13.580	13.580	13.580	13.580	13.580	13.580	13.580	13.580	13.580	13.580
VPL	-8.066										

Os Quadros 10.8 e 10.9 resumem os VPLs dos cenários otimista e pessimista, respectivamente, e a variação em relação ao cenário mais provável

Quadro 10.8 – Cenário Otimista em relação ao Cenário Mais Provável

	MAIS PROVÁVEL	(+) 10% na Quantidade		(+) 10% no P. Venda		(-) 10% no C.V.	
		Resultado	Variação	Resultado	Variação	Resultado	Variação
	a	b	c = b ÷ a	d	e = d ÷ a	f	g = f ÷ a
VPL	R$ 25.138	R$ 33.439	33,02%	R$ 66.643	165,11%	R$ 58.342	132,09%

Quadro 10.9 – Cenário Pessimista em relação ao Cenário Mais Provável

	MAIS PROVÁVEL	(-) 10% na Quantidade		(-) 10% no P. Venda		(+) 10% no C.V.	
		Resultado	Variação	Resultado	Variação	Resultado	Variação
	a	b	c = b ÷ a	d	e = d ÷ a	f	g = f ÷ a
VPL	R$ 25.138	R$ 16.837	-33,02%	-R$ 16.367	-165,11%	-R$ 8.066	-132,09%

Com base nos resultados apresentados, tem-se que o projeto é mais sensível em relação à variação positiva ou negativa no preço de venda, depois, em relação às variações no custo variável e, menos sensível em relação às variações na quantidade.

Observa-se que no cenário pessimista, mesmo havendo redução de 10% na quantidade, o projeto apresenta VPL positivo.

SIMULAÇÃO DE MONTE CARLO

A análise de sensibilidade vista na seção anterior, permite avaliar o efeito nos fluxos de caixa e, consequentemente no VPL, pela mudança de uma única variável por vez. Agora, vamos avaliar o efeito no VPL pela mudança simultânea das três variáveis consideradas variáveis relevantes do projeto de investimentos. Para isso, vamos utilizar o modelo de simulação conhecido por Simulação de Monte Carlo que faz uso de números aleatórios para atribuir valores às variáveis relevantes.

Esse modelo de simulação é adequado quando há inúmeros cenários possíveis para cada uma das variáveis relevantes. Com o uso intensivo de recursos computacionais permite-se realizar inúmeras simulações.

Para ilustrar, vamos retomar o exemplo da Cia. Guaporé da seção anterior. Partimos do Cenário Mais Provável e, consideramos que os valores das variáveis relevantes estejam dentro dos limites definidos para os Cenários Otimista e Pessimista. Assim, assume-se que tais valores têm a mesma probabilidade de ocorrer, sendo definidas, portanto, pela **distribuição uniforme de probabilidade**, ou seja, cada número dentro deste intervalo tem a mesma probabilidade de ocorrer.

Os limites das variáveis relevantes são apresentados no Quadro 10.10.

Quadro 10.10 – Limite superior e inferior das variáveis selecionadas

Variáveis Relevantes	Menor Valor	Maior Valor
Quantidade	9.000	11.000
Preço de Venda	18,00	22,00
Custo Variável	10,80	13,20

Utiliza-se a seguinte equação para determinar os valores destas variáveis:

Variável-chave = a + [(b - a) × ALEATÓRIO( )]

Onde,

a = menor valor da variável-chave

b = maior valor da variável-chave

ALEATÓRIO( ) = número aleatório entre 0 e 1 (função da planilha eletrônica EXCEL[1])

Na primeira rodada de simulações, foram obtidos os seguintes valores para as variáveis relevantes:

a. Para a quantidade: o número aleatório gerado foi 0,544480995. Com esse número aleatório tem-se:

Quantidade = 9.000 + [(11.000 - 9.000) × 0,544480995]

Quantidade = 10.089

b. Para o Preço de Venda Unitário: o número aleatório gerado foi 0,725634862. Com esse número aleatório tem-se:

Preço de Venda Unitário = 18,00 + [(22,00 - 18,00) × 0,725634862]

Preço de Venda Unitário = 20,91

c. Para o Custo Variável Unitário, o número aleatório gerado foi 0,832176642. Com esse número aleatório tem-se:

Custo Variável Unitário = 10,80 + [(13,20 - 10,80) × 0,832176642]

Custo Variável Unitário = 12,80

Assim, com os dados da primeira rodada de simulação, o VPL do projeto é R$ 22.596. Os cálculos dessa primeira simulação são demonstrados no Quadro 10.11.

[1] Para a obtenção de números aleatórios, será feito uso da ferramenta Excel do Software Microsoft.

Quadro 10.11 – Primeira Simulação dos Fluxos de Caixa e VPL

1ª SIMULAÇÃO											
	ANO 0	ANO 1	ANO 2	ANO 3	ANO 4	ANO 5	ANO 6	ANO 7	ANO 8	ANO 9	ANO 10
Quantidades		10.089	10.089	10.089	10.089	10.089	10.089	10.089	10.089	10.089	10.089
P.V. unit.		20,91	20,91	20,91	20,91	20,91	20,91	20,91	20,91	20,91	20,91
C.V. unit.		12,80	12,80	12,80	12,80	12,80	12,80	12,80	12,80	12,80	12,80
INV. INICIAL											
Equipamentos	-50.000										
Cap. Giro	-15.000										
TOTAL	-65.000										
Receitas											
Rec.Bruta		210.961	210.961	210.961	210.961	210.961	210.961	210.961	210.961	210.961	210.961
(-) ICMS		-37.973	-37.973	-37.973	-37.973	-37.973	-37.973	-37.973	-37.973	-37.973	-37.973
(=) Rec. Líquida		172.988	172.988	172.988	172.988	172.988	172.988	172.988	172.988	172.988	172.988
Custos											
Variáveis		-129.139	-129.139	-129.139	-129.139	-129.139	-129.139	-129.139	-129.139	-129.139	-129.139
Depreciação		-5.000	-5.000	-5.000	-5.000	-5.000	-5.000	-5.000	-5.000	-5.000	-5.000

1ª SIMULAÇÃO											
	ANO 0	ANO 1	ANO 2	ANO 3	ANO 4	ANO 5	ANO 6	ANO 7	ANO 8	ANO 9	ANO 10
TOTAL		-134.139	-134.139	-134.139	-134.139	-134.139	-134.139	-134.139	-134.139	-134.139	-134.139
Despesas											
Comissão		-10.548	-10.548	-10.548	-10.548	-10.548	-10.548	-10.548	-10.548	-10.548	-10.548
Fretes/Seg.		-4.219	-4.219	-4.219	-4.219	-4.219	-4.219	-4.219	-4.219	-4.219	-4.219
TOTAL		-14.767	-14.767	-14.767	-14.767	-14.767	-14.767	-14.767	-14.767	-14.767	-14.767
Lucro Antes do I.R. e C.S.		24.082	24.082	24.082	24.082	24.082	24.082	24.082	24.082	24.082	24.082
I.R. e C.S.		-8.188	-8.188	-8.188	-8.188	-8.188	-8.188	-8.188	-8.188	-8.188	-8.188
Lucro Após o I. R. e C. S.		15.894	15.894	15.894	15.894	15.894	15.894	15.894	15.894	15.894	15.894
(+) Deprec.		5.000	5.000	5.000	5.000	5.000	5.000	5.000	5.000	5.000	5.000
FLUXOS DE CAIXA	-65.000	20.894	20.894	20.894	20.894	20.894	20.894	20.894	20.894	20.894	20.894
VPL	22.596										

Para esse exemplo, calculamos o VPL para 100 simulações. Importante salientar que, quanto maior a quantidade de simulações, mais confiáveis serão os resultados obtidos pelo Método de Monte Carlo.

O Quadro 10.12 apresenta os resultados das 15 primeiras simulações e das 18 últimas:

Quadro 10.12 – Simulações Realizadas

	A	B	C	D	E
1	SIMULAÇÕES	Quant.	P. V. Unit.	C. V. Unit.	VPL
2	1	10.089	20,91	12,80	22.596,75
3	2	9.807	19,67	11,12	40.699,73
4	3	9.034	18,06	11,93	-17.502,06
5	4	10.428	19,67	12,88	-3.842,55
6	5	10.155	20,53	11,51	51.362,86
7	6	9.695	19,34	12,00	9.327,26
8	7	10.643	19,52	12,95	-8.103,11
9	8	10.593	18,29	12,93	-34.790,25
10	9	10.523	18,38	13,07	-37.053,80
11	10	10.460	18,85	11,62	14.991,58
12	11	9.138	20,17	11,18	41.940,27
13	12	9.298	19,66	11,79	18.153,03
14	13	10.880	19,60	12,14	19.196,78
15	14	10.307	21,85	11,98	67.828,20
16	15	9.560	18,10	11,09	7.862,46
84	83	10.335	19,88	12,74	4.183,28
85	84	9.139	19,57	11,63	19.192,08
86	85	10.589	21,02	12,20	46.582,05
87	86	9.144	18,03	11,72	-12.266,42
88	87	10.678	18,69	12,03	850,60
89	88	10.798	21,71	11,86	74.264,46
90	89	9.443	20,21	11,36	41.352,38
91	90	9.235	20,38	11,73	32.970,03
92	91	9.183	21,97	10,90	83.849,53
93	92	10.078	18,77	12,15	-4.122,25
94	93	10.142	21,59	12,36	49.679,55
95	94	10.699	21,58	11,98	66.614,00
96	95	9.126	21,05	11,47	51.152,41
97	96	9.572	18,32	12,38	-21.851,80
98	97	9.809	18,29	11,81	-6.099,79
99	98	9.883	18,62	11,28	15.552,75
100	99	10.787	19,09	11,75	18.761,86
101	100	10.706	19,51	11,46	36.108,84

Agora, utilizando o Excel, vamos analisar o VPL com os dados obtidos. Para isso, acessamos: Dados; Análise de dados; Estatística Descritiva, conforme caixa de diálogo do Excel.

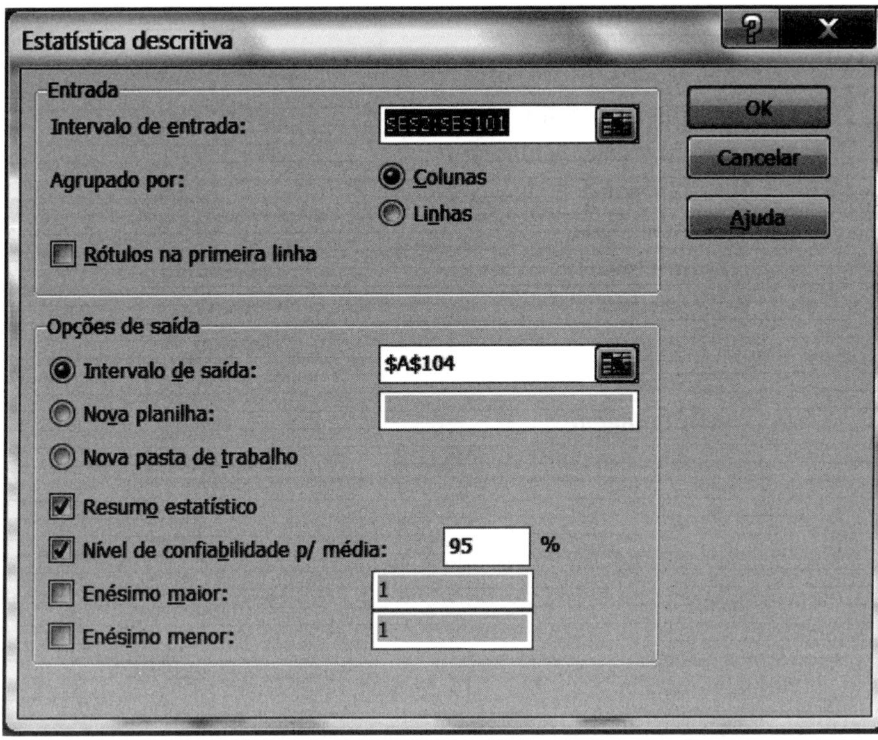

Após selecionar a faixa de dados ($E$2:$E$101) e indicar a célula onde serão apresentados os resultados ($A$104), clicamos OK e, o Excel fornece o resumo estatístico.

	Coluna1	
105		
106	**Média**	**29.527,04**
107	**Erro padrão**	**3.367,50**
108	**Mediana**	**33.830,12**
109	**Modo**	**#N/D**
110	**Desvio padrão**	**33.675,00**
111	**Variância da amostra**	**1.134.005.939,04**
112	**Curtose**	**-0,54**
113	**Assimetria**	**-0,17**
114	**Intervalo**	**140.250,23**
115	**Mínimo**	**-44.249,65**
116	**Máximo**	**96.000,58**
117	**Soma**	**2.952.704,44**
118	**Contagem**	**100,00**
119	**Nível de confiança(95,0%)**	**6.681,85**

A média aritmética dos VPLs obtida é R$ 29.527,04. Esse VPL está contido no intervalo de confiança [R$ 22.845,19 e R$ 36.208,89], com 95% de probabilidade.

Intervalor inferior: R$ 29.527,04 - 6.681,85 = 22.845,19

Intervalo superior: R$ 29.527,04 + 6.681,85 = 36.208,89

O VPL médio apresenta-se melhor que o VPL do projeto para o Cenário Mais Provável, que é de R$ 25.138,00.

Ainda, com o uso do Excel, podemos visualizar esses dados com auxílio do histograma (dados, análise de dados, histograma).

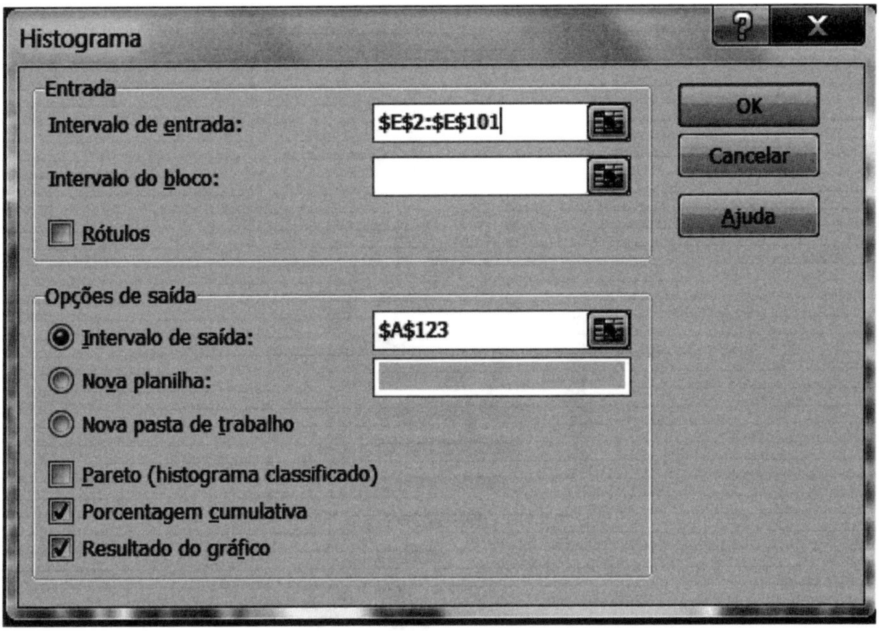

Para construir o histograma, o Excel dividiu as 100 simulações em 10 blocos, indicando em cada um deles a frequência simples e a frequência relativa acumulada. Essas frequências podem ser consideradas como aproximações da distribuição de probabilidade das simulações.

Com base na tabela com esses 10 blocos, verifica-se que o bloco que contém a média, de R$ 29.527,04, ocorreu 16 vezes, com percentual acumulado de 60%. Isso significa que é de 60% a probabilidade do VPL desse projeto estar abaixo de R$ 39.900,49 que é o limite superior desse bloco.

Agora, quando se compara com o VPL de R$ 25.138,00, calculado para o Cenário Mais Provável, a probabilidade situa-se ao redor de 44%.

Ainda, observa-se que a probabilidade do projeto apresentar VPL negativo é pouco superior a 18%.

	Bloco	Freqüência	% cumulativo
122			
123	*Bloco*	*Freqüência*	*% cumulativo*
124	-44.249,65	1	1,00%
125	-30.224,63	6	7,00%
126	-16.199,60	4	11,00%
127	-2.174,58	7	18,00%
128	11.850,44	12	30,00%
129	25.875,46	14	44,00%
130	39.900,49	16	60,00%
131	53.925,51	17	77,00%
132	67.950,53	11	88,00%
133	81.975,55	6	94,00%
134	Mais	6	100,00%
135			
136			

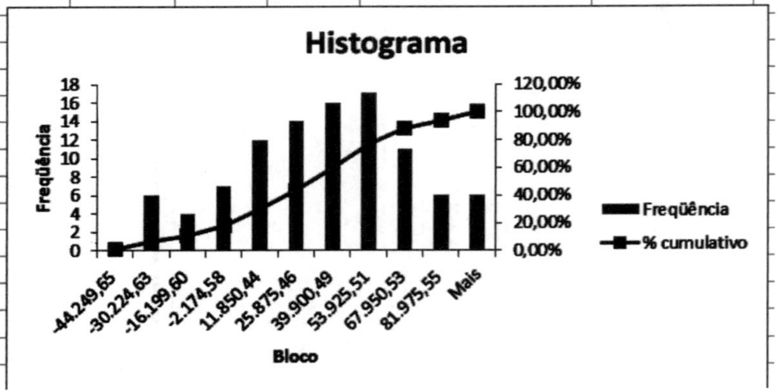

EXERCÍCIOS

1. A Fábrica de Sapatos Taquaritinga prepara o lançamento de um novo modelo de sapatos feminino para a próxima estação. Os meses considerados são maio, junho e julho.

Os seguintes dados foram levantados:

- Produção e vendas: maio = 12.000 pares; junho = 15.000 pares; julho = 10.000 pares
- Preço de venda (com ICMS de 18%): R$ 80,00 o par
- Custos variáveis: R$ 35,00 o par
- Custos fixos: R$ 40.000,00 por mês
- Despesas fixas: R$ 10.000,00 por mês
- Despesas variáveis: 10% do faturamento
- Investimentos em treinamento dos funcionários e propaganda: R$ 300.000,00
- Investimento em capital de giro: R$ 50.000,00 (esse valor será recuperado no último mês)

Os investimentos serão financiados exclusivamente com capital próprio.

A empresa é tributada pela sistemática do Lucro Real. As alíquotas do Imposto de Renda e a Contribuição Social totalizam 34% do lucro tributável. A direção calculou a Taxa Mínima de Atratividade em 15% ao ano.

Pede-se:

a. Avalie a sensibilidade do VPL dos fluxos de caixa considerando:

- ♦ Cenário Otimista: + 5% na quantidade vendida; + 5% no preço de venda; - 5% nos custos variáveis;
- ♦ Cenário Pessimista: - 5% na quantidade vendida; - 5% no preço de venda; + 5% nos custos variáveis.

b. Avalie o risco do projeto, com base no VPL, realizando a Simulação de Monte Carlo (realize 200 simulações), considerando os cenários descritos em "a".

2. A Cia. Passo Fundo, fabricante de eletrodomésticos, está analisando a possibilidade de lançar um novo modelo de liquidificador.

São previstos R$ 225.000,00 de investimentos em novas máquinas e R$ 30.000,00 em capital de giro. Estes valores serão financiados exclusivamente com capital próprio.

Este novo liquidificador deverá permanecer no mercado por um prazo de 10 anos. Para isso, a empresa considera que deverá realizar modificações no *design* do produto para que possa ter essa longevidade. A empresa considera irrelevantes os gastos para realizar essas modificações no *design*.

A capacidade de produção dessa linha deverá ser de 10.000 liquidificadores por ano. A produção máxima deverá ser atingida no 5º ano. No primeiro ano, estima produzir e vender 6.000 liquidificadores, aumentando 1.000 unidades por ano até atingir a capacidade máxima.

O preço de venda é estimado em R$ 110,00 por unidade, estando incluso ICMS de 18%. Os custos e despesas estimados são:

- Custos variáveis: R$ 60,00 por unidade
- Custos fixos: R$ 50.000,00 por mês (não inclui a depreciação das novas máquinas)
- Despesas fixas: R$ 20.000,00 por mês
- Despesas variáveis: 5% do faturamento

A empresa irá depreciar os equipamentos com base na quantidade produzida. Não é previsto valor residual dos equipamentos ao final dos 10 anos. Estima-se a recuperação de 50% do investimento em capital de giro.

A empresa é tributada pela sistemática do Lucro Presumido (lucro tributável corresponde a 8% da receita bruta). As alíquotas do Imposto de

Renda e a Contribuição Social totalizam 34% do lucro tributável. A Taxa Mínima de Atratividade é de 25% ao ano.

Pede-se:

a. Avalie a sensibilidade do VPL dos fluxos de caixa considerando:

- Cenário Otimista: + 10% no preço de venda; - 10% nos custos variáveis; - 10% no investimento em novas máquinas.
- Cenário Pessimista: - 10% no preço de venda; + 10% nos custos variáveis; + 10% no investimento em novas máquinas.

b. Avalie o risco do projeto, com base no VPL, realizando a Simulação de Monte Carlo (realize 200 simulações), considerando os cenários descritos em "a".

Caso Prático

Convivendo com as bicicletas elétricas

Elas chegaram para ficar. Com uma ampla variedade de modelos e preços, as bicicletas elétricas têm ganhado adeptos de norte a sul do país. Em cidades como São Paulo com muitas ladeiras e vias inclinadas, além dos famosos congestionamentos de centenas de quilômetros, esse modal de transporte tem crescido e se estabelecido consideravelmente. (http://movimentoconviva.com.br/convivendo-com-as-bicicletas-eletricas/). Acesso em 19 de dezembro de 2014.

De olho nesse mercado, a Bike Cabedelo está planejando investir em um modelo de bicicletas elétricas. Pesquisas apontam que há um mercado potencial de 100.000 bicicletas elétricas por ano e, a empresa estima que poderá conquistar 10% desse mercado.

Estudos realizados pela equipe de desenvolvimento de novos produtos da empresa apontam os seguintes dados:

- Preço de venda: R$ 3.000,00 por unidade, com ICMS de 18%.
- Custos variáveis de produção: R$ 1.800,00 por unidade.
- Custos fixos (sem a depreciação de novos equipamentos): R$ 300.000,00 por ano.
- Despesas variáveis: 15% do preço de venda.

O investimento em novas máquinas é previsto em R$ 2.000.000,00. A vida útil dessas máquinas é de 10 anos e a depreciação será realizada com base na quantidade produzida. Ao final desses dez anos não é previsto valor residual.

O investimento em capital de giro é previsto em R$ 400.000,00 e deverá ser totalmente recuperado ao final de 10 anos.

Esses investimentos serão financiados com capital próprio, sobre o qual se exige retorno de 20% ao ano.

A direção da empresa levantou algumas dúvidas em relação à demanda, participação de mercado, preço de venda e custos variáveis, necessitando de um estudo mais detalhado que inclua os riscos do negócio. Para isso, solicitou que fossem considerados:

	Cenário Pessimista	Cenário Mais Provável	Cenário Otimista
Demanda	80.000 unidades/ano	100.000 unidades/ano	120.000 unidades/ano
Participação de mercado	6%	10%	12%
Preço de venda unitário	R$ 2.900,00	R$ 3.000,00	R$ 3.200,00
Custos variáveis unitários	R$ 1.900,00	R$ 1.800,00	R$ 1.700,00

Os custos fixos e as despesas fixas não devem sofrer alterações em relação aos valores estimados, tanto para o cenário pessimista como para o cenário otimista.

A empresa é tributada pela sistemática do Lucro Presumido, sendo o lucro tributável de 8% do faturamento. As alíquotas do Imposto de Renda e a Contribuição Social totalizam 34% do lucro tributável.

Pede-se:

a. Avalie a sensibilidade do VPL dos fluxos de caixa considerando os dados dos cenários apresentados.

b. Avalie o risco do projeto, com base no VPL, realizando a Simulação de Monte Carlo. Realize 200 simulações a partir do cenário mais provável, considerando, agora:

- Cenário Otimista: + 20% na quantidade vendida; + 20% no preço de venda; - 20% nos custos variáveis; - 10% no investimento em novas máquinas.
- Cenário Pessimista: - 20% na quantidade vendida; - 20% no preço de venda; + 20% nos custos variáveis; + 10% no investimento em novas máquinas.

RESPOSTAS FINAIS OU PARCIAIS DE EXERCÍCIOS SELECIONADOS

CAPÍTULO 1.

1. Taxa de crescimento populacional da Cidade A = 25%; da Cidade B = 25%.

2. Novo Salário: R$ 2.300,00

3. Salário Anterior: R$ 4.000,00

4. Valor das ações ao final do segundo ano: R$ 9.900,00

5. a: R$ 121.800,00; b: R$ 128.100,00; c: R$ 142.800,00

6. a: R$ 216.000,00; b: R$ 516.000,00

7. a: 1,05%; b: 1,55%; c: 2,06%; d: 9,8%; e: 2,7%

8. a: 60%; b: 4,8%; c: 2,25%

9. 27%

10. R$ 67,50

11. R$ 384,00

12. 8 meses

13. 50%

14. 4,44%

15. R$ 1.391,55

16. R$ 571,81

17. R$ 4.783,36

18. 1,75%

19. a: R$ 39.019,03; b: R$ 11.888,76; c: R$ 30.984,53

20. R$ 134,53

21. R$ 13.118,88

22. 6,1248%

23. R$ 14.586,37

24. 12 meses

25. b: R$ 10.860,27

26. R$ 5.182,80

27. R$ 13.478,89

28. 1,2445%

29. 12,6162%

30. a: 1,1715%; b: 0,9039%; c: 2,9142%

31. a: são equivalentes; b: não são equivalentes, 4,15% at; c: são equivalentes

32. a: 2,7674%; b: 3,3299%; c: 9,1281%; d: 29,96%

CAPÍTULO 2.

1. a: R$ 1.363,64; b: R$ 1.500,00

2. a: R$ 2.912,62; b: R$ 3.000,00; c: R$ 2.720,87; d: R$ 2.758,39

3. a: R$ 152.019,00; b: R$ 151.600,00; c: R$ 151.885,64; d: R$ 151.746,14

4. a: R$ 35.520,00; b: R$ 35.955,06; c: R$ 35.678,32; d: R$ 35.764,79

5. a: R$ 123.750,00; b: R$ 125.524,31

6. a: R$ 379,63; b: R$ 377,12

7. a. 2,30%; b. 2,3546%

8. R$ 150,00

9. a: R$ 2.000,00; b: R$ 1.850,48

CAPÍTULO 3.

1. VP(A) = R$ 56.065,52; VF(A) = R$ 75.347,37; VP(B) = R$ 55.786,30; VF(B) = R$ 74.972,12

2. VP = R$ 103.109,33; VF = R$ 135.775,30

3. VP(A) = R$ 3.000,00; VP(B) = R$ 3.000,00

4. VP (1ª Alternativa) = R$ 19.003,58; VP (2ª Alternativa) = R$ 18.299,35

5. VP = R$ 45.161,74; VF = R$ 70.436,90

6. VP = R$ 105.769,46; VF = 124.591,02

7. VF = R$ 349.337,52

8. VP(A) = R$ 34.963,55; VP(B) = R$ 34.967,20; VP(C) = R$ 35.060,63; VF(A) = R$ 51.372,93; VF(B) = R$ 51.378,28; VF(C) = R$ 51.515,57

9. VP = R$ 5.388,68

10. VP = R$ 8.598,48; VF = R$ 11.563,99

11. VP = R$ 182.920,70; VF = R$ 222.341,25

12. VP = R$ 189.404,11; VF = R$ 230.221,88

13. VP = R$ 13.171,43; VF = R$ 19.496,94

14. a. VP_A = R$ 328.063,02; VP_B = R$ 197.249,67; VP_C = R$ 191.660,56; b. VF_A = R$ 1.154.085,14; VF_B = R$ 693.899,94; VF_C = R$ 674.238,12

15. VP = R$ 13.093,84; VF = R$ 16.711,42

16. VP = R$ 21.194,89; VF = R$ 54.974,07
17. VP = R$ 358.750,77; VF = R$ 721.575,94
18. VP = R$ 228.287,25; VF = R$ 492.855,06
19. VP = R$ 150.000,00
20. a. R$ 490.421,63; b. R$ 597.821,23
21. VP = R$ 1.000.000,00
22. VP = R$ 430.991,86

CAPÍTULO 4.

1. 1ª prestação: SAC = R$ 2.112,14; Price = R$ 1.763,58
2. SAC: 1ª prestação = R$ 7.533,33; 15ª prestação: R$ 5.480,00; PRICE: Prestações = R$ 6.580,73
3. 1ª prestação: R$ 6.944,44 de amortização + R$ 22.335,76 de juros = R$ 29.280,20; 36ª prestação = R$ 7.029,86
4. 1ª prestação: R$ 31.176.96; Demais prestações: R$ 12.491,76
5. Prestações: R$ 10.353,54
6. 1ª Prestação: R$ 37.142,28; 20ª Prestação: R$ 27.060,80
7. SAC: 1ª Prestação = R$ 7.075,00; 12ª Prestação = R$ 6.318,75; Price: Prestações = R$ 6.705,84
8. a = R$ 2.872,22; b = R$ 3.003,92; c = R$ 2.231,39; d = R$ 2.333,70
9. Saldo Devedor ao final do 15º mês: SAC = R$ 25.200,00; Price = R$ 27.057,10

CAPÍTULO 5.

1. a: 1,47%; b: 2,03%; c: 1,46%; d: 2,02%
2. a: 6,95%; b: 9,87%
3. 23,26%

4. 22,39%

5. 16,73%

6. 20,50%

7. 22,18%

8. a: 14,94%; b: 13,84%; c: 14,20%; d: 13,67%; e: 14,00%

9. 15%

10. 25,95%

11. Até o ponto de ruptura: 15,28%; Após o ponto de ruptura: 16,61%

12. 1º ponto de ruptura: R$ 400.000,00 e 20,68%; 2º ponto de ruptura: R$ 200.000,00 e 23,99%; após o 2º ponto de ruptura: 25,94%

13. CMgPC Ano 1 = 24,41%; Ano 2 = 23,89%; Ano 3 = 23,42%; Ano 4 = 23,00%; Ano 5 = 22,98%; Ano 6 = 22,93%; Ano 7 = 22,93%; Ano 8 = 23,05%; Ano 9 = 23,32%

CAPÍTULO 6.

1. Linha reta: Da = R$ 32.000,00; Soma dos dígitos dos anos: D1 = R$ 54.857,14 e D6 = R$ 9.142,86; Exponencial: Td = 0,41519645, D1 = R$ 83.039,29 e D6 = R$ 5.679,81

2. Td = 0,39572492; D1 = R$ 11.871,75 e D4 = R$ 2.619,50

3. Linha reta: Da = R$ 9.000,00; Soma dos dígitos dos anos: D1 = R$ 15.000,00 e D5 = R$ 3.000,00

4. R$ 13.688,89

5. DU = R$ 2,142857; D1 = R$ 8.571,43; D7 = R$ 3.214,29

6. Linha reta: R$ 48.000,00; Soma dos dígitos dos anos: R$ 64.000,00

7. R$ 51.899,39

8. R$ 15.600,00

9. Linha Reta: Da = R$ 25.000,00; Soma dos Dígitos: D1 = R$ 44.444,44; D2 = R$ 38.888,89; D3 = R$ 33.333,33; Taxa Constante: Ano 1 = R$ 45.557,50; Ano 2 = R$ 37.255,56; Ano 3 = R$ 30.466,48

10. Linha Reta: Da = R$ 28.000,00; Toneladas Processadas = R$ 39.200,00; Horas Trabalhadas = R$ 35.000,00

11. Linha Reta: Da = R$ 12.000,00; Horas Trabalhadas: Depreciação Anual = R$ 12.000,00

12. Soma dos Dígitos: D1 = R$ 92.727,27; D10 = R$ 9.272,73; Toneladas Processadas: DU = R$ 0,20 por tonelada; Horas Trabalhadas: DU = R$ 253,39978 por hora

CAPÍTULO 7.

1. a: R$ 1.960.000,00; b: R$ 2.050.000,00; c: R$ 1.664.000,00

2. IR = R$ 176.000,00; CS = R$ 72.000,00

3. R$ 14.000,00

4. a: (R$ 10.000,00); b: R$ 0,00; c: R$ 20.000,00; d: (R$ 40.000,00)

5. a: R$ 75.240,00; R$ 48.840,00; R$ 66.000,00; R$ 22.440,00; b: R$ 75.240,00; R$ 40.000,00; R$ 66.000,00; R$ 0,00

CAPÍTULO 8.

1.

Fluxo de Caixa Operacional

Anos	0	1	2	3	4
FCO	-2.000.000	394.632	466.704	538.776	610.848

Anos	5	6	7	8	9	10
FCO	682.920	682.920	682.920	682.920	682.920	822.920

Fluxo dos Proprietários (100% capital de terceiros)

Anos	0	1	2	3	4
FCP	0	196.632	268.704	340.776	412.848

Anos	5	6	7	8	9	10
FCP	84.920	124.520	164.120	203.720	243.320	822.920

Fluxo dos Proprietários (50% capital de terceiros e 50% capital próprio)

Anos	0	1	2	3	4
FCP	-1.000.000	295.632	367.704	439.776	511.848

Anos	5	6	7	8	9	10
FCP	383.920	403.720	423.520	443.320	463.120	822.920

2.

LUCRO REAL Fluxo de Caixa Operacional

Anos	0	1	2	3	4
FCO	-1.100.000	251.800	324.400	397.000	469.600

Anos	5	6	7	8	9	10
FCO	542.200	614.800	614.800	614.800	614.800	614.800

LUCRO REAL Fluxo de Caixa dos Proprietários

Anos	0	1	2	3	4
FCP	-100.000	133.000	205.600	278.200	150.800

Anos	5	6	7	8	9	10
FCP	247.160	343.520	367.280	391.040	614.800	614.800

LUCRO PRESUMIDO Fluxo de Caixa Operacional

Anos	0	1	2	3	4
FCO	-1.100.000	289.200	385.600	482.000	578.400

Anos	5	6	7	8	9	10
FCO	674.800	771.200	771.200	771.200	771.200	771.200

LUCRO PRESUMIDO Fluxo de Caixa dos Proprietários

Anos	0	1	2	3	4
FCP	-100.000	109.200	205.600	302.000	198.400

Anos	5	6	7	8	9	10
FCP	330.800	463.200	499.200	535.200	771.200	771.200

3.

LUCRO REAL Fluxo de Caixa Operacional

Anos	0	1	2	3
FCO	-520.000	198.400	198.400	198.400

Anos	4	5	6	7	8
FCO	198.400	198.400	198.400	198.400	398.400

LUCRO REAL Fluxo de Caixa dos Proprietários

Anos	0	1	2	3
FCP	-260.000	129.141	126.765	123.914

Anos	4	5	6	7	8
FCP	120.493	116.388	198.400	198.400	398.400

LUCRO PRESUMIDO Fluxo de Caixa Operacional

Anos	0	1	2	3
FCO	-520.000	225.600	225.600	225.600

Anos	4	5	6	7	8
FCO	225.600	225.600	225.600	225.600	425.600

LUCRO PRESUMIDO Fluxo de Caixa dos Proprietários

Anos	0	1	2	3
FCP	-260.000	138.661	138.661	138.661

Anos	4	5	6	7	8
FCP	138.661	138.661	225.600	225.600	425.600

CAPÍTULO 9.

1. A = 3 anos; B = 4 anos

2. X: simples, 5 anos e 8 meses; descontado, 10 anos e 21 dias; Y: simples: 5 anos, 8 meses e 5 dias; descontado: 10 anos, 1 mês e 7 dias

3. Alfa: 9 anos, 2 meses e 18 dias; Beta 7 anos, 8 meses e 2 dias

4. *Pay-back* Simples: 4 anos, 11 meses e 22 dias; *Pay-back* Descontado: 6 anos e 10 meses e 29 dias

5. VPL_1 = R$ 18.520,66; VPL_2 = R$ 30.844,91; VPL_3 = R$ 28.452,93

6. VPL = (R$ 33.600,00)

7. $VPLA_{(15\%)}$ = R$ 40.261,49; $VPLA_{(20\%)}$ = R$ 22.527,54; $VPLA_{(25\%)}$ = R$ 8.385,28; $VPLA_{(30\%)}$ = (R$ 3.033,78); $VPLA_{(35\%)}$ = (R$ 12.360,13); $VPLB_{(15\%)}$ = R$ 36.677,95; $VPLB_{(20\%)}$ = R$ 22.527,54; $VPLB_{(25\%)}$ = R$ 10.994,23; $VPLB_{(30\%)}$ = R$ 1.477,50; $VPLB_{(35\%)}$ = (R$ 6.464,14)

8. A: R$ 141.259,70; B: R$ 134.012,40; C: R$ 284.625,52

9. A: R$ 5.640,61; B: R$ 4.166,60

10. Alfa: R$ 262.489,53; Beta: R$ 325.300,36

11. M1: R$ 60.001,78; M2: R$ 60.001,78

12. VPL = (R$ 109.174,33)

13. VPL = R$ 337.950,69

14. VPL_A = R$ 59.298,96; VPL_B = R$ 34.140,08

15. $VPE_{q.1}$ = (R$ 614.334,32); $VPE_{q.2}$ = (R$ 623.802,29); $VPE_{q.3}$ = (R$ 607.659,96)

16. $VPL_{Tubos\ 20\ cm}$ = (R$ 444.109,86); $VPL_{Tubos\ 30\ cm}$ = (R$ 467.346,13)

17. $VPL_{Alternativa\ 1}$ = (R$ 49.670,32); $VPL_{Alternativa2}$ = (R$ 50.154,83)

18. *TIR* = 25,00%

19. TIR_A = 14,00%; TIR_B = 14,00%

20. 14,65%

21. TIR_A = 23,38%; TIR_B = 21,92%; TIR_C = 25,00%

22. ZX: 16,11%; ZY: 14,72%

23. Bolsas: 18,82%; Sapatos: 24,20%

24. *TIR* = 19,40%

25. Projeto A: *VPL* = R$ 4.970,80; *TIR* = 26,31%; Projeto B: *VPL* = R$ 6.105,22; *TIR* = 23,59%

26. Projeto A: *VPL* = R$ 7.492,40; *TIR* = 24,47%; Projeto B: *VPL* = R$ 7.492,40; *TIR* = 32,17%

27. VPL: (R$ 10.764,68); TIR: 27,82%

28. TIR_X = 72,30%; TIR_Y = 71,00%

29. *VPL* = R$ 575.988,64; *TIR* = 32,54%; *Pay-back* Descontado = 4 anos, 6 meses e 27 dias

30. VPL: R$ 6.023,20; TIR: 28,75%; TIRM: 25,13%

31. X1: 14,42%; X2: 16,93%

32.

TaxasdeReinvestimento	15%	20%	25%	30%	35%
Projeto Para	34,53%	36,67%	38,82%	40,99%	43,18%
Projeto Peba	33,67%	36,24%	38,82%	41,41%	44,01%

33. *VPL*: R$ 41,65; *TIR* 1: 20%; *TIR* 2: 25%

34. TIR 1: 0,00%; TIR 2: 20,82%

35. TIR 1: 10%; TIR 2: 30%; TIR 3: 50%

36. TIR 1: 6,07%; TIR 2: 40,24%

37. TIR 1: 17,89%; TIR 2: 36,00%; TIRM (Pessimista): 22,77%; TIRM (Otimista): 40,30%

38. a. VPL_A: R$ 10.703,58; VPL_B: R$ 10.830,90; b. VPL_A: R$ 9.061,80; VPL_B: R$ 8.826,24; c. TMA = 12,3490%

39. TIR_1 = 18,90%; TIR_2 = 18,45%; TMA = 16,6719%

40. TIR: 17,64%

41. b: 29,3964%; c: GRP1: 45,33%; GRP2: 42,09%

42. 1,48

43. $IL_A = 1,27$; $IL_B = 1,18$; $IL_C = 1,36$

44. $IL_{Modern'} = 2,13$; $IL_{Novo} = 1,98$

45.

	VPL	TIR	IL
Sorocaba	R$ 5.168,92	17,03%	1,09
Porto Feliz	R$ 6.423,61	17,29%	1,10
São Roque	R$ 7.678,30	17,51%	1,11

46.

	VPL	TIR	IL
A	R$ 118.685,70	37,00%	1,40
B	R$ 140.089,38	58,13%	1,93
C	R$ 29.342,85	27,22%	1,16
D	R$ 44.577,55	41,04%	1,50

47.

	VPL	TIR	IL
Modernização	R$ 114.928,37	39,69%	1,96
Novos Equipamentos	R$ 151.321,96	33,17%	1,50

48. a:

	P1	P2	P3	P4	P5	P6	P7	P8
TIR	24,79%	27,32%	25,88%	20,57%	21,04%	84,15%	35,73%	36,10%

b. Até R$ 500.000,00, CMgPC = 25,20%; Entre R$ 500.000,01 e R$ 700.000,00, CMgPC = 26,00%; Entre R$ 700.000,01 e R$ 1.000.000,00, CMgPC = 28,00%; Acima de R$ 1.000.000,00, CMgPC = 33,00%

49. a:

	TR1	TR2	TR3	TR4	TR5	TR6
TIR	28,65%	38,12%	37,83%	39,69%	46,57%	36,75%

b. Até R$ 400.000,00, CMgPC = 32,25%; Entre R$ 400.000,01 e R$ 600.000,00, CMgPC = 33,75%; Entre R$ 600.000,01 e R$ 700.000,00, CMgPC = 35,25%

CAPÍTULO 10.

1. a.

RESUMO: Cenário Otimista em relação ao Cenário Mais Provável				
	MAIS PROVÁVEL	+ 5% na Quantidade	+ 5% no P. Venda	- 5% no C. V.
VPL	R$ 30.429,31	R$ 51.574,30	R$ 84.320,98	R$ 63.175,98

RESUMO: Cenário Pessimista em relação ao Cenário Mais Provável				
	MAIS PROVÁVEL	- 5% na Quantidade	- 5% no P. Venda	+ 5% no C. V.
VPL	R$ 30.429,31	R$ 9.284,31	(R$ 23.462,37)	(R$ 2.317,37)

2. a.

RESUMO: Cenário Otimista em relação ao Cenário Mais Provável				
	MAIS PROVÁVEL	+ 10% no P. Venda	- 10% no C. Variável	- 10% no Inv. Máquinas
VPL	R$ 129.495	R$ 367.685	R$ 304.403	R$ 151.995

RESUMO: Cenário Pessimista em relação ao Cenário Mais Provável				
	MAIS PROVÁVEL	- 10% no P. Venda	+ 10% no C. Variável	+ 10% no Inv. Máquinas
VPL	R$ 129.495	(R$ 108.696)	(R$ 45.414)	R$ 106.995

RESPOSTAS FINAIS OU PARCIAIS DE CASOS PRÁTICOS SELECIONADOS

CAPÍTULO 1.

Banco do Brasil: Taxa Anual de Empréstimo = 81,03%; Cheque Especial: 179,72%

Santander: Taxa Anual de Empréstimo = 137,91%; Cheque Especial = 332,99%

CAPÍTULO 2.

1.

	Valor Presente	Valor Futuro
Antecipar recebimento	R$ 27.000,00	R$ 30.000,00
Empréstimo	R$ 27.000,00	R$ 29.767,50

2.

a juros simples, desconto comercial

c. Caso pagasse com desconto, teria sacado R$ 1.923,95 da aplicação. Esse valor aplicado por 1 mês proporciona rendimento de R$ 57,72, inferior ao desconto oferecido.

CAPÍTULO 3.

Valor Presente: R$ 1.844.217,12

Valor Futuro: R$ 122.108.883,21

CAPÍTULO 4.

a. SAC: R$ 315.375,00; PRICE: R$ 364.479,80

b. SAC: R$ 165.375,00; PRICE: R$ 214.479,80

c. SAC: R$ 150.000,00; PRICE: R$ 150.000,00

d. SAC: R$ 1.104.935,23; PRICE: R$ 1.104.935,23

CAPÍTULO 5.

a. 15%

b. R$ 60.000,00

CAPÍTULO 7.

a. Situação Atual: R$ 208.008,00; Situação Nova: R$ 191.681,00

b. Situação Atual: R$ 251.920,00; Situação Nova: R$ 252.171,00

CAPÍTULO 8.

	Ano 0	Ano 1	Ano 2	Ano 3	Ano 4
Alternativa a.	-1.150.000	268.200	268.200	268.200	268.200
Alternativa b.	-70.000	128.200	128.200	128.200	128.200

	Ano 5	Ano 6	Ano 7	Ano 8
Alternativa a.	268.200	268.200	268.200	684.200
Alternativa b.	128.200	128.200	128.200	198.200

CAPÍTULO 9.

TIR = 30,75%

VPL = 616.303

IL = 1,27

CAPÍTULO 10.

RESUMO: Cenário Otimista em relação ao Cenário Mais Provável					
	MAIS PROVÁVEL	12% fatia mercado	PV a R$ 3.200,00	CV a R$ 1.700,00	INV. de R$ 1.800.000,00
VPL	1.789.995	4.158.574	7.179.837	5.982.467	1.989.995

RESUMO: Cenário Pessimista em relação ao Cenário Mais Provável					
	MAIS PROVÁVEL	6% fatia Mercado	PV a R$ 2.900,00	CV a R$ 1.900,00	INV. de R$ 1.800.000,00
VPL	1.789.995	-1.009.235	-904.926	-2.402.477	1.589.995

BIBLIOGRAFIA CONSULTADA

ABEPRO - ASSOCIAÇÃO BRASILEIRA DE ENGENHARIA DE PRODUÇÃO. Áreas e Subáreas de Engenharia de Produção. Disponível em: http://www.abepro.org.br/interna.asp?c=362. Acesso em 18 de setembro de 2014.

ASSAF NETO, Alexandre. Depreciação: conceitos, aspectos e descapitalização. Revista de Administração da Universidade de São Paulo. Volume: 15 - Número: 1 - Janeiro / março / 1980.

ASSAF NETO, Alexandre. Contribuição ao estudo da avaliação de empresas no Brasil - uma aplicação prática. Tese de Livre Docência. Departamento de Contabilidade da Faculdade de Economia, Administração e Contabilidade de Ribeirão Preto - Universidade de São Paulo. Ribeirão Preto, 2003.

ASSAF NETO, Alexandre. Matemática financeira e suas aplicações. São Paulo: Atlas, 2006.

BLANK, Leland; TARQUIN, Anthony. Engenharia Econômica. São Paulo: McGraw-Hill, 2008.

BNDES - BANCO NACIONAL DE DESENVOLVIMENTO ECONÔMICO E SOCIAL. Apoio às micro, pequenas e médias empresas. 2014. Disponível em http://www.bndes.gov.br/SiteBNDES/export/sites/default/bndes_pt/Galerias/Arquivos/conhecimento/cartilha/cartilha_MPME.pdf. Acesso em 04 de dezembro de 2014.

BRADESCO. Cartilha Crédito Imobiliário - Pessoa Física. São Paulo, 2014. Disponível em http://www.bradesco.com.br/portal/PDF/classic/produtos-

-servicos/emprestimo-e-financiamento/cartilha-credito-imobiliario.pdf. Acesso em 05 de dezembro de 2014.

BRASIL. Decreto 3.000/1999. Regulamenta a tributação, fiscalização, arrecadação e administração do Imposto sobre a Renda e Proventos de Qualquer Natureza.

BRASIL, Lei nº 10.303/2001. Altera e acrescenta dispositivos na Lei no 6.404, de 15 de dezembro de 1976, que dispõe sobre as Sociedades por Ações, e na Lei no 6.385, de 7 de dezembro de 1976, que dispõe sobre o mercado de valores mobiliários e cria a Comissão de Valores Mobiliários.

BRASIL. Lei nº 12.814/2013. Altera a Lei no 12.096, de 24 de novembro de 2009, quanto à autorização para concessão de subvenção econômica em operações de financiamento destinadas a aquisição e produção de bens de capital e a inovação tecnológica e em projetos de infraestrutura logística direcionados a obras de rodovias e ferrovias objeto de concessão pelo Governo federal; altera a Lei no 11.529, de 22 de outubro de 2007, quanto à concessão de subvenção econômica em operações destinadas a financiamentos a diferentes setores da economia; altera a Lei no 12.409, de 25 de maio de 2011, quanto à concessão de subvenção econômica em financiamentos destinados a beneficiários localizados em Municípios atingidos por desastres naturais; altera as Leis nos 12.487, de 15 de setembro de 2011, 9.718, de 27 de novembro de 1998, e 11.491, de 20 de julho de 2007; prorroga os prazos previstos nas Leis nos 12.249, de 11 de junho de 2010, e 11.941, de 27 de maio de 2009.

BUARQUE, Cristovan. Avaliação econômica de projetos. Rio de Janeiro: Elsevier, 1984.

COMITÊ DE PRONUNCIAMENTOS CONTÁBEIS - CPC. Pronunciamento Técnico CPC 27. Ativo Imobilizado. 2009. Disponível em: http://www.cpc.org.br/CPC/Documentos-Emitidos/Pronunciamentos.

CUSTÓDIO, Isaias. Avaliação de sistemas de informação: um modelo para auxiliar na escolha de métodos e técnicas. Revista de Administração. Volume 18(4) setembro/outubro/1983. Páginas 8 a 17.

DOTTA FILHO, Roberto. Como usar a matemática financeira. Coleção Gestão Empresarial. Isto É. São Paulo, Gold Editora Ltda., 2006. Disponível em: http://www.bb.com.br/docs/pub/emp/mpe/dwn/gestaoemp09.pdf.

FERREIRA, Aurélio Buarque de Holanda. Novo Aurélio Século XXI: o dicionário da língua portuguesa. Rio de Janeiro: Nova Fronteira, 1999.

GITMAN, Lawrence J. Princípios de administração financeira. São Paulo: Pearson Prentice Hall, 2010.

HEERKENS, Gary T. Project Management. McGraw-Hill Professional. 2002. Disponível em: http://group27.narod.ru/ucheba/files/McGraw_Hill-Project_Management.pdf. Acesso em 09 de outubro de 2014.

HESS, Geraldo; MARQUES, José Luiz de Moura; PAES, Luiz Carlos Medeiros da Rocha; PUCCINI, Abelardo de Lima. Engenharia econômica. Difel - Difusão Editorial S/A. Rio de Janeiro, 1978.

HIRSCHFELD, Henrique. Engenharia econômica e análise de custos. São Paulo: Atlas, 1998.

LUSTOSA, Paulo Roberto B.; PONTE, Vera Maria R.; DOMINAS, Walter Rodrigues. Simulação. In: CORRAR, Luiz J.; THEÓPHILO, Carlos Renato (Coordenadores). Pesquisa Operacional para decisão em contabilidade e administração: Contabilometria. São Paulo: Atlas, 2008.

MEGLIORINI, Evandir; SILVA, Marco Aurélio Vallim Reis da. Administração financeira: uma abordagem brasileira. São Paulo: Pearson Prentice Hall, 2009.

MEGLIORINI, Evandir. Decisões especiais. In: PARISI, Cláudio; MEGLIORINI, Evandir. (Organizadores). Contabilidade gerencial. São Paulo: Atlas, 2011.

MEGLIORINI, Evandir; BUENO, Ary Silveira. Contabilidade para cursos de Engenharia. São Paulo: Atlas, 2014.

NEWNAN, Donald G.; LAVELLE, Jerome P. Fundamentos de engenharia econômica. Rio de Janeiro: Livros Técnicos e Científicos, 2000.

OLIVEIRA, José Alberto Nascimento de. Engenharia econômica: uma abordagem às decisões de investimento. São Paulo: McGraw Hill, 1982.

PARK, Chan S. Fundamentos de ingeniería económica. México: Pearson Educación, 2009.

RECEITA FEDERAL DO BRASIL - RFB. Instrução Normativa RFB 810/2008. Dispõe sobre a alíquota da Contribuição Social sobre o Lucro Líquido aplicável aos fatos geradores ocorridos a partir de 1º de maio de 2008. Disponível em: http://www.receita.fazenda.gov.br/Legislacao/Ins/2008/in8102008.htm.

SAMANEZ, Carlos Patricio. Engenharia Econômica. São Paulo: Pearson Prentice Hall, 2009.

SECRETARIA DA RECEITA FEDERAL - SRF. Instrução Normativa SRF 162/1998. Fixa prazo de vida útil e taxa de depreciação dos bens que relaciona. Disponível em: http://www.receita.fazenda.gov.br/legislacao/ins/ant2001/1998/in16298.htm.

SOLOMON, Ezra; PRINGLE, John J. Introdução à administração financeira. São Paulo: Atlas, 1981.

TORRES, Oswaldo Fadigas Fontes. Fundamentos da engenharia econômica e da análise econômica de projetos. São Paulo: Thomson Learning, 2006.

Impressão e acabamento
Gráfica da Editora Ciência Moderna Ltda.
Tel: (21) 2201-6662